DIOS Y NUESTRA FELICIDAD

3ª edición

Biblioteca Manual Desclée

JOSÉ M. CASTILLO

DIOS Y NUESTRA FELICIDAD

3ª edición

DESCLÉE DE BROUWER
BILBAO

1ª edición: septiembre 2001
2ª edición: noviembre 2001
3ª edición: abril 2002

Printed in Spain
ISBN: 84-330-1602-4
Depósito Legal: BI-919/02
Impresión: RGM, S.A. - BILBAO

*"De Dios decimos tranquilamente
cosas que no nos atreveríamos a decir
de ninguna persona decente"*
Tony de Mello

A Carmen y Juan, amigos entrañables,
a quienes debo en gran medida
haber escrito este libro.

ÍNDICE

INTRODUCCIÓN

La palabra "felicidad", según el uso que se suele hacer de ella en la lengua castellana, indica la situación de un ser humano para quien las circunstancias de su vida son tales como las desea. Por eso, hablar de felicidad es algo que nos remite a la idea de lo que es la "alegría de vivir". O también nos sugiere sentimientos como "dicha", "fortuna", "prosperidad" y hasta puede ser que nos lleve a pensar en "euforia" y "optimismo"[1]. Todo esto es bastante conocido y no necesita muchas explicaciones. Si lo recuerdo aquí, es porque, con demasiada frecuencia, la idea de Dios no se suele asociar, en la conciencia de mucha gente, con la idea de felicidad y todo lo que esa palabra nos sugiere. Más bien, se puede decir que, en grandes sectores de la población, ocurre todo lo contrario. Porque es un hecho que son muchas las personas que, cuando oyen hablar de Dios y, en general, de lo religioso, eso no les lleva a pensar en la felicidad de vivir, sino en algo que va, más bien, en la dirección opuesta.

En efecto, son muchas las personas (creyentes y no creyentes) que suelen relacionar a Dios con la prohibición de muchas cosas que nos gustan y nos hacen felices, con la obligación de hacer otras cosas que resultan pesadas y desagradables. Y, sobre todo, para mucha gente, Dios es una amenaza, una censura constante, seguramente un juez implacable. que suele crear en nosotros sentimientos de culpa, de inseguridad y de miedo. Un amigo de mi juventud me contó que a él le habían enseñado en el colegio que Dios es un ser

---

1. Cf. MOLINER, M., *Diccionario del uso del español*, vol. I, Madrid, 1981, 1291.

omnipotente y terrible que castiga a los malos. Y a los buenos también, como se descuiden.

Naturalmente, un Dios así, por más que nos digan que es bueno, que nos quiere, y que es Padre, es un Dios inaceptable y hasta insoportable, al menos para mucha gente. Porque, como es lógico, todo ser humano quiere ser feliz. Y es que el deseo de felicidad es la apetencia más profunda que cualquier persona lleva inscrita en lo más hondo de su ser. De manera que atentar contra la felicidad de vivir (y todo lo que eso lleva consigo) es la agresión más grave que se puede cometer contra el ser humano, sea quien sea. Pero si resulta que Dios es una amenaza, una prohibición constante, una carga pesada, una censura de lo que haces o dejas de hacer, en definitiva, algo o alguien que nos complica la vida más de lo que la vida ya está complicada (que es mucho), entonces se comprende que haya tanta gente que prescinde de Dios, que no quiere saber nada de ese asunto o incluso que rechaza abiertamente todo lo que se refiere a Dios, a la religión y a sus representantes en este mundo. Un Dios que es percibido como un problema, como una dificultad o como un conflicto para nuestra felicidad, por más argumentos divinos y humanos que le echemos encima, es y será siempre un Dios inaceptable e incluso detestable, aunque mucha gente no se atreva a decirlo así.

Al hablar de estas cosas, no pretendo (como es lógico), recordar lo que todo el mundo sabe. Mi intención va más lejos. Ante todo, quiero dejar clara una cosa que me parece elemental. Si hay tanta gente que no cree en Dios, que no quiere saber nada de ese asunto, incluso que lo rechaza abiertamente, semejante rechazo (a mi manera de ver) no se debe, en la mayoría de los casos, a que esa gente no tiene resuelto el problema filosófico que se les plantea a muchas personas, sobre todo si son personas cultivadas, cuando piensan en el problema del mal. Por la sencilla razón de que la mayor parte de la gente no sabe mucho de filosofía o de las especulaciones que el problema del mal ha suscitado en los ambientes intelectuales. Ni tampoco se puede decir que el ateísmo de unos, el agnosticismo de otros o la indiferencia religiosa de la mayor parte, todo eso se debe principalmente (según me parece) a que todas esas gentes no tienen resuelto el problema religioso, que se le plantea a cualquier persona, cuando quiere conciliar la idea de un Dios infinitamente bueno e infinitamente poderoso con el hecho del sufrimiento, del dolor y de tantas y tan tremendas contradicciones como hay en esta vida.

Por supuesto, tiene toda la razón del mundo Juan A. Estrada cuando dice que "el mal ha sido siempre un problema esencial para las religiones". Porque "el hombre no se pregunta tanto quién es Dios en sí mismo, cuanto quién es Dios para mí. La pregunta por Dios en la religiones no es una cuestión teórica, ni obedece a una mera preocupación especulativa, sino que está arraigada en la experiencia humana del sufrimiento, del sin sentido, de la injusticia y de la muerte"[2]. Y es inevitable que las mujeres y los hombres de toda condición se hagan este tipo de preguntas. Porque si partimos de la idea de un Dios que es, al mismo tiempo, infinitamente poderoso e infinitamente bueno, ¿cómo se puede conciliar la idea de semejante Dios con el hecho de tanto mal, tanta desgracia y tanto sufrimiento como hay en este mundo? La escapatoria que se buscan algunos teólogos, ante esta pregunta, es decir que Dios no "quiere" el mal, pero lo "permite", para sacar de ahí un bien mayor, como puede ser la salvación divina de las almas o su santificación, ya que, según aseguran algunos expertos en cosas religiosas, el sufrimiento santifica y salva. Es (valga la comparación) como si un dentista le tiene que sacar una muela a un hijo al que quiere mucho. Naturalmente, le tiene que hacer daño. Pero el padre permite ese mal, para obtener así un bien mayor, que es la curación del hijo. A primera vista, este razonamiento produce la impresión de que resuelve el problema. Pero, en realidad, no resuelve nada. Porque eso, lo único que demuestra es que el dentista no es omnipotente. Ya que, si fuera todopoderoso, le sacaría la muela al hijo sin causarle la más mínima molestia. Y si le hace daño, está claro que o no es omnipotente o no quiere a su hijo todo lo que lo tendría que querer.

La cosa, por tanto, está clara. Como concluye acertadamente el mismo Estrada, las especulaciones de las teologías, que tienden a resaltar la bondad de Dios a costa de su omnipotencia, "son proyecciones y antropomorfismos con los que el hombre intenta justificar a Dios"[3]. Y es que la teodicea tradicional hoy se nos muestra como una tarea sencillamente imposible. Pero, insisto, a mí me pare-

---

2. ESTRADA, J. A., *La imposible teodicea. La crisis de la fe en Dios*, Madrid, 1997, 16-17.
3. ESTRADA, J. A., o.c., 397.

ce que, si en nuestros días, aumenta el número de personas que no creen en Dios, eso no se debe, en la mayoría de los casos, a que la gente no tenga resueltas las preguntas que plantea la teodicea.

El problema está, ante todo, en que el asunto de Dios, tal como de hecho es percibido por el común de los mortales, es una cuestión que se gestiona a través de las instituciones religiosas. Y entonces resulta que ya no se trata sólo del problema del mal y de las difíciles cuestiones que plantea la teodicea, sino que además, para que a la gente le resulte aceptable lo de Dios, hay que afrontar las no pocas contradicciones que, con frecuencia, las instituciones religiosas presentan ante la opinión pública y en la conciencia de los ciudadanos. De manera que lo que a la gente le llega, sobre el complicado tema de Dios, es por supuesto lo que sobre este asunto han pensado y escrito los filósofos. Pero no sólo eso. Además, la gente escucha o lee lo que tantas veces dicen y escriben los representantes de las religiones.

Para comprender lo que aquí quiero indicar, conviene tener presente que las religiones aparecen, ante la población, inevitablemente condicionadas (para bien o para mal) por sus dirigentes. De donde resulta que la dificultad, o las múltiples dificultades, que muchas personas experimentan cuando intentan aclararse sobre el tema de Dios, o cuando no tienen más remedio que afrontar ese asunto (por el motivo que sea), son dificultades que provienen no sólo, ni principalmente, de los complicados problemas filosóficos y religiosos que eso entraña, sino más que nada de lo que la gente ve, oye y palpa en las instituciones religiosas. Y, más concretamente, en los dirigentes y representantes oficiales de tales instituciones. Dicho de otra manera, el problema seguramente más complicado que muchos ciudadanos perciben, en lo referente a Dios, es que los gestores y representantes oficiales de "lo religioso" suelen ser hombres que, como todos los mortales, tienen sus limitaciones, sus apetencias y, a veces, sus ambiciones. Esto es lógico y, como es natural, no tendría por qué plantear dificultad alguna. Además, las personas que tienen creencias religiosas admiten, entre esas creencias, la convicción de que los dirigentes de la religión son hombres que han recibido de Dios unos poderes sobrenaturales que les capacitan para dirigir a los fieles, enseñarles la verdad revelada por el mismo Dios y actuar como mediadores entre la divinidad y los seres humanos.

Pero el problema no es tan simple. Porque todo el mundo sabe que los dirigentes religiosos, además de representantes de lo divino y, en cuanto tales, hombres investidos de poderes divinos, son también seres humanos. Y, por tanto, personas que sufren las tentaciones propias de cualquier ser humano. Pero ocurre que las tentaciones específicas de los dirigentes religiosos tienen una característica que es decisiva precisamente en lo que concierne al problema de Dios. En efecto, los responsables de la religión, al ser gestores y representantes de Dios, se ven a sí mismos, y son vistos por quienes tienen convicciones religiosas, como los hombres que gestionan y representan, ante los demás, el poder más alto, el poder más digno e incluso el poder más absoluto, puesto que se trata nada menos que del poder infinito de Dios. Ahora bien, desde el momento en que un hombre se ve a sí mismo, y es visto por otros, como el ser privilegiado que va por la vida representando al poder más absoluto que se puede imaginar, es muy posible que tal persona sienta la tentación del poder en algunas de sus manifestaciones. Más aún, como en este caso, lo que está en juego es el poder supremo, se puede decir que la tentación de los hombres de la religión es una tentación inevitablemente peligrosa. De ahí que las instituciones religiosas aparezcan, ante la opinión pública, como instituciones de poder. Un poder que naturalmente ejercen en la medida en que les resulta posible ejercerlo. Como poder ideológico, para que la gente piense como está marcado en los dogmas de la religión. Como poder normativo, para que los fieles se sometan a las leyes que dictan la conducta que hay que observar. Y también como poder social (en la medida en que eso es posible) para crear las condiciones más adecuadas en orden a que los ciudadanos piensen y se comporten como conviene a los lógicos intereses de la institución religiosa. De donde resulta que, con bastante frecuencia, lo que más les preocupa a los dirigentes religiosos es la *obediencia* de los fieles y quizá no tanto la *fidelidad* de esos fieles a los valores que la religión debe defender, como sería (en el caso de los cristianos) la fidelidad al Evangelio.

Por otra parte, ocurre que las instituciones religiosas son siempre instituciones "normativas". Es decir, cualquier institución religiosa está en este mundo, entre otras cosas, para indicar a los fieles las normas de conducta que deben observar. Lo cual quiere decir que los representantes de una institución normativa no pueden (ni deben) aparecer, ante la gente, como personas ambiciosas, orgullosas o prepotentes, ya que eso entraría en contradicción con la misión que tienen que desempeñar. Todo lo contrario. Un "hombre religioso" tiene que mostrarse ante los demás como persona humilde, desinteresada y despojada de todo orgullo y de toda ambición. De donde resulta que los representantes y gestores de la religión no tienen más remedio que buscar razones sólidas y bien fundadas teológicamente para que el poder, que ejercen y hacen sentir a los demás, esté siempre "garantizado", "legitimado" y "justificado" como manifestación del poder absoluto del Dios Altísimo. Sólo así, los "hombres de la religión" pueden tocar donde ningún otro poder puede tocar en esta vida: en la intimidad de las conciencias, es decir, en esa profundidad secreta y honda donde cada ser humano se ve a sí mismo como una persona digna o, por el contrario, como un indeseable y un perdido. Dicho con otras palabras, sólo de esa manera la religión puede tocar y hasta manejar los sentimientos de culpa, que son tan eficaces para obtener la obediencia de los fieles y la pervivencia sólida de la religión, en los individuos, en las instituciones y en la sociedad en general.

Ahora bien, para conseguir tales efectos en la conciencia de la gente, los representantes y gestores de lo divino necesitan poder echar mano siempre, y en cualquier eventualidad, de una instancia última que aparezca como lo indiscutible y lo intocable. Es decir, necesitan de un *Dios omnipotente*, cuya autoridad no se pueda poner jamás en cuestión. Y es lo que, como sabemos, suelen hacer no pocos dirigentes religiosos en lo que dicen y en lo que hacen. Lo cual no quiere decir que esos dirigentes sean necesariamente individuos autoritarios, orgullosos, soberbios y prepotentes. Por supuesto, pueden serlo. Sobre todo, si tenemos en cuenta que están con frecuencia expuestos a la tentación suprema del poder supremo, como ya he dicho. Y, como siempre dijeron los buenos "padres espirituales", el que juega con fuego corre el peligro de quemarse. Si uno que anda con malas compañías, tarde o temprano terminará cayendo en la tentación, el que se relaciona con los demás como investido de un poder intocable e indiscutible, se relacionará con la gente desde un inevitable aire de superioridad que, además de fastidiar mucho, le dirá a todo el mundo (aunque no sea con la boca) que el Dios al que representa es bastante intolerable.

Pero el problema que aquí se plantea no es fundamentalmente una cuestión de ética. El problema está en que, si Dios es Dios, y el hombre es el hombre, la distancia entre Dios y el hombre es infinita. De ahí que el poder de Dios, los derechos de Dios y el juicio de Dios, tienen que ser experimentados por el ser humano, frágil y pecador, como algo que se le impone con temor y temblor. De manera que, por más que digamos que Dios es bueno y es Padre, siempre tiene que quedar, como trasfondo intocable, esa distancia infinita frente al Absoluto, los derechos intocables del "Absolutamente Otro", y la justicia siempre amenazante del Juez supremo de vivos y muertos. Y eso, todo eso, es algo que los intermediarios entre Dios y los hombres nunca olvidan. Ni lo suelen disimular. Es más, su función consiste en dejar todo eso bien claro ante la gente, lo mismo ante los creyentes que ante los incrédulos.

En el caso concreto de la tradición religiosa del cristianismo, sabemos que la Iglesia y sus representantes oficiales, los obispos y sacerdotes, han cumplido históricamente con toda fidelidad la tarea de mediadores entre Dios y la humanidad, en el sentido que acabo de explicar. Por eso ha sido posible, y es un hecho, la historia oscura e incluso turbia de una institución cuyo máximo responsable en la tierra, el papa, se ha visto en la obligación de pedir perdón, ante el mundo entero, reconociendo que los miembros de la Iglesia "somos portadores del peso de los errores y de las culpas de quienes nos han precedido"[4]. Porque, como indica el documento de la Comisión Teológica Internacional, *Memoria y Reconciliación: la Iglesia y las culpas del pasado*, "el recuerdo de los escándalos del pasado puede obstaculizar el testimonio de la Iglesia de hoy"[5]. Lo cual quiere decir obviamente que la Iglesia reconoce que, en su ya larga historia, ha cometido auténticos escándalos, que son un impedimento para que la gente hoy pueda creer en Dios.

No hay que ser un erudito en historia eclesiástica para tener una idea de los "errores y culpas" a los que se refiere el papa. De todo eso se ha hablado mil veces y es de sobra conocido. Con todo, me parece que no viene mal recordar aquí lo que dice Han Küng, al final de su largo estudio sobre la esencia e historia del cristianismo: "No

---

4. JUAN PABLO II, "Homilía en la celebración del Día del Perdón del Año Santo", *Ecclesia* nº 2.989 (18 marzo 2000), p. 434.
5. *Ecclesia* nº 2.989 (18 marzo 2000), p. 443.

es necesario mencionar de nuevo las persecuciones de judíos ni las cazas de herejes, las guerras "santas" y las quemas de brujas, ni todos los demás crímenes perpetrados en nombre del cristianismo. Pero al mismo tiempo he tratado de exponer con claridad que no se puede presentar la historia del cristianismo sólo como una historia de rufianes y criminales, como una "historia criminal", sino que, en honor a la realidad, debe ser narrada como una historia en la que irrumpe de continuo la esencia del cristianismo a pesar de toda la carga de no-esencia"[6].

Esto es verdad. Y nadie lo discute, si es que se trata de una persona que habla sabiendo lo que dice. Pero, cuando hablamos de los "errores y culpas" de la Iglesia y sus dirigentes, en el pasado y en el presente, deberíamos tener siempre en cuenta que en la Iglesia ha habido siempre una notable mayoría de buenas personas y hasta de mujeres y hombres heroicos. En todo caso, lo más negativo y lo más desagradable es que las agresiones, que se han cometido, se han hecho *en nombre de Dios*.

Esto es lo más preocupante, por dos razones que se comprenden enseguida. Ante todo, porque una institución o una persona que persigue, tortura y mata, "en nombre de Dios", nos obliga a preguntarnos: realmente, esta institución o esta persona, ¿en qué Dios cree? O ¿qué Dios tiene en su cabeza? En cualquier caso, ese Dios, torturador y asesino, no puede ser el Dios del que habló Jesús de Nazaret. Pero lo más preocupante (con ser tan grave) no es la deformación de Dios. Lo peor de todo es que semejante deformación, es decir, ese Dios (deforme y temible) se utiliza como argumento irrefutable para "legitimar" y "justificar" el poder de una institución o de unas personas que, con la conciencia de que hacen lo que tienen que hacer, se dedican a causar sufrimientos indecibles a seres inocentes. Y digo que esto es lo peor porque *las agresiones contra las personas son tanto más peligrosas cuanto el motivo por el que se cometen es más noble.* Ahora bien, el motivo más alto y más noble, que se puede utilizar en este mundo para cualquier cosa, es invocar el santísimo nombre de Dios para justificar lo que se está haciendo. Porque si Dios es el principio y el fundamento de todo, la norma y el criterio para todo, ¿quién detiene al que, en nombre de Dios, se dedica a agredir a los

6. KÜNG, H., *El Cristianismo. Esencia e Historia*, Madrid, 1997, 796-797.

demás? De ahí, el enorme peligro que implican todos los fanatismos. Porque, si "fanatismo" viene de *fanum*, y *fanum* es "lo sagrado", el que actúa por fanatismo, en realidad hace lo que hace "por Dios", por lo más absoluto e intocable que puede haber en este mundo o más allá del mundo. Y entonces se comprende lo que a muchas personas les resulta incomprensible: que las religiones (incluida la católica) hayan incurrido en tantas contradicciones y hayan cometido tantos atropellos. Y que hayan hecho todo eso con la conciencia tranquila e incluso con la conciencia de que así es como tenían que comportarse. Por la razón más clara y más fuerte que se puede esgrimir en esta vida: *es la voluntad de Dios*. Ahí está el peligro que ha justificado, y sigue justificando, tantas conductas aberrantes.

Es evidente que un Dios así, no tiene, ni puede tener, relación alguna con la aspiración más grande que llevamos dentro todos los seres humanos. La aspiración a ser felices en la vida. Como es evidente también que mientras semejante Dios no quede borrado de la conciencia de la gente y hasta de las ideas populares que circulan, sobre lo que es Dios o cómo es Dios, las creencias religiosas y, más concretamente, la fe en Dios se verá cada día más erizada de dificultades y problemas. Porque, en todos los tiempos, la gente quiso disfrutar de la felicidad de vivir. Eso es evidente. Pero lo que ocurre es que, en tiempos pasados, esa apetencia de felicidad se asociaba (de una manera o de otra) con las creencias religiosas y con la esperanza en Dios. En los últimos siglos, y sobre todo en los años más recientes, es un hecho que muchas personas no ven relación alguna entre Dios y la felicidad de vivir. Y no falta gente que tiene la idea de que Dios y la religión son (por la razón que sea) un impedimento para vivir feliz. Otra cosa es que quienes piensan así tengan razón. Pero el hecho es que son bastantes los que piensan de esa manera, por más que no estemos de acuerdo con ellos o sus ideas nos resultan desagradables.

El problema no está en que las religiones se pongan ahora a maquillar su "mercancía", para hacerla atractiva en tiempos de crisis religiosa. No se trata de presentar un Dios más atractivo o de conveniencias. Se trata de comprender que hoy la gente ya no soporta a un Dios en cuyo nombre y con cuya presunta autoridad, se cargan fardos pesados en las espaldas de la gente (Mt 23,4; Lc 11,46), se "devoran las casas de la viudas con el pretexto de largos rezos"

(Mc 12,40; Lc 20,47), se desprecia al pueblo sencillo porque no entiende de religión y se le considera maldito (Jn 7,48), o se pasa de largo ante el desgraciado que se desangra en la cuneta del camino, para que el representante de Dios pueda llegar limpio y puro al templo (Lc 10,31-32). Yo no sé si, en otros tiempos, estas cosas eran tolerables. Hoy no se soportan o se soportan cada vez menos. Y el caso es que la religión no está en crisis. Cada año, las concentraciones religiosas, las peregrinaciones, los jubileos, las devociones populares y cosas por el estilo tienen más audiencia y convocan a más gente. Lo que pasa es que cada año aumenta también el número de personas que armonizan perfectamente (sin saber cómo) una *religiosidad sin Dios*. La cosa es notable. Y nos llama la atención. Pero el hecho es que cada vez hay más gente que va a procesiones y visita templos y santuarios, pero de manera que lo de Dios les interesa bastante poco, por no decir nada. Así están las cosas en este momento.

Ahora bien, si es que efectivamente todo esto es así, parece que lo más urgente, para la religión y para la teología, en esta situación, es afrontar estas dos preguntas: 1) ¿Cómo es el Dios que nos reveló Jesús? 2) ¿Coincide el Dios de Jesús con el Dios que se nos suele presentar en la predicación eclesiástica y en la educación religiosa que, con frecuencia, presenta la Iglesia? Parece bastante claro que mientras estas dos cuestiones no queden debidamente resueltas, el tema de Dios será un problema de difícil solución para muchas personas y, más en concreto, para bastantes cristianos. Es verdad que los creyentes sabemos que siempre contamos con la presencia y la acción del Espíritu de Dios. Pero también es cierto que podemos ser sordos a las voces del Espíritu. Y, sobre todo, nunca deberíamos olvidar que la fidelidad al Espíritu se tiene que demostrar en la escucha atenta y dócil a lo que Jesús nos enseñó sobre quién y cómo es Dios.

JESÚS Y DIOS

La complicada tarea de conocer a Dios

Para empezar a aclararnos, en el complicado problema de lo que Dios es y lo que Dios representa para nosotros, lo primero que se debe tener en cuenta es que, para conocer a Dios, no se puede empezar por Dios en sí mismo. Es decir, no se puede tomar como punto de partida la investigación o el análisis de lo que es la esencia de Dios, los atributos de Dios, sus títulos y sus poderes. En definitiva, cómo es Dios y por qué es así.

La razón de lo que acabo de decir se comprende fácilmente. Por definición, Dios es el Trascendente, o sea el que "trasciende" y, por eso mismo, está "más allá" de todo cuanto nosotros podemos alcanzar y, menos aún, comprender con nuestra limitada capacidad. Sobre todo, si tenemos en cuenta que se trata de alcanzar y comprender el indecible misterio de esa realidad última y definitiva a la que llamamos Dios. Esto es cierto hasta tal punto que, si alguien dijera que abarca y comprende a Dios, eso significaría que en realidad lo que abarca y comprende ese individuo es un ídolo que el sujeto se imagina. Porque una realidad que, por definición, es el inabarcable y el incomprensible no puede caber en cabeza humana. Si, además, a esto añadimos que el problema del mal, el hecho de que en esta vida haya tanto sufrimiento sin explicación posible, "aparece como un sin sentido, como algo que se opone a la racionalización del mundo y del hombre"[1], entonces comprendemos que Dios se nos escapa de

---

1. ESTRADA, J. A., *La imposible teodicea*, 11.

las manos siempre. Y que, por tanto, si intentamos empezar por Dios mismo, para entenderlo y explicarlo, estaremos siempre abocados al fracaso. De ahí, la frustración de todos los que pretenden resolver el problema de Dios a fuerza de darle vueltas a la cabeza.

La primera consecuencia, que se sigue de lo dicho, es que, si los seres humanos podemos conocer a Dios y comprenderlo (en la medida en que eso es posible), tal conocimiento y tal comprensión se deben a que *Dios se ha revelado* a la humanidad. Es decir, no se trata de que los seres humanos, a fuerza de pensar e investigar, han llegado al conocimiento y a la comprensión de quién es Dios y cómo es Dios. Se trata, por el contrario, de que Dios mismo se ha dado a conocer a los seres humanos, se ha comunicado y ha sido él mismo el que nos ha explicado quién es y cómo es[2]. Es verdad que san Pablo les echa en cara a los romanos el desconocimiento que tenían de Dios, porque se debían haber servido de su inteligencia, para conocerlo. Por eso, Pablo les dice que "no tienen excusa" (Rom 1,19-20). Pero conviene caer en la cuenta de lo que realmente Pablo les quería decir a aquellos ciudadanos del imperio romano. Pablo no se refería exactamente a que aquellos romanos fueran ateos, puesto que "conocían a Dios" (Rom 1,21). Lo que Pablo les reprocha a los romanos del siglo primero es que no le dieron a Dios ni la gratitud ni el honor que se merece (Rom 1,21). Y eso tuvo como consecuencia la deshumanización más vergonzosa, con todas las depravaciones que eso lleva consigo (Rom 1,24-32). Esto es lo que a Pablo le preocupaba. O sea, lo que a Pablo le interesaba no era si los romanos sabían o no sabían si hay Dios. Eso lo sabían, por supuesto. La preocupación de Pablo estaba en si el conocimiento de Dios llevaba a aquellos romanos a un comportamiento correcto y coherente. Porque, en el fondo, lo que san Pablo viene a decir es que, cuando la *conducta* de los hombres religiosos es depravada, lo que en definitiva se ha depravado es el *conocimiento* de Dios que esos hombres religiosos tienen. Lo cual quiere decir que, cuando una persona se deshumaniza, por más religiosa que sea, en realidad lo que le pasa es que cree en un Dios que es un fantasma, un ídolo o incluso un verdadero monstruo.

---

2. Cf. RAHNER, K., "Theos en el Nuevo Testamento", en *Escritos de Teología*, I, Madrid, 1961, 114-115.

Jesús, revelación de Dios

Por eso, Dios tuvo que revelarse, tuvo que darse a conocer. Para que los seres humanos, al tener un referente último certero y correcto, pudiéramos tener también en la vida un modo de proceder verdaderamente humano. En este sentido, Rahner dijo, con razón, que "lo esencial que el Nuevo Testamento enseña acerca de los atributos de Dios no es, pues, una doctrina abstracta sobre la esencia metafísica de Dios, sino un mensaje sobre el rostro concreto y personal que él muestra en el mundo"[3]. Ahora bien, "el rostro concreto y personal" de Dios en el mundo *se ha revelado en un hombre*. En el hombre Jesús de Nazaret.

En efecto, ya en una de las tradiciones más antiguas de los evangelios, la llamada fuente Q, común a Mateo y a la Lucas, se nos dice que "ninguno conoce cabalmente al Hijo sino el Padre, ni al Padre conoce alguno cabalmente sino el Hijo y aquel a quien el Hijo quisiere revelarlo" (Mt 11,27; Lc 10,22; cf. Ev. de Tomás 61,3b)[4]. A juicio de los entendidos en la historia de este texto, aquí se expresan palabras que pertenecen a la esencia misma de la predicación del Jesús histórico[5]. Ahora bien, si algo hay claro en estas palabras de Jesús, es que "el misterio del propio Dios"[6] sólo es alcanzable por aquellos a quienes Jesús se lo da a conocer. Jesús es, por tanto, el revelador de Dios. Es decir, únicamente por medio de Jesús podemos los seres humanos llegar a enterarnos de quién es Dios y cómo es Dios. Teniendo en cuenta que, en este pasaje de los evangelios, Jesús hace una afirmación que resulta provocativa. Porque afirma que "estas cosas", o sea el conocimiento de Dios[7], es algo tan absolutamente distinto a lo que son los conocimientos humanos, que Dios mismo "lo ha ocultado a los sabios y entendidos", mientras que, por el contrario, se "lo ha dado a conocer a la gente sencilla", es decir, los *nêpioi*,

---

3. RAHNER, K., "Theos en el Nuevo Testamento", en *Escritos de Teología*, I, Madrid, 1961, 130.

4. Texto sinóptico completo, en ROBINSON, J. M.; HOFFMANN, P. y KLOPPENBORG, J. S., *The Critical Edition of Q*, Leuven, 2000, 192-193.

5. SCHULZ, S., *Q Die Spruchquelle der Evangelisten*, Zürich, 1972, 215.

6. FITZMYER, J. A., *El evangelio según Lucas*, vol. III, Madrid, 1987, 252.

7. La expresión "estas cosas", por más que tenga una referencia escatológica, remite a la relación entre los discípulos y Dios. Cf. FITZMYER, J. A., o.c., 258.

que son literalmente los que no hablan. Lo cual obviamente no se refiere a los mudos, sino a los que no tienen nada que decir en este mundo, los que no cuentan para nadie, ni pintan nada en la sociedad que hemos montado nosotros en este mundo. De donde resultan tres consecuencias: 1) el conocimiento de Dios no está a nuestro alcance; 2) el conocimiento de Dios no se consigue como se consiguen los demás conocimientos humanos, los saberes propios de los sabios y entendidos de este mundo; 3) el conocimiento de Dios es algo que Jesús concede a quienes son, a juicio de los sabios de este mundo, los ignorantes, los que no representan nada, ni son tenidos en cuenta. Seguramente, estas afirmaciones, para muchos tan provocativas, fueron dichas por Jesús para que quedase bien claro que los seres humanos, por muy sabios y muy entendidos que seamos, no podemos llegar a conocer a Dios, si Jesús no nos lo da a conocer.

Pero no se piense que, al decir que Jesús es el revelador de Dios, estamos hablando de un texto aislado en los evangelios sinópticos. Esta idea se encuentra insistentemente repetida en los escritos de Pablo. Como se ha dicho muy bien, Pablo considera a Jesús como la revelación suprema de Dios o, más exactamente, como "imagen de Dios invisible" (cf. Col 1,15-20; 1 Cor 6,8; 2 Cor 4,4; Fil 2,4-11)[8]. Y con más fuerza, si cabe, la carta a los hebreos empieza diciendo que, habiendo hablado Dios en otros tiempos y de muchas maneras, al final nos ha hablado en la persona misma de su Hijo (Heb 1,1). Después de haber hablado y de haberse dado a conocer por medio de los profetas antiguos, cuando llegó el momento culminante, Dios se nos dio a conocer en Jesús[9].

Pero es, sobre todo, en el evangelio de Juan, donde se afirma con más vigor y más claridad cómo Jesús es la revelación definitiva y plena de Dios. Esta afirmación se encuentra, ante todo, en el final del prólogo de este evangelio. La fórmula que se utiliza aquí es tajante: "A Dios nadie lo ha visto jamás. El Hijo único del Padre... es quien nos lo ha dado a conocer" (Jn 1,18). Al decir que a Dios nadie lo ha visto jamás, el evangelio recoge uno de los grandes temas del Antiguo Testamento. En este sentido, la afirmación más fuerte es la que

---

8. ALFARO, J., "Las funciones salvíficas de Cristo como revelador, Señor y Profeta", en *Myst. Sal.* III/1, 681.

9. ALFARO, J., l. c.

el mismo Dios le dijo a Moisés: "Tú no puedes ver mi rostro, porque el hombre no puede verme y vivir" (Ex 33,20)[10]. Lo que en realidad se expresa aquí es sencillamente la imposibilidad que tenemos los seres humanos de saber quién es Dios o cómo es Dios. De ahí, la necesidad que tenemos de que un "mediador", que históricamente ha sido Jesús, nos lo dé a conocer. Dicho de otra manera, nosotros no tenemos otro camino ni otra manera de enterarnos de cómo es Dios. El único camino y la única manera, para eso, es el conocimiento de Jesús de Nazaret[11].

Esto mismo queda más claro aún en las palabras que Jesús le dijo al apóstol Felipe. Como sabemos, Felipe le pidió a Jesús: "Señor, muéstranos al Padre y con eso tenemos bastante" (Jn 14,8). En los escritos del Nuevo Testamento, el "Padre" es "Dios"[12]. Por tanto, cuando Felipe le pide a Jesús que le muestre al Padre, en realidad, lo que le pide es que le diga cómo es Dios. Ahora bien, la respuesta de Jesús es clara y terminante: "Tanto tiempo que estoy con vosotros, ¿y todavía no me conoces, Felipe?" (Jn 14,9). Lo que aquí llama la atención es que Felipe pregunta por el conocimiento de Dios, pero Jesús le responde refiriéndose al conocimiento de él mismo, de Jesús. Y es que el propio Jesús añade enseguida algo que es el secreto de todo: "Quien me ve a mí, ve al Padre" (Jn 14,9). Es decir, en la mentalidad de Jesús, a Dios se le ve y se le conoce por el hecho de ver y conocer a Jesús. O, para decirlo con más propiedad, Felipe le pide a Jesús que le "muestre" o le "ponga de manifiesto" a Dios[13]. Pero Jesús responde refiriéndose, no a lo que se "conoce", sino a lo que se "ve". Es decir, a Dios lo descubrimos, no mediante teorías o doctrinas, sino viendo lo que fue la existencia concreta de Jesús, su persona, su

---

10. La misma idea se repite, de distintas maneras, en: Ex 33,22 s; Is 6,5; Eclo 18,4; Sab 9,16; Ex 24,9-11; 3,6; cf. Jue 13,22; Deut 4,12-15; Is 25,7. Cf. LÉON-DUFOUR, X., *Lectura del evangelio de Juan*, vol. I, Salamanca, 1989, 106-108.

11. Al decir esto, no pretendo afirmar que sólo los cristianos tengamos la posibilidad de conocer a Dios. Porque, como veremos más adelante, el verdadero problema está en que el acceso a Jesús no va, fundamentalmente, por el camino de los catecismos y de las teologías (por más importante que todo eso sea para los creyentes), sino que es algo que se encuentra en la vida misma, en el sentido que después explicaré.

12. Cf. RAHNER, K., *Theos en el Nuevo Testamento*, 144-167.

13. El verbo *deíknymi*, en imperativo aoristo, que utiliza aquí el evangelio de Juan significa exactamente eso: dar a conocer, poner patente, mostrar.

comportamiento, su estilo de vivir y sus costumbres. En definitiva, lo que (de cualquier persona) se mete por los ojos.

La conclusión, que se desprende de los textos del Nuevo Testamento que acabo de recordar y explicar brevemente, es clara: el hombre Jesús de Nazaret es quien nos revela a Dios. Es decir, lo que podemos saber de Dios lo aprendemos en Jesús, en su vida y en su historia. Con esto no quiero decir que quienes no conocen a Jesús, no pueden conocer a Dios. O (lo que es lo mismo) que el conocimiento, que tienen de Dios los que no conocen a Jesús, sea un conocimiento falso. Nadie puede tener, en este mundo, un conocimiento exhaustivo, adecuado y completo de Dios. Es decir, todo conocimiento de Dios, incluido el que nos proporcionó Jesús a los cristianos, es inevitablemente limitado y, por tanto, incompleto. Por eso, hoy no se puede hablar del conocimiento de Dios diciendo "nosotros somos los que lo conocemos, los demás están en el error". Todas las religiones nos aportan algo sobre el conocimiento de Dios. Pero el problema que yo intento aclarar aquí no es ése. El asunto que aquí se plantea es, por una parte, más profundo. Pero, al mismo tiempo, es bastante más sencillo, y mucho más humano, de lo que algunos se imaginan. Lo veremos más adelante.

A Dios lo conocemos en "lo humano"

Si algo ha quedado claro, en lo que he dicho hace un momento, es que a Dios se le conoce, no elevándose por encima de lo humano o huyendo de la humanidad, sino todo lo contrario. A Dios se le conoce y se le encuentra en lo que es propio del ser humano y, por tanto, a través de lo humano. Tal es el sentido profundo de lo que, en la historia de la tradición cristiana, se ha llamado el "misterio de la encarnación". Porque, en definitiva, ese misterio entraña algo que nos cuesta mucho trabajo aceptar, a saber: el hecho de que, históricamente, Dios se ha dado a conocer en la vida y en la historia de un ser humano, un hombre en concreto. No sabemos si Dios pudo escoger otros caminos para darse a conocer a nosotros. Pero el hecho es que escogió el camino o, si se prefiere, el medio de *lo humano*.

Desde este punto de vista, es importante insistir en la necesidad de "recuperar" el significado de la "encarnación de Dios" para vivir correctamente la fe de los cristianos. Como es sabido, las cristologías del s. XX han destacado, con todo derecho y con toda razón, la importancia de la resurrección de Cristo como misterio central de la fe cristiana. Y han sido numerosos los teólogos que han insistido en que el centro de la cristología es la resurrección, para justificar así una "cristología ascendente", es decir, la cristología que toma como punto de partida al hombre Jesús de Nazaret, de manera que este hombre es constituido Mesías, Señor e Hijo de Dios mediante su resurrección (Rom 1,4). Esta manera de entender la cristología se ha presentado como la más importante innovación teológica de los últimos tiempos, frente a la cristología tradicional, que tenía su centro en el misterio de la encarnación, como acontecimiento que explica la llamada "cristología descendente", es decir, la cristología que toma como punto de partida a Dios, que desciende al mundo, se hace hombre y, en ese "Hombre-Dios", queda completado el misterio de Cristo[14]. Naturalmente, no es éste ni el lugar ni el momento de tratar detenidamente esta problemática. Por supuesto, estamos de acuerdo en que el acontecimiento culminante, y en ese sentido "central", de la cristología es la resurrección. Pero, en cualquier caso, nunca deberíamos olvidar la pertinente indicación de K. Rahner cuando afirma que, en el "misterio de la encarnación de Dios", "está el centro de la realidad desde la que vivimos los cristianos y en la que creemos"[15]. Sin embargo, conviene tener cuidado con esta afirmación de Rahner. No porque sea inexacta. Sino porque él la entiende como la expresión del misterio "de nuestra participación en la naturaleza divina"[16]. Lo cual es verdad. Pero es sólo una parte de la verdad. Porque la verdad completa es que el misterio de la "encarnación de Dios" no es sólo el misterio del *ascenso* del hombre a la condición divina, sino que es igualmente y con el mismo derecho el misterio del *descenso* de Dios a la condición humana. Y resulta llamativo que los teólogos hayan insistido sólo en lo primero y se hayan callado lo segundo. La teología ha visto coherente la *divinización* del hombre. Pero ha tenido una enorme dificultad para aceptar la *humanización* de Dios.

---

14. Un buen resumen de las diversas corrientes cristológicas del s. XX, con las pertinentes indicaciones sobre lo dicho, en SCHILSON, A., *Christologie*, en LTK 2 (1994), 1170-1174.
15. RAHNER, K., *Curso fundamental sobre la fe*, Barcelona, 1979, 254.
16. L. c.

Esto tiene una enorme importancia, entre otras cosas, para poder comprender lo que queremos decir cuando afirmamos que Jesús es el revelador de Dios. O más exactamente, la revelación de Dios, el que nos da a conocer quién es Dios y cómo es Dios. Porque aquí no vale decir que Dios se nos dio a conocer en Jesús *porque Jesús era el Hijo de Dios y, por eso, Dios mismo.* Decir eso sería lo mismo que utilizar una tautología, que, según el Diccionario de la Lengua Española, es la repetición de un mismo pensamiento expresado de distintas maneras. En realidad, afirmar que conocemos a Dios por la revelación que nos hace el Hijo de Dios (que es Dios) es exactamente eso, una tautología. Más aún, es una simpleza. Porque eso equivaldría a decir que Dios nos da a conocer a Dios. Y entonces, ¿a qué viene ese rodeo? ¿para qué hace falta Jesús como "revelador", como "imagen" (Col 1,15) visible de Dios invisible? Por definición, el "revelador" es distinto de lo que es "revelado". Como la "imagen" es distinta de lo que representa o enseña esa imagen. Y es que, en el fondo, lo que no nos entra en la cabeza es que *Dios* se dé a conocer en un *hombre* y, por tanto, en *lo humano.* En definitiva, es el mismo problema que tenían ya los docetas y los gnósticos del siglo primero a los que se enfrenta la primera carta de Juan[17]. En efecto, según esta carta, "lo que existía desde el principio", que se refiere a "la Palabra, que es la vida", o sea a Dios mismo, eso es "lo que hemos oído, lo que hemos visto con nuestros ojos, lo que hemos contemplado y palpado con nuestras manos" (1 Jn 1,1). Es decir, Dios nos entra por los sentidos, por el oído, la vista, el tacto. Al Dios que nos reveló Jesús lo conocemos a través de lo humano y lo sensible.

A Dios lo conocemos en "un" hombre

Pero no basta con decir que a Dios lo conocemos en lo humano. La cosa es más concreta y, en ese sentido, más entrañable. Porque, en realidad, a Dios no lo hemos conocido en *el* hombre, sino en *un* hombre. Dios se nos ha dado a conocer en la persona y en la vida de un hombre concreto y determinado. En la persona y en la vida del hombre que fue Jesús de Nazaret. Pero esto, como bien sabemos, sig-

---

17. Para esta cuestión, cf. KLAUS, H.-J., "*Der Erste Johannesbrief*", en *EKK*, XXIII/1 (1991) 37-40.

nifica que Dios se nos ha revelado en la vida de un hombre que nació pobre, que vivió entre los pobres y gentes marginales de su tiempo, y que murió como un delincuente y entre malhechores, como el peor de los malhechores. O sea, Dios no escogió a cualquier hombre para darse a conocer. Dios vio claramente que, para darse a conocer y para hacerse entender en este mundo, tenía que hacer eso a través de un pobre, de un hombre marginal, es decir, por medio de una persona mal vista y hasta despreciada. Todo esto no pudo ser casualidad. Ni tampoco una serie de circunstancias más o menos ocasionales. La historia y las peripecias de la vida de Jesús son constitutivos esenciales de lo que Jesús nos quiso revelar. Por tanto, no se trata de que, viviendo de esa manera, Jesús nos quiso enseñar la importancia que tiene la humildad, la pobreza, la resignación y la paciencia. Todo eso (bien interpretado) se puede aprender en la vida de Jesús. Pero nada de eso es lo esencial que quiso enseñarnos Jesús. Lo que nos quiso enseñar, no sólo por el hecho evidente de hacerse presente como un ser humano cualquiera, sino además (y esto es decisivo) por el hecho de hacerse presente en *un ser humano concreto*, que vivió de una manera determinada y murió como consecuencia de esa manera de entender la vida, es que a Dios lo tenemos que entender a partir de esos hechos, desde aquella vida concreta y desde aquella historia tan humana y, en no pocas cosas, tan desconcertante. En este sentido, se puede y se debe decir que la historia evangélica es *la revelación del ser mismo de Dios*. No se trata simplemente de que el Evangelio nos enseña a ser mejores. Se trata, sobre todo, de que el Evangelio nos enseña, en la vida de Jesús, quién es Dios y cómo es Dios.

Dios se revela como debilidad

En el evangelio de Juan, hay unas palabras que nos dan la clave para entender este asunto. Se trata de aquello que se dice en el prólogo de este evangelio: "La Palabra se hizo carne y habitó entre nosotros" (Jn 1,14). La Palabra (*Logos*) es, no sólo la revelación de Dios, sino que es Dios mismo: "la Palabra era Dios" (Jn 1,1). Por eso, cuando el evangelio afirma que la Palabra se hizo carne, no se trata solamente de que Dios *se dio a conocer* en un hombre, sino de que Dios *se hizo* hombre. O sea, Dios se hizo presente en aquel hombre concreto que fue Jesús.

Pero lo más importante no es esto. Lo más serio, y también lo más desconcertante, es que Dios se hizo presente, en el mundo, como *sarx* ("carne"). De ahí que el evangelio no dice que la Palabra se hizo "hombre", sino que se hizo "carne". Ahora bien, en el lenguaje de aquel tiempo, hablar de carne (*sarx*) era lo mismo que hablar de *lo más débil de la condición humana*. Por eso Jesús les dijo a los discípulos, en el huerto de Getsemaní, que "el espíritu es valiente, pero la carne es débil" (Mt 26,41). Es más, para san Pablo, en la carne no hay nada bueno (Rom 7,18), porque en ella lo único que existe es la ley del pecado (Rom 7,25). Es decir, la "carne" es debilidad. Y una debilidad tan grande que de ella brota la maldad. Lo cual, naturalmente, es la peor debilidad que podemos tener y sufrir los seres humanos.

Por lo tanto, decir que a Dios lo conocemos y lo encontramos en "un" hombre (el hombre Jesús de Nazaret) es lo mismo que decir que *a Dios lo encontramos y lo conocemos en la debilidad*. O sea, no sólo se trata de que a Dios lo encontramos y lo conocemos en lo humano, sino que se trata de que a Dios (al Dios que se nos reveló en Jesús) *solamente podemos conocerlo y encontrarlo en lo más débil de nuestra pobre condición humana*. En definitiva, esto es lo que viene a decir san Pablo cuando afirma que, en contra de lo que esperaban los judíos y los paganos, el Dios de los cristianos es "locura" y "escándalo" (1 Cor 1,23), algo que no cabe en cabeza humana. Porque "la locura de Dios es más sabia que los hombres y la debilidad de Dios es más potente que los hombres" (1 Cor 1,25).

Yo comprendo que plantear el tema de Dios de esta manera es algo que rompe nuestros esquemas tradicionales y nos deja descolocados. Semejante desconcierto proviene, seguramente, de que nos cuesta demasiado hacernos a la idea de que el Dios de Jesús no se puede entender en simple continuidad con el Dios del Antiguo Testamento. Y menos aún a partir de la idea general de Dios que nos suministra la Religión o la Filosofía. Espero que más adelante se comprenderán las raíces profundas de nuestro desconcierto en este sentido. De momento, me limito a decir que fue Jesús el que provocó este desconcierto, viviendo como vivió. Y, sobre todo, afirmando que quien le veía a él, en realidad, a quien estaba viendo era al mismo Dios vivo y verdadero (cf. Jn 14,9).

Dios es Jesús

Los creyentes hemos dicho siempre que *Jesús es Dios*[18]. Y eso es verdad. Además, es una verdad de fe, que los cristianos aceptamos desde nuestra decisión libre de creyentes. Pero, si se piensa despacio en todo lo que aquí se viene diciendo, pronto se da uno cuenta de que, para afirmar eso de que "Jesús es Dios", antes hay que tener muy claro algo que es previo y, en ese sentido, más fundamental, a saber: que *Dios es Jesús*.

No se trata, por supuesto, de un juego de palabras. Ni da lo mismo decir lo uno que lo otro. Para decirlo ya y en pocas palabras, el problema está en saber si a Jesús lo entendemos desde Dios o, por el contrario, entendemos a Dios desde Jesús. Ahora bien, para comprender lo que esto significa, empezamos por algo muy elemental. Cuando decimos "Jesús es Dios", estamos pronunciando una oración predicativa, o sea, una frase en la que se predica algo de alguien. Como es bien sabido, toda frase predicativa se compone de sujeto (en nuestro caso, "Jesús") y un predicado ("Dios"). El verbo ("es") afirma la identidad entre el sujeto y el predicado. La cosa es clara. Y hasta aquí no hay problema.

Pero, cuando hablamos de una "frase predicativa", lo más importante está en caer en la cuenta de que, en esa oración gramatical, la función del "predicado" es explicar al "sujeto". Es decir, en toda afirmación predicativa, lo conocido es el predicado y lo desconocido es

---

18. Esta afirmación tiene su fundamento en las abundantes confesiones de fe que se encuentran en los escritos del Nuevo testamento. En estas confesiones de fe, se afirman de Jesús tres predicados: "Jesús es el Señor" (Hech 2,36; Rom 4,24; 10,9; 1 Cor 6,14; 8,6; 12,13; Ef 4,5; Fil 2,11; Heb 11,30); "Jesús es el Mesías" (Mt 16,16-20; Mc 1,1; Jn 7,41; 9,22; 11,27; 20,31; Heb 2,36; 4,10; 5,42; 9,22; Rom 8,11-34; Gal 1,1; Ef 1,20; Fil 1,11; 1 Tim 2,5; 2 Tim 2,8; 1 Jn 2,22; 3,23; 4,2; 5,1; 2 Jn 7); "Jesús es el Hijo de Dios" (Mt 16,16; Mc 1,1; 3,11; 15,39; Lc 4,41; Jn 1,49; 10,36; 11,27; 20,31; Heb 9,20; 13,33; Rom 6,4; 1 Tes 1,10; 1 Jn 2,23; 3,23; 4,15; 5,5). Para todo este asunto, cf. LANG, B., "Confesiones de fe en la Sagrada Escritura", *Concilium* 14/3 (1978) 14-25; PIKAZA, X., "Las confesiones de fe en la Biblia", *Concilium* (1979) 7-19; NEUFELD, V. H., *The earlies Christian confessions*, Leiden, 1963. La afirmación según la cual Jesús el Cristo es perfecto Dios se encuentra en abundantes declaraciones fundamentales del Magisterio de la Iglesia: Ds 301; 402; 442; 491; 496; 500; 534; 545; 554. Para el proceso de "helenización de la Cristología", que se dio en la historia de esta afirmación, cf. el buen resumen que hace KÜNG, H., *El Cristianismo, Esencia e Historia*, Madrid, 1997, 196-197.

el sujeto. Por ejemplo, si yo digo "el libro es azul", está claro que quien me oye conoce lo que es el color azul. Y lo que no conoce es el color del libro del que le hablo. Por eso, el predicado ("azul") sirve para que el otro se entere o sepa algo de cómo es el sujeto ("el libro").

Pues bien, si ahora aplicamos este principio elemental a la frase "Jesús es Dios", en realidad lo que estamos afirmando es que nosotros sabemos ya quién es Dios y cómo es Dios (el predicado). Y, al mismo tiempo (seguramente sin darnos cuenta), lo que también estamos indicando es que no conocemos a Jesús (el sujeto). Y, entonces, "Dios" viene a explicarnos quién es "Jesús" y cómo es "Jesús". O sea, le damos la vuelta y entendemos al revés lo que tan claramente dice el Nuevo Testamento. Porque, según hemos visto detenidamente, "a Dios nadie lo ha visto jamás" (Jn 1,18). O, lo que es lo mismo, "al Padre (Dios) sólo lo conoce el Hijo" (Mt 11,27). Es decir, Dios no está a nuestro alcance. Y, por tanto, no podemos conocerlo. De ahí, la necesidad insustituible de un "Revelador", Jesús, que nos da a conocer a Dios (Mt 11,27 par). Pero, de hecho, nosotros le hemos dado la vuelta al asunto. Primero, mediante una "imposible teodicea", nos hacemos una idea de quién es Dios y cómo es Dios. Y, en segundo lugar, cuando ya tenemos eso muy claro, a partir de nuestra "incapacidad" para conocer al Trascendente, nos ponemos a explicar quién fue Jesús y cómo fue Jesús. Por eso, el Dios de Jesús, es decir, el Dios que se nos dio a conocer en la persona, en la vida y en la historia de Jesús de Nazaret, no nos cabe en la cabeza. Nosotros nos hemos encargado de cortarle el camino a ese Dios, que, por lo visto, nos resulta insoportable. Nos hacemos un Dios a nuestra medida y de acuerdo con nuestras conveniencias. Y a partir de semejante montaje ideológico, interpretamos también a Jesús. Con lo que, de un solo golpe, liquidamos a Dios y liquidamos a Jesús. Así de sencillo. Y así de trágico. Esto explica que el Dios que se hizo "debilidad" (o *Logos sarx egéneto*) (Jn 1,14), "para darnos a conocer al Dios invisible" (Jn 1,18), es una afirmación fundamental de la Revelación divina, que no ha condicionado y, menos aún, determinado a la teología dogmática, a la moral, a la espiritualidad y, por supuesto, a la Iglesia, que da muestras abundantes de que le interesa más el poder que la debilidad, o sea le importa más el Dios de la "imposible teodicea" que el Dios que se nos ha revelado en Jesús. El "omnipotente y sempiterno" Dios, de las oraciones litúrgicas, (que es el que se le mete a la gente en la cabeza) no deja espacio para "la debilidad de Dios" (1 Cor 1,25), que se nos ha revelado en la cruz, donde Jesús se identifica con todos los crucificados de la Historia.

Ahora bien, si es que de verdad estamos de acuerdo con lo que nos dice el Nuevo Testamento, sobre Jesús como Revelador de Dios, entonces lo que tendríamos que afirmar, en nuestra profesión de fe, no es sólo que *Jesús es Dios*, sino que, antes que eso, hay que dejar muy claro que *Dios es Jesús*. Porque es Jesús el que nos revela a Dios y nos da a conocer cómo es Dios. Por supuesto, en el orden de la realidad del ser (lo ontológico) tanto en una frase como en otra, afirmamos la identidad entre Jesús y Dios. Pero, en el orden del conocimiento (lo gnoseológico), hay que poner siempre a Jesús como "predicado". Porque, según lo dicho, ha sido Jesús, con su forma de ser y de vivir, el que nos da a conocer quién es Dios y cómo es Dios.

Un Dios diferente

Al decir estas cosas, no se trata de entretenernos en divagaciones que poco o nada tienen que ver con la vida y con la realidad de cada día. Porque, si empezamos por decir que Jesús es Dios, lo que hacemos (seguramente sin darnos cuenta) es aplicarle a Jesús los atributos del Dios de los filósofos, de los sabios y entendidos de este mundo. Y entonces nos sale un Jesús que, "desde el portal de Belén", tiene ya la omnipotencia de Dios, la sabiduría infinita de Dios, la eternidad de Dios y todo lo que los hombres, de acuerdo con nuestros intereses y nuestras ideologías, le hemos colgado a Dios. Por el contrario, si empezamos por decir que el Dios en el que creemos es tal y como se nos ha dado a conocer en Jesús, entonces nos sale un Dios que es tan sencillo como Jesús, tan cercano (incluso a los pecadores más despreciables) como lo fue Jesús, tan solidario con todo lo débil de este mundo como solidario fue Jesús, tan tolerante con todos los perdidos extraviados como lo fue Jesús y, por supuesto, tan humano como Jesús.

Por lo demás, no está tan claro eso de que la fe de los cristianos identifica a Dios con Jesús y a Jesús con Dios. No hay que ser un lince para darse cuenta de que, en este punto concreto, se nos plantea a todos un oscuro problema, que mucha gente no tiene resuelto.

Porque, por poner un ejemplo, en "nombre de Dios", se han organizado guerras de religión, denuncias, inquisiciones, torturas y matanzas de herejes o simplemente se lanzan condenas y anatemas contra quien sea. "En nombre de Jesús", no se ha hecho nada de eso, ni se cometen semejantes atropellos. Y conste que no es cuestión de palabras. Es cuestión de que el concepto de "Dios" y el concepto de "Jesús", que todos tenemos en nuestras cabezas, nos sugieren cosas muy distintas. Hasta el punto de que hay personas (por lo general, se trata de gente muy religiosa) que no se atreven a pronunciar la palabra "Jesús". Prefieren hablar de "Cristo", de "Jesucristo", del "Señor" o, más genéricamente, de "Nuestro Señor Jesucristo". Pero "Jesús", por lo que sea, se les hace insoportable. Es más, aunque resulte desagradable recordarlo, todos sabemos que hay gente que blasfema contra Dios o contra objetos del culto sagrado. Contra Jesús, jamás he oído una blasfemia. Y, por el contrario, hay grupos (de tendencias progresistas) que hablan a todas horas de "Jesús" y de su Evangelio, pero difícilmente mencionan a "Dios", si no es para aludir a los muchos problemas (teóricos y prácticos) que encuentran en su relación con el Absoluto o con el Trascendente.

Seguramente, en los ejemplos sencillos (tomados de la vida cotidiana) que acabo de indicar, se pone de manifiesto un problema mucho más hondo de lo que sospechamos. Jesús, por ser hombre, participa necesariamente de lo finito, lo condicionado y lo transitorio. Por el contrario, Dios es lo infinito, lo absoluto, lo definitivo. Esto supuesto, el problema está en saber cómo lo finito, condicionado y transitorio puede anunciar la venida de lo infinito, absoluto y definitivo. Y cómo se puede hacer eso sin *reducir a Dios* a "cosa", a "objeto", por más que a ese objeto le llamemos nosotros, con nuestras pomposas palabras, el "Absoluto" o el "Infinito". Utilizando el lenguaje de K. Rahner, se puede responder a todo esto diciendo que Dios sólo puede hacerse presente, "en el espacio de lo categorial" (lo que nosotros podemos alcanzar y representarnos en categorías humanas), "bajo el modo de la *promesa*", que nos remite a la esperanza, y "bajo el modo de la *muerte*", que nos enfrenta o a la posesión del "todo" o a la mera "desesperación"[19]. Dicho de manera más sencilla, se trata de lo que explicaré ampliamente en el capítulo siguiente, al

---

19. RAHNER, K., *Curso fundamental sobre la fe*, Barcelona, 1979, 251-252.

mostrar cómo lo más sorprendente, que uno se encuentra en los evangelios, es que Dios se ha fundido con lo humano. Hablar de "promesa" y hablar de "muerte", como lo hace Rahner, es hablar de lo más profundamente humano. Y ahí, en el punto de sutura de lo absoluto y lo transitorio, lo infinito y lo limitado, ahí precisamente es donde nos encontramos *lo humano*. Y es en lo humano donde Dios se nos revela y donde nosotros, por tanto, lo podemos encontrar. Lo vamos a ver detenidamente en el capítulo siguiente.

Pero es duro y complicado llegar a esta conclusión. Porque lo que nos pasa a todos, con esto de Dios y de Jesús, es que, cuando nos enseñan la religión, lo mismo en los catecismos que en los libros que hablan de estas cosas, siempre se empieza por explicar a Dios. Porque, naturalmente, lo primero es Dios. Y eso se explica de acuerdo con lo que, de una manera o de otra, han dicho siempre las religiones, empezando por la religión del Antiguo Testamento. Y también se explica de acuerdo con lo que han dicho los sabios y entendidos, que se han ocupado de este tema. De todo eso, lo que resulta es un Dios que se entiende a partir del poder, de la grandeza, de la majestad, de la fuerza que impresiona, de la autoridad que se impone y manda, de la amenaza que sobrecoge y asusta. Ése es el Dios que tienen en su cabeza la mayor parte de los que creen el Absoluto. Y ése es también el Dios que suelen presentar los representantes del Absoluto, cuando son hombres a los que les va bien con todo eso del poder, la autoridad, la grandeza que impresiona y sobrecoge, con todo lo que eso lleva consigo. Pero, por desgracia, ése es también el Dios que tienen en su cabeza los que no creen en él. Porque no pueden creer en una "realidad última y definitiva", que, para lo que sirve, es para crearnos más problemas de los que ya tenemos que soportar en esta vida.

Lo peor de todo esto está en que, una vez que nos imaginamos que tenemos claro lo de Dios, entonces se nos dice que Jesús es ese Dios. O sea, se nos dice que nos acerquemos a Jesús pensando que *sabemos ya precisamente lo que Jesús vino a enseñarnos porque no lo sabíamos*. Con lo cual, lo que hacemos es quitarle a Jesús lo primero que él vino a hacer en este mundo. Y de esa manera, lo que nos pasa es que ni nos enteramos de cómo es realmente el Dios que se nos da a conocer en Jesús. Ni tampoco nos enteramos de lo primero que vino a hacer Jesús en este mundo.

Por lo demás, no viene mal indicar que todo esto no quiere decir que aquel hombre que fue Jesús de Nazaret, cuando andaba por el mundo, supiera todas estas cosas y las tuviera claras en su cabeza. Y menos aún que todo esto lo supiera la gente que le conocía y le trataba. Precisamente, la equivocación del apóstol Felipe estuvo en que, "después de tanto tiempo" con Jesús (Jn 14,9), no se había enterado de ninguna de estas cosas.

Conclusión

Después de todo lo dicho en este capítulo, parece que se pueden sacar dos enseñanzas:

1. *Jesús cambió el concepto de Dios*. No porque Jesús se inventara un Dios nuevo y distinto del Dios en el que siempre creyeron los judíos. Sino porque, si efectivamente creemos que Jesús es la revelación más plena y profunda de Dios, entonces tenemos que decir que el Dios del Antiguo Testamento es, por supuesto, el Dios vivo y verdadero. Pero el conocimiento, que tenían los seres humanos de ese Dios antes de la aparición de Jesús en este mundo, era un conocimiento parcial y, en ese sentido, demasiado limitado. El Dios del Antiguo Testamento se comprende a partir del *poder* y la grandeza. Pero Jesús nos enseñó que hay en Dios algo mucho más profundo y que, por tanto, está en la raíz última de lo que es Dios. El Dios que se nos revela en Jesús se comprende a partir de la *debilidad*. Por eso san Pablo afirma que lo más "loco" y lo más "escandaloso", que se nos revela en la muerte de Jesús, es la "debilidad de Dios", la *astheneia tou Theou*, (1 Cor 1,25).

2. *Jesús cambió el modo de encontrar a Dios*. Porque si el Dios que se nos reveló en Jesús se entiende a partir de la debilidad (el amor), como indica San Pablo, entonces a Dios no se le encuentra *en el poder* de este mundo, por más que se trate del poder más religioso que uno se pueda imaginar. Si estamos convencidos de que es verdar eso de la "debilidad de Dios" (1 Cor 1,25), está claro que cada persona (y también cada institución, incluida la Iglesia) encuentra a Dios en la medida, y sólo en la medida, en que *se hace solidaria con la debilidad y, lo que es más, se funde con la debilidad*. Por eso Jesús de Nazaret nació débil y pobre, vivió entre los débiles y los pobres, y acabó su vida como el ser más débil, más pobre y más desampara-

do de este mundo. Viviendo de esta manera y siendo así, Jesús nos trazó el camino para encontrar a Dios, es decir, fijó el modo de dar con Dios. Pero, si Jesús vivió así y fue así, eso tiene una explicación mucho más seria y más importante. De esa manera, Jesús nos dijo y nos sigue diciendo que, por encima de todas las teorías que cualquiera pueda inventar, y también por encima de todas las teologías que pueda haber, el único camino para encontrar a Dios es unirse, fundirse y confundirse con todo lo que es debilidad, dolor, sufrimiento y pobreza en esta vida. Por eso, a la hora de la verdad, resultará que han encontrado a Dios los que han dado de comer al hambriento, de beber al sediento, los que han vestido al que no tiene qué ponerse, etc., (Mt 25,31-46). Y conste que los que van así por la vida, encuentran a Dios aunque ni sepan que existió Jesús.

DIOS SE FUNDE CON LO HUMANO

Jesús y Juan Bautista

Uno de los grandes temas de los evangelios, en el que mejor se puede constatar la sorprendente originalidad de Jesús, es en el tema de Juan Bautista.

Es verdad que entre Jesús y Juan Bautista hubo numerosos puntos de contacto y algunas coincidencias. Por ejemplo, tanto el Bautista como Jesús, iniciaron su ministerio profético haciendo un llamamiento a la "conversión" de cuantos les escuchaban (Mt 3,1; Mc 1,4; Lc 3,8; Mt 4,17; Mc 1,14-15). Lo que indica claramente que Juan y Jesús coincidían en el convencimiento de que aquel pueblo necesitaba un cambio, no sólo de conducta, sino, sobre todo, de mentalidad. Es decir, aquellas gentes tenían que modificar su manera de pensar[1] Por otra parte, según Jn 1,35-39, Jesús tomó de Juan sus primeros discípulos. Y lo mismo que Juan, Jesús hizo un llamamiento a la conversión (Mt 3,8 par; Lc 13,1-9, etc.). De la misma manera, al igual que Juan, Jesús rechazó toda expectación política y nacionalista en el judaísmo (Mt 3,9 par; 8,11 s). Y, lo mismo que más tarde

---

1. Tal es, en efecto, el sentido del verbo *metanoéo*, ya que la preposición *meta*, cuando actúa de prefijo delante de verbos de movimiento y verbos de contenido espiritual, indica un cambio en el contenido del verbo. De ahí que, en este caso, el verbo indicado se refiere a cambiar de modo de pensar, cambiar de idea o de opinión. Cf. GOETZMANN, J., "Conversión", en COENEN, L., BEYREUTHER, E. y BIETENHARD, H. (eds.), *Diccionario Teológico del Nuevo Testamento*, vol. I, Salamanca, 1980, 334.

hizo Jesús, Juan rechazó a los que confiaban en su justicia propia
(Mt 3,7-10)[2]. Pero seguramente la coincidencia más importante, que
hubo entre Juan y Jesús, es que ambos anunciaron la venida ya próxima del Reino de Dios (Mt 3,2; Mc 1,15). Más aún, ante la opinión
pública, la coincidencia entre ambos personajes debió ser tan grande, que mucha gente se imaginaba que Jesús y Juan eran la misma
persona (Mt 16,14 par). Incluso hay indicios de que Herodes pensaba que Jesús era el Bautista resucitado (Mt 14,2). Por eso, no han fal-
tado autores que han pretendido demostrar que, tanto Juan como
Jesús, estuvieron vinculados con el movimiento de los esenios, los
ascetas del desierto, de los que el historiador Flavio Josefo, en el
libro II de su obra *La guerra judía*, dice que eran los judíos más ejemplares de su tiempo. De todas maneras, los estudios más autorizados
en este asunto parecen demostrar que ni Juan ni Jesús tuvieron nada
que ver con los esenios[3].

Ahora bien, por más significativas que puedan ser las semejanzas
entre Jesús y Juan Bautista, si queremos comprender lo que realmente enseñó Jesús sobre Dios, lo más ilustrativo es caer en la cuenta del abismo de distancia que existe entre lo que Juan enseñó sobre
este asunto y lo que Jesús le dijo a la gente en cuanto se refiere a
quién es Dios y cómo es Dios.

Ante todo, hay que fijarse en el tema de la *conversión*. Ya he dicho
que, lo mismo Juan que Jesús, empezaron su ministerio haciendo un
llamamiento a todo el pueblo, desde los más importantes[4] hasta los
últimos, para que cambiasen en su manera de vivir y en su manera
de pensar. También es cierto que, tanto Juan como Jesús, relaciona-
ron la conversión con la próxima llegada del Reino de Dios (Mt 3,2;
4,17; Mc 1,15). Pero esto no quiere decir que Juan Bautista y Jesús
entendieran la conversión y el Reino de la misma manera y con las
mismas características. La diferencia entre ambos, precisamente en
estas cuestiones tan fundamentales, es decisiva. En efecto, en la pre-

---

2. Cf. JEREMIAS, J., *Teología del Nuevo Testamento*, vol. I, Salamanca, 1973, 65.
3. STEGEMANN, H., *Los esenios, Qumrán, Juan Bautista y Jesús*, Madrid, 1996, 246-
   250; 283-284.
4. Según Jn 1,19, "las autoridades judías enviaron sacerdotes y levitas" para que
   investigasen quién era Juan. La expresión *oi Ioudaioi* se refiere inequívocamente
   a las autoridades religiosas. Cf. LÉON-DUFOUR, X., *Lectura del evangelio de Juan*,
   vol. I, 123. Por tanto, a Juan acudieron personas de toda condición.

dicación del Bautista, la "conversión" se relaciona directamente con el "perdón de los pecados" (Mc 1,4; Lc 3,3). De manera que la interpelación, en boca de Juan, "convertíos" (Mt 3,2) tiene como efecto que todas aquellas gentes "confesaban sus pecados" (Mt 3,5). Por eso, el evangelio de Lucas, después del llamamiento a la conversión (Lc 3, 3), hace una serie de aplicaciones concretas a determinados pecados de los que la gente tenía que arrepentirse (Lc 3,10-14). Por el contrario, cuando Jesús le decía a la gente que tenían que convertirse, nunca relaciona esa conversión con el pecado. En la predicación de Jesús, la conversión se entiende en función de la "buena noticia", el Evangelio, que se identifica con el Reino de Dios.[5] Tal es el sentido del resumen que presenta Marcos, al comienzo del ministerio de Jesús en Galilea: "Se ha cumplido el plazo, ya llega el Reino de Dios. Convertíos y creed en la buena noticia" (Mc 1,15). O, como indica Mateo, de manera más resumida: "Convertíos, que ya está cerca el Reino de Dios" (Mt 4,17). En estos casos, no se menciona para nada el pecado. Lo que Jesús pretende es un cambio en función del Reino[6].

Ahora bien, lo decisivo aquí es comprender que el Reino de Dios, en la predicación de Juan, se relaciona con el *pecado* (Mt 3,2-5), mientras que, en el ministerio de Jesús, se relaciona con el *sufrimiento humano*. Por eso, en la diatriba de Juan contra los pecadores, aunque Mateo redactó el texto de manera que distingue entre el pueblo sencillo (*óchlos*) (Mt 3,5) y los dirigentes (fariseos y saduceos) (Mt 3,7), los comentaristas de este evangelio suelen apuntar que aquí ya se indica la resistencia de todo el pueblo a Jesús[7]. En el relato de Lucas, la diatriba se dirige a todo el pueblo sin distinción (Lc 3,7). Y lo más significativo es que, lo mismo en Mateo que en Lucas, el sermón de

---

5. Esta identificación entre "Evangelio" y Reino de Dios" queda ya claramente indicada en la predicación de Jesús, según la presenta Mateo al utilizar la expresión: "Evangelio del Reino" (Mt 4,23; 9,35; 24,14). Cf. Luz, U., *El evangelio según san Mateo*, vol. I, Salamanca, 1993, 255. En el caso de Marcos, esta identificación entre el "Evangelio" y el "Reino" queda aún más patente, como aparece al hacer coincidir el sentido del v. 14 con el 15. Cf. Gnilka, J., *El evangelio según san Marcos*, vol. I, Salamanca, 1986, 75-76.

6. Por eso, como se ha dicho muy bien, "frente al *baptisma metanoías* de Juan Bautista, Jesús llama a la conversión a la vista del reinado de Dios que se aproxima". Cf. Gnilka, J., o.c., 77.

7. Cf. Luz, U., *El evangelio según san Mateo*, vol. I, 206.

Juan Bautista es conminatorio y amenazante. Porque habla de la enorme dificultad que van a tener aquellas gentes para "escapar del castigo inminente" (Mt 3,7; Lc 3,7), ya que "el hacha está ya tocando la base de los árboles, y todo árbol que no da buen fruto será cortado y echado al fuego" (Mt 3,10; Lc 3,9). Más aún, según el Bautista, el Mesías "trae el bieldo en la mano para aventar su parva y reunir el trigo en su granero; la paja, en cambio, la quemará en una hoguera que no se apaga" (Mt 3,12). El juicio divino, por tanto, va a ser terrible. En las ideas de Juan Bautista, la proximidad del Reino de Dios y la conversión que eso exige ponen a cada persona ante la amenaza de un castigo, que puede terminar, a fuerza de hachazos, en el fuego que no se extingue.

En cambio, cuando Jesús anuncia la cercanía del Reino de Dios, jamás utiliza ese lenguaje. No amenaza a nadie. Ni habla de juicio o castigo alguno. Todo lo contrario. Cuando los evangelios resumen cómo Jesús proclamaba la cercanía del Reino, afirman que eso iba unido a la curación de los achaques y enfermedades del pueblo (Mt 4,23). Y el mismo evangelio de Mateo añade enseguida: "le traían enfermos con toda clase de enfermedades y dolores, endemoniados, epilépticos y paralíticos y él los curaba" (Mt 4,24). Más adelante, cuando Jesús va a elegir a los Doce y los va a enviar a misionar, el mismo Mateo insiste en que el anuncio de la proximidad del Reino iba unido, en la actividad de Jesús, a la curación de todo achaque y enfermedad (Mt 9,35). Y el relato añade: "Viendo a las pobres gentes (*toús óchlous*), se le conmovieron las entrañas (*esplagchnisze*)[8], porque andaban maltrechos y derrengados como ovejas sin pastor" (Mt 9,36). Aquí no se hace mención ni de pecados, ni de juicio, ni de amenaza alguna. Estamos exactamente en el extremo opuesto a la mentalidad y al estilo de Juan Bautista. Lo que a Jesús le preocupaba no eran los pecados, el juicio y el castigo de Dios. Lo que Jesús sentía, al ver a la gente, era la misericordia entrañable, que le lleva-

---

8. El verbo *splagchnizomai* se deriva de *aplagchnon*, que indica las entrañas, los órganos internos y, por tanto, la misericordia visceral, que se aplica en los evangelios sinópticos a las personas y situaciones que expresan la mayor bondad o ternura que se puede dar en este mundo. Cf. Mt 18,23 ss; Lc 15,11, ss; 10,30 ss; Mc 8,2; Mt 9,36; 14,14; Lc 7,13; Mc 1,41; 9,22. Cf. WALTER, N., "Splagchnizomai", en BALZ, H. y SCHNEIDER, G. (eds.), *Diccionario Exegético del Nuevo testamento*, vol. II, Salamanca, 1998, 1468-1470.

ba a curar los achaques y enfermedades, las dolencias y sufrimientos de aquel pueblo desamparado.

Por eso, cuando el evangelio de Mateo relata el encargo misional, que Jesús comunicó a sus discípulos, dice que les dio "autoridad" (*exousía*) para expulsar demonios y para curar todo achaque y enfermedad" (Mt 10,1 par.). Aquí es importante caer en la cuenta de que no se trata de una autoridad *doctrinal*, para afirmar verdades o condenar errores, sino que se trata de un poder *terapéutico*, para curar dolencias y aliviar el sufrimiento humano. De ahí que el mismo evangelio añade el mandato que Jesús les dio a los Doce: "Por el camino proclamad que ya llega el Reino de Dios: curad enfermos, resucitad muertos, limpiad leprosos, echad demonios" (Mt 10,7 par.). Por tanto, nada de amenazar. Y menos aún, de condenar. Todo ha de ser dar vida, aliviar dolores, devolver la dignidad a los que la tienen perdida. Porque, como es bien sabido, en la mentalidad de aquel tiempo, curar enfermos y expulsar demonios era una actividad que no se reducía a devolver la salud corporal, sino que, además de eso, llevaba consigo también restaurar la dignidad de las personas. Porque hablar de enfermos y endemoniados era lo mismo que hablar de personas manchadas por pecados y culpas inconfesables[9]. Por lo demás, la misma actividad curativa de Jesús queda atestiguada en Lc 4,40-43.

Más aún, la señal distintiva, de que el Reino de Dios ya ha llegado, está precisamente en que él expulsa los demonios con el poder de Dios (Mt 12,28; Lc 11,20). Hoy está demostrado que, en la cultura de aquel tiempo, expulsar demonios era lo mismo que curar de determinas enfermedades[10]. Lo cual nos viene a decir que, en la mentalidad de Jesús, la prueba auténtica de la presencia del Reino de Dios no se asocia, como ocurría en la predicación del Bautista, ni con pecados de los que hay que convertirse, ni menos aún con castigos amenazantes, sino con algo que es todo lo contrario: la liberación del sufrimiento y de la indignidad que a cualquiera le sugiere la idea del pecado o el demonio.

---

9. Para este punto, cf. CASTILLO, José M., *El Reino de Dios. Por la vida y la dignidad de los seres humanos*, Desclée De Brouwer (Biblioteca Manual), Bilbao, 1999, 71-73. Importante el resumido estudio de SCHARBERT, J., "Krankheit", en *Theologische Realenzyklopädie*, vol. XIX, 680-683, con bibliografía.

10. Cf. BÖCHER, O., "Daimónion", en BALZ, H. y SCHNEIDER, G. (eds.), *Diccionario Exegético del Nuevo Testamento*, vol. I, Salamanca, 1996, 818.

Como es lógico, lo que todo esto nos viene a decir, en última instancia, es que *la idea de Dios*, que tenía Juan Bautista, y la que tenía Jesús, eran ideas muy distintas. Quizá completamente distintas. Porque cuando se habla del pecado, del juicio y del castigo eterno, en realidad, de lo que se está hablando es de Dios. El pecado, a fin de cuentas, es ofender a Dios, el juicio es juicio de Dios, y el castigo eterno no puede venir sino de Dios. Naturalmente, todo esto quiere decir que el Dios, en el que Juan creía , era un Dios terrible y amenazante para toda clase de personas, para los dirigentes religiosos y para el pueblo sencillo, para la gente (Lc 3,10), para los publicanos (Lc 3,12 y para los policías o funcionarios públicos (Lc 3,14). Leyendo estos textos, se tiene la impresión de que nadie se escapa del peligro y la amenaza que supone el Dios justiciero y castigador, que presentaba el Bautista en sus sermones. Es, por lo demás, la misma impresión que uno tiene al escuchar a no pocos predicadores eclesiásticos de ahora, en sus sermones cuaresmales o incluso en cualquier homilía de cualquier domingo.

Por otra parte, y de acuerdo con lo que acabo de explicar, se comprende el desconcierto que tuvo que experimentar Juan Bautista cuando se enteró, estando ya en la cárcel, de que Jesús no hacía lo que, en sus sermones, había anunciado el Bautista (Mt 11,2-3; Lc 7,18). Este, como hemos visto, anunció la llegada inminente de un Mesías justiciero y castigador de todos los pecadores. Pero la cosa resultó al revés. Porque Jesús no se dedicó a castigar a nadie. Ni a lanzar amenazas divinas contra la gente más empecatada. Todo lo contrario. Jesús curaba a los enfermos, acogía a los pecadores, liberaba a los endemoniados, y se emocionaba con ternura entrañable (*splagchnizomai*) (Mt 9,36; 14,14; Mc 1,41; 6,34; 8,2; 10,52; Lc 7,13) ante las "gentes sencillas" (*óchloi*), que, a juicio de los dirigentes religiosos, no conocían la Ley y estaban malditas (Jn 7,48). Naturalmente, todo esto debió desconcertar a Juan. Como ya indicó acertadamente W. G. Kummel, el Bautista aparece aquí "como una persona atenazada por la duda y que quiere una respuesta"[11]. Por eso, para salir de dudas, mandó a unos discípulos suyos a preguntarle a Jesús si era él el que tenía que venir o había que esperar a otro (Mt 11,4 par). Juan, por lo tanto, pregunta si la solución

---

11. KUMMEL, W. G., *Promise and Fulfilment: The Escatological Message of Jesus*, Naperville, 1957, 110-111.

de Dios para aquel pueblo tenía que ir por el camino de la amenaza y el castigo, *por causa de los pecados,* o, por el contrario, si la solución estaba en la bondad y la misericordia *ante el sufrimiento humano.* En esto consistía el gran dilema que se le planteaba a Juan Bautista.

Pero lo sorprendente es que Jesús, ante la cuestión tan fundamental que le plantea Juan, no responde ni "sí" ni "no". El evangelio de Lucas dice que "Jesús (cuando le hicieron la pregunta) acababa de curar a mucha gente de diversas enfermedades, ataques y malos espíritus, y a muchos ciegos les había devuelto la vista" (Lc 7,21). De ahí que la respuesta de Jesús, tal como la formulan Mateo y Lucas, se limita a decirles a los emisarios del Bautista que le cuenten a Juan lo que están viendo y oyendo (Lc 7,22). Y, recordando diversos textos de los antiguos profetas, Jesús señala dónde y en qué está la misión del Mesías y la solución que Dios da a este mundo: "Los ciegos recobran la vista, los cojos andan, los leprosos quedan limpios, los sordos recobran el oído, los muertos resucitan, y a los pobres se les anuncia la buena noticia" (Lc 7,22; Mt 11,5; cf. Is 35,5; 26,19; 61,1). No es éste el momento de explicar cada uno de estos hechos proféticos. Lo importante es comprender que, mientras para Juan Bautista el problema más grave es el problema del pecado, para Jesús lo que más urge es remediar el sufrimiento de los que carecen de una vida plena y digna. En el fondo, lo que aquí se plantea es que hay dos formas fundamentales de entender el plan de Dios y, en último término, a Dios mismo. El Dios de Juan Bautista es el Dios a quien lo que más importa son sus propias ofensas. El Dios de Jesús es el Dios a quien lo que más le preocupa es el sufrimiento de los más desgraciados de esta vida.

Seguramente, porque el contraste, entre la visión teológica de Juan y la de Jesús, era tan fuerte, por eso el propio Jesús termina la enumeración de las obras buenas que hace con esta advertencia desconcertante: "Y ¡dichoso el que no se escandalice de mí!" (Mt 11,6; Lc 7,23). A primera vista, resulta difícil de entender que hacer el bien a los que sufren pueda ser causa de escándalo para alguien. Y por eso no se entiende a qué viene esta advertencia de Jesús a sus oyentes. Se ha dicho que, en este episodio, Jesús plantea la necesidad que tienen sus discípulos de tomar una decisión a favor o en contra del propio Jesús[12]. Eso, sin duda, es verdad. Pero, de acuerdo con lo

---

12. LUZ, U., *Das Evangelium nach Matthäus,* EKK I/2 (1990), 170.

dicho hace un momento, la cuestión es más radical. El Dios de Juan Bautista era el Dios al que aquel pueblo estaba acostumbrado. Era el Dios que encajaba, sin problemas, con lo que la gente oía cada sábado en las sinagogas. Y, además, era también el Dios que los dirigentes religiosos y los entendidos "en las cosas de Dios" predicaban en sus enseñanzas al pueblo. Por el contrario, un "representante de Dios" que, en lugar de fustigar a los pecadores para que se dieran cuenta del inminente juicio divino, se dedicaba a lo que hoy llamaríamos "tareas seculares", curar enfermos, socorrer a los pobres, acoger a las gentes marginales e incluso convivir con personas de mala conducta, todo eso tenía que "escandalizar" a los más observantes, a los piadosos y a los que entendían la religión como se había entendido desde siempre. Por eso, Jesús se dio cuenta de que tenía que añadir la advertencia: "¡Dichosos el que no se escandalice de mí!". Y es que el Dios que presentaba y representaba Jesús es un Dios que escandalizaba entonces a los más "religiosos". Y seguramente sigue escandalizando ahora a las personas que, en el fondo, se encuentran más a gusto con el Dios del Bautista que con el Dios de Jesús. Probablemente, porque el Dios del Bautista, aunque meta miedo, da una seguridad que no da el Dios de Jesús. Y, sobre todo, porque el Dios de Jesús, si es que se entiende de verdad, exige lo que no estamos dispuestos a dar: la cercanía y hasta la identificación con los más desgraciados de este mundo. Pero eso, sobre todo cuando se trata de desgraciados "por culpa propia", es una cosa que a "los más religiosos" suele resultarles bastante costoso.

El conflicto de Jesús

El hecho es tan central en los evangelios que si de ellos arrancamos el conflicto, que Jesús provocó y tuvo que soportar, la figura de Jesús quedaría totalmente deformada. Pero no sólo eso. Es que, además, la significación de Jesús, su mensaje, lo que él quiso comunicar sobre los seres humanos y sobre Dios, todo eso vendría a ser anulado. No olvidemos que Jesús no murió de muerte natural. Jesús terminó sus días asesinado como un delincuente. Y es decisivo tener siempre en cuenta que, si acabó de esa manera, aquello no ocurrió por casualidad. Fue el resultado final de un proceso, que se vino gestando casi desde el comienzo de la actividad pública de Jesús.

Es verdad que, cuando se redactaron los evangelios y los demás escritos del Nuevo Testamento, los primeros cristianos explicaron la muerte de Jesús de manera que, al leer algunos textos, se tiene la impresión de que fue Dios el que decidió y decretó que Jesús tenía que morir como murió. Por ejemplo, san Pablo dice que Dios "no perdonó a su propio Hijo, sino que lo entregó por todos nosotros" (Rom 8,32). Y Jesús, en la oración de Getsemaní, le pide al Padre que lo libre de la muerte, pero añade enseguida: "no se haga mi voluntad, sino la tuya" (Lc 22,42 par). Todo esto parece indicar con claridad que, si Jesús murió ajusticiado, el responsable de lo que allí sucedió fue Dios mismo. De manera que, tanto los judíos como los romanos e incluso el propio Jesús, no fueron sino los actores fieles y obedientes que ejecutaron al pie de la letra el plan trazado por Dios. De ahí que la muerte de Jesús se interpreta, en el Nuevo testamento, como un "sacrificio" religioso (1 Cor 10,14-22; 11,26; Ef 5,2), mediante el cual Jesucristo, obediente al Padre, redimió a la humanidad de todos sus pecados.

Todo esto es verdad. Una verdad fundamental de la fe cristiana. Pero esta gran verdad entraña un peligro. El peligro que consiste en no darse cuenta de que toda esa manera de explicar la muerte de Jesús es una *explicación* o, si se quiere, una *interpretación teológica*, que los cristianos tuvieron que dar del *hecho histórico*, es decir de *lo que allí ocurrió* cuando condenaron a muerte y ejecutaron a Jesús. Quiero decir, por tanto, que una cosa es el "hecho" de la muerte de Jesús. Y otra cosa es la "interpretación teológica", que los cristianos dieron de ese hecho. ¿Por qué los cristianos tuvieron que dar una "explicación" o, en otras palabras, una "interpretación" de la muerte de Jesús? La cosa se comprende enseguida. Por una parte, en aquel tiempo, un individuo, que había muerto ejecutado en una cruz, era un ser tan despreciable que difícilmente podía ser aceptado como Hijo de Dios y como modelo a imitar. De otro lado, en el Antiguo Testamento se decía que "ser crucificado" era una maldición divina (Deut 21,23; cf. Gal 3,13). Así las cosas, se comprende que los primeros cristianos tuvieron que buscarse una "explicación", de tipo religioso y trascendente, para justificar el hecho de que ellos adoraban a un crucificado y le rendían culto como a Dios.

En definitiva, lo importante es tener muy en cuenta que, si Jesús murió como un malhechor, aquello tuvo unas causas históricas concretas y fue el resultado final de una vida que entró en conflicto con el sistema religioso-político establecido en aquella sociedad. Las autoridades y los líderes del pueblo judío se dieron cuenta de que aquel hombre, Jesús el Nazareno, les ponía en cuestión, de la manera más radical, el sistema mismo en el que ellos se sustentaban para seguir ejerciendo un poder al que no estaban dispuestos a renunciar.

Pero esto necesita alguna explicación. Ante todo, es importante recordar que Jesús no tuvo problemas, de manera directa, con las autoridades romanas. De esto no se habla para nada en los evangelios. Y no olvidemos que los romanos eran los representantes del Imperio, los invasores y ocupantes que privaban al pueblo de su libertad y su soberanía. Todo esto era muy grave. Jesús, como es lógico, se tuvo que dar cuenta de ello. Sin embargo, jamás denunció a los romanos. Y cuando llegó la hora del juicio político, hasta el gobernador romano, consideraba que Jesús era un hombre inocente (Jn 18,39; 19,6). Señal inequívoca de que no tenía nada contra él. Este hecho indica, por lo pronto, una cosa que parece bastante clara. Jesús comprendió que el problema más grave, que sufría aquel pueblo, no era el cautiverio y la opresión que Roma le imponía con la presencia de sus legionarios paseándose por las calles de Jerusalén. Ni siquiera el peso económico que suponía, para la pobre gente, el hecho de tener que pagar unos impuestos desmesurados al opresor extranjero[13]. Es evidente que Jesús no pudo ser indiferente ante estas cosas, ya que se puso decididamente de parte de los pobres y en contra de los que oprimían al pueblo. Pero lo que allí ocurrió es que Jesús comprendió perfectamente que la opresión más fuerte, que sufrían aquellas gentes, no era la *opresión política y económica* de Roma, sino la *opresión religiosa* de los dirigentes de Israel.

La razón más clara de que esto fue así es que los conflictos, que provocó y soportó Jesús, no fueron enfrentamientos con la policía romana, sino con los letrados y fariseos, primero, y más tarde (y con consecuencias terribles) con los sumos sacerdotes y senadores, es decir, con las supremas autoridades de la religión de Israel.

---

13. Sobre lo desmesurados que resultaban los impuestos que tenía que pagar la población, nos informa JOSEFO, Flavio, *Ant.*, XVI, 5, 4, 153-154. Esta situación se mantuvo igual durante la ocupación romana (6-41; 44-66). Cf. JOSEFO, *Ant.*, XVII, 11, 4, 5, 320. Para todo este asunto, cf. JEREMIAS, J., *Jerusalén en tiempos de Jesús,* Madrid, 1977, 143-145.

La pregunta que lógicamente hay que hacerse aquí es: ¿por qué Jesús fue motivo de tantos y tan fuertes enfrentamientos precisamente con las autoridades religiosas? Al responder a esta cuestión, se pueden hacer interminables matizaciones, que son, sin duda, convenientes e incluso necesarias. En cualquier caso, hay algo que salta a la vista, en cuanto se leen los evangelios con cierta atención. Jesús apareció, ante aquellos hombres tan profundamente religiosos, como un *transgresor* de lo más celosamente respetado, y hasta fanáticamente observado, por los líderes religiosos. Quiero decir, Jesús fue un "transgresor de la Ley religiosa". Este asunto ha sido ampliamente analizado por los estudiosos de los evangelios[14]. De manera que hoy está fuera de duda que Jesús quebrantó, no sólo la *Hallachá*, es decir, las interpretaciones que los rabinos hacían de la Ley, sino incluso también la *Torá*, o sea la Ley divina que, según las tradiciones de Israel, Yahvé había revelado a Moisés[15].

Ahora bien, prescindiendo de otras cuestiones exegéticas y teológicas que plantea este comportamiento de Jesús, lo que interesa en este momento es caer en la cuenta de que, si Jesús no cumplió lo que mandaba la Ley religiosa en tan repetidas ocasiones, eso no se debió a que Jesús fuera un libertino y, menos aún, un provocador. La clave para entender esta conducta de Jesús está en que él dejó de observar la Ley únicamente *cuando estaba en juego la salud, la integridad de la vida, la dignidad y la felicidad de las personas*. Dicho de otra manera, la libertad de Jesús ante la Ley no fue una libertad caprichosa y, menos aún egoísta. Siempre fue una libertad *al servicio de la misericordia*.

Cuando Jesús cura a un manco en la sinagoga (Mc 3,1-6 par), la pregunta que hace a los que le acechaban para poder denunciarlo (Mc 3,2), indica que Jesús quería dejar muy claro que lo primero no es el cumplimiento de la Ley, sino la salud y la vida de un lisiado. Esto quiere decir obviamente que la preocupación central de Jesús no era la observancia del que procede de manera intachable, sino ali-

---

14. Un buen resumen de los resultados, en KLEIN, G., "Gesetz", III, en *Theologische Realenzyklopädie*, vol. XIII, 58-61, con amplia bibliografía en pp. 73-75.
15. Cf. CASTILLO, J. M., *Símbolos de libertad*, Salamanca, 1981, 293-308; BANKS, R., *Jesus and the Law in the synoptic tradition*, Cambridge, 1975, 39-64, con bibliografía. Es la misma conclusión a que había llegado JEREMIAS, J., *Teología del Nuevo Testamento*, vol. I, 323-325, al analizar los anuncios de la pasión que hace Jesús, según los sinópticos.

viar el sufrimiento del que tiene la vida mutilada. Jesús, por supuesto, sabía que en aquello se jugaba mucho, puesto que, apenas salieron de la sinagoga, los fariseos y los del partido de Herodes decidieron matarlo (Mc 3,6). Es decir, los hombres de la religión y los hombres de la política vieron en aquel comportamiento de Jesús una transgresión muy grave, puesto que, a su juicio, merecía la muerte. Es evidente que Jesús, en aquella ocasión, cometió (a juicio de la religión establecida) una falta grave, por la única razón de asentar el principio de que, en esta vida, *lo primero es remediar el sufrimiento humano*. Y se puede asegurar que este mismo criterio es el que regía el comportamiento de Jesús cuando curaba a los enfermos en sábado, hasta el punto de indignar al jefe de la sinagoga precisamente porque la gente traía a sus enfermos en sábado para que Jesús los curase (Lc 13,14), señal inequívoca de que todo el mundo sabía que, exactamente en el día prohibido, es cuando Jesús curaba, anteponiendo la vida de los enfermos a la observancia del precepto. Como se ha dicho muy bien, aquí se pone de manifiesto "una idea fija de Jesús: la felicidad de un ser humano tiene prioridad absoluta, por encima incluso de las prescripciones religiosas, como la observancia del sábado"[16]. Es justamente lo mismo que se repite, en el evangelio de Juan, cuando Jesús cura al paralítico de la piscina (Jn 5,1-18). Y también cuando le da la vista al ciego de nacimiento (Jn 9,1-39).

Pero esta "idea fija" de Jesús se expresó, no sólo cuando curaba a los enfermos en el día que eso estaba prohibido. La misma idea es la que determina el comportamiento de Jesús cuando no cumple con el ayuno (Mc 2,18-22 par) y, además, diciendo que los amigos del novio no se van a poner a ayunar cuando están festejando la boda (Mc 2,19). Es claro que aquí Jesús antepone la felicidad de vivir, simbolizada en la fiesta de bodas, a la observancia de una ley naturalmente pesada, como es el caso del ayuno obligatorio.

Y de nuevo el conflicto con las observancias legales, a causa de la desobediencia en lo que se refería a las purificaciones rituales antes de las comidas (Mc 7,1-23 par). En este caso, Jesús desenmascara a los escribas y fariseos (Mc 7,1) quienes, de manera hipócrita, le echan en cara el hecho insignificante de no lavarse las manos antes de comer, mientras que ellos cometen agresiones muy graves contra

---

16. FITZMYER, J. A., *El evangelio según Lucas*, vol. III, Madrid, 1987, 530.

sus propios padres, dejándolos desamparados en la vejez, con el cuento de que donaban sus bienes al culto religioso del templo (Mc 7,9-13). También en este caso se ve claramente que, si Jesús no era un modelo de observancia legal, eso no se debía a libertinaje o simplemente "manga ancha". Lo que le ocurrió a Jesús es que, por todas partes y a todas horas, se le notaba su "idea fija": *la religión y sus preceptos dejan de tener sentido y obligatoriedad cuando la religión se utiliza para causar sufrimiento o para escurrir el hombro ante el dolor ajeno.*

Jesús como "pecador"

Pero la conducta de Jesús no se limitó a proceder con una notable libertad en cuanto se refería a las observancias legales. Además de eso, está el hecho de su amistad con publicanos y pecadores. Jesús frecuentaba la relación con este tipo de personas (Mc 2,16 par; Lc 7,34 par; 15,1). Y no le importó dejarse besar y perfumar por una mujer de mala fama (Lc 7,36-38). Estas cosas, como es lógico, fueron motivo de escándalo para las personas que aparecían como intachables, cosa que queda expresamente señalada en los textos que acabo de recordar.

Pero el conflicto llegó más lejos. Porque, sin duda alguna, lo más llamativo no es que Jesús frecuentase la amistad con gente pecadora. Lo peor de todo es que él mismo fue tenido por un gran pecador. Esta acusación aparece expresamente en boca de los fariseos (Jn 9,16-24). Y lo más grave es que a Jesús se le acusó de ser un blasfemo (Mc 2,7; 14,61-63; Mt 26,65 s). Muchas veces se ha cuestionado si, efectivamente, Jesús hizo una afirmación, ante el Consejo Supremo de Israel, que, a juicio del sumo sacerdote, fue una auténtica blasfemia contra Dios. Lo más seguro es que esto fue lo que allí ocurrió[17]. Lo cual parece indicar que Jesús apareció, ante los dirigentes religiosos, como quien reclama para sí la autoridad divina. Y esto, justamente, es lo que aquellos dirigentes no podían soportar. Porque si Jesús, efectivamente, actuaba en nombre de Dios y se identificaba con Dios, entonces lo que allí se planteaba no era el enfrentamiento con un pecador y un blasfemo, sino el enfrentamiento con Dios

---

17. Cf. BLINZLER, J., *Der Prozess Jesu*, Regensburg, 1969, 186-197; PESCH, R., *Das Markusevangelium*, vol II, Freiburgo, 1977, 439-440.

mismo. Lo cual quería decir que no era Jesús el que los desautori-
zaba, sino que se veían desautorizados por el Dios del que ellos reci-
bían su presunta autoridad y al que (en opinión de la gente) rendían culto. O sea, Jesús les quitaba los cimientos, y hasta el fundamento último y definitivo, de su poder, de su prestigio y de todos
sus derechos.

Naturalmente, unos hombres, que ejercían públicamente como
representantes oficiales de Dios, no podían consentir que alguien les
pusiera en cuestión el Dios en el que ellos fundamentaban su autoridad. Porque, a fin de cuentas, la autoridad que aseguraban tener
les venía del Dios que predicaban. Lo cual quiere decir que, si el
Dios en el que creían no era como ellos se lo imaginaban, sino que
era como Jesús lo presentaba, entonces lo que realmente se cues-
tionaba era su autoridad, sus poderes, su dignidad y todo lo que
ellos afirmaban ser y tener. Por eso, sin duda, el evangelio de Juan
dice que cuando Jesús curó al paralítico, "a los dirigentes les entra-
ban más ganas de matar (a Jesús), porque no sólo abolía el sábado,
sino además, diciendo que Dios era Padre suyo, se hacía igual a
Dios" (Jn 5,18). El problema de fondo, por tanto, era el problema
de Dios. Porque, si Jesús tenía razón, eso quería decir que Dios no
era como ellos se lo figuraban. Ni era un Dios que apoyaba sus pre-
tensiones de poder y el modo de ejercer la autoridad que ellos
defendían tan celosamente. De ahí que, cuando Jesús insiste nueva-
mente en que él es quien conoce de verdad a Dios, mientras que los
dirigentes no lo conocen, otra vez intentaron detenerlo, sin duda
con la idea de matarlo (Jn 7,28-30). Y es que, como les decía Jesús
a los responsables religiosos: "Ni sabéis quién soy yo ni sabéis quién
es mi Padre; si supierais quién soy yo, sabríais también quién es mi
Padre" (Jn 8,19). Siempre la misma cuestión. Lo que allí estaba en
juego era el problema de Dios.

Esto es lo que explica que cuando Jesús hace la solemne afirmación: "desde antes que naciera Abrahán, yo soy el que soy" (Jn 8,58),
los dirigentes intentaron apedrearlo para quitarle la vida (Jn 8,59).
Jesús se aplica a sí mismo el nombre divino que Yahvé pronunció en
la aparición a Moisés cuando la teofanía de la zarza ardiendo (Ex
3,14). Pero eso era lo que las autoridades religiosas de entonces no
podían soportar. Dios no era como ellos se imaginaban. Y, por supuesto, como a ellos les convenía. Dios era tan desconcertante como

desconcertante era aquel Jesús que ellos tenían delante. Dios, por tanto, no defendía la autoridad y los poderes de los dirigentes, tal como aquellos hombres despóticos y autoritarios pretendían ejercer el poder sobre el pueblo. Si era verdad lo que Jesús decía, no tenían más remedio que aceptar que Dios actúa en el mundo como actuaba Jesús: *relativizando la absolutez del sometimiento a la Ley y absolutizando la lucha contra el sufrimiento humano.* Pero eso les desmontaba a "su dios" y les tiraba por tierra "sus poderes". Eso, exactamente eso, es lo que provocó el enfrentamiento, que terminó el en el asesinato de Jesús.

En el mismo evangelio de Juan hay un pasaje de extraordinaria importancia histórica, para saber por qué realmente mataron a Jesús. Cuando Jesús hizo que Lázaro saliera del sepulcro, después de llevar cuatro días enterrado, los sumos sacerdotes y los fariseos se alarmaron hasta el punto de reunir el Gran Consejo y plantearon, con toda crudeza, el problema que ellos realmente vivían: "si dejamos que este hombre siga, todos van a creer en él y vendrán los romanos y nos destruirán el lugar santo y la nación" (Jn 11,48). Lo que aquellos hombres se planteaban era una cuestión de poder. Porque, en definitiva, lo que vinieron a decir es muy fuerte: "o él o nosotros". Es decir, si dejamos que las cosas sigan como van, nuestro poder tiene sus días contados. Ante semejante situación, la decisión no admitía dudas: "Desde aquel día decidieron matarlo" (Jn 11,53).

El conflicto con el poder hasta su raíz última

Por lo demás, todo esto resulta perfectamente comprensible. Si ahora apareciese un profeta, con gran influencia ante el pueblo, que le dijera a la gente que el Dios, que presentan las autoridades eclesiásticas y en el que tales autoridades basan su autoridad y sus poderes, no es como los dirigentes religiosos afirman que es, sino que es un Dios que cuestiona la inviolabilidad del sometimiento incondicional a las normas clericales, sin duda alguna ese desdichado profeta se vería cuestionado en su doctrina, perseguido, desprestigiado y, en la medida de lo posible, sería apartado de la convivencia, como un peligro que desestabiliza el sistema sagrado de autoridades y poderes divinos sobre los que la institución eclesiástica se sostiene. Es verdad que hay muchos obispos y sacerdotes que son personas ejemplares y, a veces, hasta heroicas. Pero el problema no está en que haya más o menos sacerdotes buenos o malos. La cuestión está en que la organización y las "reglas de juego" de la religión establecida no suelen tolerar que los poderes eclesiásticos sean cuestionados. Lo que es decir, en el fondo, que el Dios que "legitima" a esos poderes es incuestionable.

El conflicto de Jesús fue el conflicto con el poder. Eso, por supuesto. Pero llevado hasta su raíz última. Y la raíz última de todo poder es el principio definitivo e intocable sobre el que se sustenta. Cuando se trata de una cultura religiosa, ese principio definitivo es el Absoluto, o sea Dios. De ahí que, según es el Dios en el que se cree, así es el poder que ejercitan los que socialmente aparecen como representantes de Dios. Por eso, Jesús comprendió que, para cambiar los comportamientos del poder, lo primero que había que hacer era desmontar el "ídolo" que legitimaba el despotismo autoritario de las autoridades que oprimían al pueblo indefenso. Teniendo en cuenta que, si Jesús hizo esto, no es porque él pretendiera "manipular" a Dios y ponerlo al servicio de los intereses del pueblo. A Jesús le preocupaba intensamente el sufrimiento de la gente. Pero, más que eso, le preocupaba el problema de Dios. Por una razón que difícilmente nos entra en la cabeza. Y es que, en última instancia, *el problema de Dios y el problema del sufrimiento humano se funden y se confunden en una forma que a todos nos transciende y que, por eso mismo, nunca llegaremos a comprender en toda su hondura.*

Dios se identifica con el ser humano

Cuando el evangelio de Mateo cuenta en qué consistirá el juicio definitivo de Dios sobre la historia de la humanidad (Mt 25,31-46), describe ese acontecimiento supremo de manera que vine a decir, en último término, que Dios se identifica con cada ser humano, concretamente con todos los que, por el motivo que sea, se ven sometidos a situaciones de sufrimiento en todas las formas en que una persona puede sufrir en este mundo. Por otra parte, esta identificación de Dios con los seres humanos es tan fuerte y tan decisiva que, precisamente cuando llegue el momento en el que cada uno se va a jugar su suerte definitiva, el juicio no se va a hacer teniendo como criterio lo que cada persona ha hecho o ha dejado de hacer *con Dios,* sino lo que ha hecho o ha dejado de hacer *con los seres humanos* con los que ha convivido.

Esta conclusión es tan fuerte, y a muchas personas les resulta tan desconcertante, que los especialistas en el evangelio de Mateo discuten si el texto, antes citado, reproduce palabras que dijo el mismo Jesús o, más bien, se trata de un pequeño discurso elaborado por el autor del evangelio. En este segundo caso, Mateo habría recogido "los aspectos más salientes del mensaje de Jesús" y los habría "estructurado y recreado dentro de la iglesia" o comunidad en la que redactó su escrito[18]. La verdad es que, por lo menos hasta este momento, no hay pruebas definitivas que demuestren, sin lugar a dudas, si efectivamente se trata de palabras pronunciadas por el mismo Jesús o si, más bien, ese texto recoge, por supuesto, ideas y propuestas que fueron presentadas por Jesús, pero que, en su redacción tal como ha llegado hasta nosotros, el texto fue retocado y adaptado, en algunos puntos, por el autor del evangelio de Mateo. En cualquier caso, se puede decir, con suficiente seguridad, que el discurso de Mt 25,31-46 recoge las enseñanzas más fundamentales de la "buena noticia" que aportó Jesús a la humanidad[19].

Ahora bien, dentro de esta "buena noticia", el centro de todo lo que ahí se quiere transmitir está en la "gran respuesta" que el Juez (Jesús, el Señor) da a todos los que pasaron por la vida aliviando el sufrimiento humano: "En verdad os digo, cada vez que lo hicisteis a uno de estos hermanos míos más pequeños a mí me lo hicisteis" (Mt 25,40-45). Se puede decir que todo el discurso tiende hacia esta afirmación que, de hecho, resulta revolucionaria en nuestra manera de entender a Dios: el juez se identifica con los que sufren. Lo que, dicho de otra manera, significa: Dios se identifica con todo ser humano, puesto que el sufrimiento es inherente a la condición humana. Como se ha dicho muy bien, aquí tenemos "el nudo de la trama del gran juicio[20]. A la hora de la verdad, cuando se decida el destino

---

18. Cf. Pikaza, X., *Hermanos de Jesús y servidores de los más pequeños (Mt 25,31-46)*, Salamanca, 1984, 70.

19. Las distintas aportaciones, en este sentido, las recoge muy bien Pikaza, X., o.c., 68-72.

20. Pikaza, X., o.c., 216. Este mismo autor hace notar cómo esta identificación desborda los textos judiciales del judaísmo tardío, las representaciones de Egipto y del Oriente. Cf. Braun, H., *Amen. Redaktionsgeschichtliche und frühchristlicher Radikalismus*, II, Tübingen, 1957, 94.

definitivo de cada ser humano, lo determinante (según el texto de Mt 25,31-46) no van a ser las creencias que cada cual haya tenido, ni las prácticas religiosas que haya observado, ni siquiera la religión en sí. Lo único que va a contar será el comportamiento de cada persona con las demás personas. Ni más ni menos. De manera que, radicalizando las palabras del Evangelio y llevándolas hasta sus últimas consecuencias, se puede decir (sin sacar las cosas de quicio) que, en el juicio definitivo, lo que se va a tener en cuenta no será la relación de cada uno con Dios, con la religión, sino la relación con el otro. Es decir, sólo queda el ser humano: lo que cada cual hizo o dejó de hacer por sus semejantes. El Evangelio no es pura filantropía, eso por supuesto. Lo que pasa es que el medio para encontrar al Dios de Jesús es el encuentro con el ser humano[21].

La clave de todo este asunto está en comprender que, al hablar de esta manera, Jesús no predicó un humanismo ateo. Porque el hecho es que todo el discurso de Jesús se refiere al juicio *de Dios*. Lo que es tanto como decir que Dios es el referente último de todo lo que ahí se dice. Lo que ocurre es que "a Dios no lo ha visto nadie" (Jn 1,18). No está a nuestro alcance. De ahí la eterna crisis de Dios y de lo religioso en tantas personas que, por lo demás, demuestran sobradamente que son gente de buena voluntad, que buscan el bien y la verdad. Pero ocurre que, al afrontar el tema de Dios, ni encuentran argumentos que les den seguridad para creer en ese Dios, ni ven que con semejante creencia se les resuelvan los problemas que la vida les plantea. Y, lo que es peor, con demasiada frecuencia, para amplios sectores de la población, lo de Dios y lo religioso, no sólo no resuelve los problemas de la vida, sino que, antes o después, termina planteando nuevos problemas, nuevas complicaciones, líos y angustias de conciencia, prohibiciones y obligaciones que resultan inevitablemente pesadas, etc. Ahora bien, así las cosas, la sorprendente aportación del Evangelio consiste en decirnos que el único camino, que tenemos para saber que encontramos a Dios, es constatar si nuestra relación con cualquier ser humano es la que tiene que

---

21. Cf. BRANDT, W., "Die geringsten Brüder. Aus dem Gespräch der Kirchemit Matthäus 25,31-46", *JthSBetehl* 8 (1937) 22-25; GROSS, G., "Die "geringsten Brüder" Jesu im Mt 25,40 in auseinandersetzung mit der neueren Exegese", *BiLe* 5 (1964) 177. Cf. CASTILLO, J. M., *Los pobres y la teología. ¿Qué queda de la teología de la liberación?*, Desclée De Brouwer (Cristianismo y Sociedad), Bilbao, 1998, 60.

ser. Dicho más claramente: lo que Jesús vino a enseñar es que a Dios se le encuentra en el ser humano. O, en otras palabras, *el que encuentra al ser humano y se relaciona correctamente con él, ése (y solamente ése) es el que encuentra a Dios.* En este sentido, es exacto decir que Dios se identifica con el ser humano. Más aún, *Dios se funde y se confunde con todo ser humano.* De manera que quien "se humaniza" hasta lo más hondo de su ser y se relaciona con los demás, sean quienes sean, con sentimientos y hechos de "profunda humanidad", ése, aunque ni siquiera piense en Dios, ni sepa que Dios existe, en realidad ése es el que encuentra a Dios en la vida.

¿Quién recibe, acoge y escucha a Dios?

Por lo demás, esta *identificación de Dios con los seres humanos* está atestiguada en otros pasajes de los evangelios, en los que se viene a repetir que Jesús se funde y se confunde con personas concretas. Lo que equivale a que, en definitiva, es Dios mismo quien se identifica con tales personas. En este sentido, la solemne afirmación del "discurso de la misión" adquiere una significación exigente y fuerte: "El que os recibe a vosotros, a mí me recibe; y el que me recibe a mí, recibe al que me ha enviado" (Mt 10,40). La misma idea se vuelve a repetir, en otro contexto y con otras palabras: "El que acoge a uno de estos niños pequeños por causa mía, a mí me acoge; y el que me acoge a mí, no es a mí a quien me acoge, sino al que me ha enviado" (Mc 9,37; Mt 18,5). Y en evangelio de Lucas, el mismo planteamiento de fondo: "Quien os escucha a vosotros, me escucha a mí; quien os rechaza a vosotros, me rechaza a mí; y quien me rechaza a mí, rechaza al que me ha enviado" (Lc 10,16). Estos textos son en realidad textos paralelos[22]. Y a ellos hay que añadir Lc 9,48. En Jn 13,20, Jesús afirma el mismo principio: "quien recibe a uno cualquiera que yo envíe, me recibe a mí, y quien me recibe a mí, recibe al que me ha enviado"[23]. En todos estos dichos de Jesús hay un tema

---

22. Está fuera de duda que Mt y Lc proceden de la fuente Q. La coincidencia en los verbos *akoúein* y *déchesthai,* que relaciona nuestros textos con Mc, prueba la fuente común de estos pasajes. Cf. S. Schulz, *Die Spruchquelle der evangelisten,* Zürich, 1972, 457-458.

23. La sinopsis completa de los textos, en ROBINSON, J. M., HOFFMANN, P., KLOPPENBORG, J. S., *The Critical Edition of Q,* Leuven, 2000, 188-189.

común. El que "acoge", "rechaza" o "escucha" a un ser humano, aunque se trate del más insignificante, el más pequeño, el último, como era el caso de los "niños", los seres que en aquella sociedad carecían de todo derecho y de toda dignidad, hasta el punto de que "para un adulto era insultante ser comparado con un niño"[24], el que hace cualquier cosa de ésas, a quien se las hace es a Jesús y, en última instancia, a Dios mismo. Es evidente que, en las comunidades primitivas, desde la comunidad de Marcos hasta la iglesia a la que se dirige el evangelio de Juan, existía una convicción muy firme, en el sentido de que los comportamientos humanos, de unos seres con otros, son, en definitiva, comportamientos que tenemos con Jesús y, en última instancia, con Dios. Por tanto, no se trata sólo de la "identificación" de Jesús con los discípulos[25]. Se trata de lo más radical que se puede plantear en el ámbito de las creencias religiosas: *lo que se le hace a cualquier ser humano, aunque sea el más indigno, es a Dios a quien se le hace*[26].

"Sois dioses" (Jn 10,34)

Esta increíble y asombrosa identificación de Dios con el ser humano está atestiguada expresamente por el mismo Jesús, según la teología del evangelio de Juan. Cuando la tensión entre Jesús y los dirigentes judíos es más fuerte, hasta el punto de que los dirigentes quieren asesinar a Jesús apedreándolo (Jn 10,31-33), el propio Jesús les dice a sus enemigos mortales que *son dioses* (Jn 10,34). Esta afirmación de Jesús resulta tanto más sorprendente cuanto que aquellos a quienes va dirigida no son los amigos o los discípulos de Jesús, sino sus enemigos mortales, los que querían matarlo. Y querían matarlo precisamente porque Jesús, a juicio de los que le oían, había dicho una blasfemia, ya que, siendo hombre, se hacía Dios (Jn 10,33). El

---

24. COTTER, W. J., "Children in the Agora: Q (Luke) 7,31-35", *Forum* 5/2, 70, 24. Cf. CASTILLO, J. M., *El Reino de Dios. Por la vida y la dignidad de los seres humanos*, Desclée De Brouwer (Biblioteca Manual), Bilbao, 131-132.

25. Es lo que ha hecho notar FRIEDRICH, J., *Gott im Bruder? Eine methodenkritische Untersuchung von Redaktion, Überlieferung und Tradition in Mt 25,31-46*, Stuttgart, 1977, 104.

26. Esta identificación de Dios con los seres humanos no se encuentra en la literatura judía. Cf. FRIEDRICH, J., o.c., 156.

problema, por tanto, estaba en que a los dirigentes judíos no les cabía en la cabeza que un hombre se pudiera identificar con Dios. O, lo que es lo mismo, que Dios estuviera fundido con un ser humano, hasta el extremo de identificarse con un hombre cualquiera. Semejante afirmación sonaba en aquella sociedad como la peor blasfemia. Algo tan grave que merecía la muerte inmediata.

Ahora bien, lo sorprendente es que Jesús no se limita a decir que efectivamente él era Dios, sino que llega mucho más lejos, hasta donde sus adversarios no podían ni imaginar. Porque Jesús, en un increíble salto hacia delante, llega a decir que aquellos hombres, sus enemigos mortales, son también dioses. Y lo afirma basándose en la Ley divina: "está escrito en vuestra Ley" (Jn 10,34). Más aún, el propio Jesús insiste: "esta frase de la Escritura no se puede rechazar" (Jn 10,35). Se trata, por tanto, de una afirmación que Jesús hace a ciencia y conciencia, acentuando además que es una afirmación que no se puede poner en cuestión ni, por tanto, rechazar. Sin duda, Jesús era consciente de que aquello les tenía que resultar a los judíos duro de tragar. Porque el sentido de la trascendencia divina que tenían aquellos hombres no toleraba en modo alguno que un ser mortal se identificara con Dios. Y sin embargo, Jesús va más lejos. Porque los identifica a todos con Dios. O, lo que es lo mismo: viene a decir que el Dios trascendente y temible, al que ellos no se atreven ni a nombrar, se ha fundido con ellos mismos, con todo ser humano.

Como es sabido, la fórmula que utiliza Jesús: "Yo he dicho que sois dioses" (Jn 10,34) concuerda literalmente con el texto del Salmo 82,6, según la traducción de los LXX. Como en otras pruebas de la Escritura, que utilizaban los rabinos, lo que interesa no es el sentido originario de la cita bíblica en su contexto del Antiguo Testamento. Lo que importa, para comprender lo que Jesús quería decir, es el sentido literal del texto del evangelio[27]. Por eso aquí no interesa que el Salmo 82 se refiera a los jueces injustos a los que se designa como "dioses" que han de rendir cuentas a Dios, el juez supremo. No hay aquí, pues, ninguna amenaza contra los judíos como pretendidos jueces[28]. Lo que Jesús quiere afirmar es que si el mismo Dios no tuvo

---

27. Así lo hace notar SCJNACKENBURG, R., *El evangelio según san Juan*, Vol. II, Barcelona 1971, 385.
28. Cf. SCHNACKENBURG, R., o.c., 385.

inconveniente en designar como dioses a los que recibieron la palabra divina, con mucha más razón tiene derecho a ser considerado como Dios aquel que ha sido enviado por el mismo Dios[29]. Es otra manera de decir y otro argumento que nos lleva a lo mismo: la trascendencia de Dios no es incompatible con la humanización de Dios. Otra cuestión es cómo tendremos que entender esa trascendencia. Pero de eso hablaré más adelante. Por lo pronto, queda en pie que la identificación del hombre con Dios no va evidentemente en la línea del poder, sino en la dirección del amor[30].

La "humanización" de Dios en Jesús

La teología cristiana ha insistido, desde sus orígenes, en subrayar la transcendencia divina. Dios es el "absolutamente-Otro". De manera que, por más que se pueda elaborar una sana filosofía sobre la "analogía del Ser", siempre será incuestionable que Dios es Dios y el hombre es el hombre, quedando a salvo la absoluta alteridad de Dios. Sin embargo, por muy cierto que sea lo que acabo de decir, la revelación de Dios en Cristo, y en Cristo crucificado, modifica sustancialmente nuestra comprensión de Dios. En este sentido, Juan A. Estrada ha dicho con toda razón que "la doble dinámica de un Dios trascendente y omnipotente recibe una clarificación fundamental a partir de la revelación de Dios en el crucificado, como conjunción de la trascendencia divina en la inmanencia humana"[31]. En otras palabras, desde el momento en que Dios se revela y, por tanto, *se da a conocer* en un ser humano, desde ese momento nuestra manera de entender a Dios quedó radicalmente modificada. Es decir, los que creemos en Jesús, como "revelación de Dios", creemos en un Dios que está indisociablemente vinculado a lo humano, encarnado en lo humano y, por tanto, fundido con lo humano. Por eso el Nuevo Testamento puede hablar de la "locura de Dios" y de la "debilidad de Dios" (1 Cor 1,25). Estas expresiones no son metáforas ingeniosas, inventadas por san Pablo. Si la locura y le debilidad son cosas tan propias de la condición humana, hablar de locura y de debilidad, como características de

---

29. Cf. SCHNACKENBURG, R., o.c., 386.
30. Cf. MATEOS, J. y BARRETO, J., *El evangelio de Juan*, Madrid, 1979, 482.
31. ESTRADA, J. A., *La imposible teodicea*, 393.

Dios, es lo mismo que hablar de la fusión de Dios con lo humano. Incluso con lo más bajo de la condición humana.

Lo que ocurre es que los cristianos se acostumbraron, desde sus orígenes, a seguir pensando en Dios como lo había hecho Israel a lo largo de su larga historia. Y sabemos que, en esa concepción de Dios, entraba la bondad y la misericordia, por supuesto. Pero también el castigo divino. Como ya indicó acertadamente G. von Rad, en este caso hablamos de una "doxología judicial", que incluía reconocer "la justicia del castigo" (cf. Jos 7,19; Esd 10,7 s)[32]. Es verdad que el cristianismo primitivo "humanizó" al Dios lejano y trascendente, al omnipotente y justiciero, invocándolo como *Abba*, es decir, la relación del hombre con Dios venía a ser como la relación de un niño con su padre. Pero, en todo caso, una relación marcada por un profundo respeto[33]. Y, por tanto, a partir de una necesaria e inevitable distancia. Con los problemas, a veces muy serios, que implica la relación del hijo con su padre, como explicaré más adelante.

Ahora bien, si los cristianos nos hemos acostumbrado a interpretar a Jesús desde Dios, el Dios de la tradición de Israel, y no nos hemos acostumbrado a interpretar a Dios desde Jesús, entonces han prevalecido las ansias de *poder del hombre* sobre el hecho de la *debilidad de Jesús*. Desde que en el mundo hay religión, los hombres han proyectado sus ansias de poder e incluso de justicia (en el sentido duro de esta palabra) y hasta de venganza sobre Dios. Y así ha resultado el Dios omnipotente, lejano y justiciero. Estas palabras, que nos estremecen, son presentadas por la teología cristiana como atributos esenciales de Dios. Sobre esta base de omnipotencia, la religión de Israel siempre pensó en Dios como el misteriosamente trascendente, que no se puede ni nombrar, ni siquiera representar en modo alguno. Lo malo es que estas ideas pasaron al cristianismo y fueron asimiladas de manera que, a partir de ellas, se interpretó el "misterio" de la encarnación de Dios, no como misterio de la fusión de Dios con lo humano, sino como misterio de la elevación de lo humano a la condición divina. Se le dio la vuelta al misterio. Porque si la encarnación es la conjunción, y hasta la fusión, de Dios con lo humano, no se entiende fácilmente en virtud de qué criterio *lo que se ha*

---

32. VON RAD, G., *Teología del Antiguo Testamento*, vol. I, Salamanca, 1972, 438-439.
33. JEREMIAS, J., *Teología del Nuevo Testamento*, vol. I, 87.

repetido constantemente es que el hombre se divinizó y no que Dios se humanizó. Y así, Jesús dejó de revelarnos algo absolutamente nuevo sobre Dios. De forma que el mismo Jesús quedó absorbido por la divinidad de siempre y, en consecuencia, tan lejano y distante de nosotros como el Dios de siempre.

Por eso, a Jesús se le tiene tanto respeto como a Dios. Pero casi nadie se atreve a imaginar a Dios tan fundido con la condición humana como de hecho lo estuvo Jesús. De ahí que, para mucha gente, el Dios cristiano es uno más entre los muchos "dioses" que circulan por el ancho mundo. Tan distante de todo lo humano como los demás "dioses". Y, con frecuencia, tan conflictivo para el entendimiento humano y para las apetencias de felicidad que experimentamos los humanos, como conflictivos son (en ese sentido) todos los "dioses" que se veneran en la tierra. Dicho en pocas palabras: hemos interpretado y asimilado el misterio de la encarnación de tal manera que, *en vez de acercar a Dios a los hombres, hemos alejado a Jesús de nuestra limitada condición humana.*

Naturalmente, todos los que leen el Evangelio a partir del criterio de interpretación que acabo de explicar, ponen el centro de las preocupaciones de Jesús en Dios, en lo que ofende a Dios o sea en el pecado, en la salvación para la otra vida, en demostrar (mediante sus milagros) que él era el Hijo de Dios, es decir tan Dios como el Dios del cielo. Y de ahí deducen que el Reino de Dios es el "señorío de Dios", el "dominio de Dios", la imposición definitiva de la voluntad de Dios. Pero, como es lógico, los que piensan así, difícilmente pueden ver que el centro de las preocupaciones y de los intereses de Jesús fue aliviar el sufrimiento humano. Menos aún pueden comprender que la aspiración más grande de cualquier ser humano, que es la felicidad, fuera por eso mismo aspiración central también de Jesús. Más aún, todos los que se imaginan que la encarnación fue más la divinización de Jesús que la humanización de Dios, por eso mismo no pueden entender que Dios y la felicidad de los seres humanos vengan a coincidir en una fusión perfecta. Lo cual quiere decir que el Dios que nos reveló Jesús es un Dios cuya aspiración suprema es que las personas, que vivimos en este mundo, alcancemos la felicidad de vivir. Y eso, no cada cual para sí mismo y nada más, sino para todos los hombres y mujeres de esta tierra, en cuanto eso es posible.

Pero, es claro, si nos imaginamos a Dios como habitualmente se le suele presentar, tan distinto y tan distante del ser humano, la consecuencia es que cuando nos encontramos, en muchas "confesiones de fe" del Nuevo Testamento, afirmaciones explícitas en el sentido de que Jesús es el "Hijo de Dios"[34] o que es el "Señor"[35], muchos cristianos y no pocos teólogos tropiezan con la enorme dificultad de hacer coincidir, en un mismo ser personal, lo divino y lo humano. Y son mucho también los que deciden buscar textos y argumentos para "disimular" o incluso "anular" (en cuanto eso es posible) la condición divina del hombre Jesús de Nazaret. La verdad es que eso resulta difícil, si es que queremos sinceramente tratar con respeto los textos del Nuevo Testamento y la fe de la Iglesia primitiva. Por eso yo me pregunto si no sería más coherente repensar todo este problema, no desde la anulación de la condición divina de Jesús, sino desde la humanización de Dios, que se nos revela en aquel hombre que fue Jesús.

No se trata, en este caso, de liquidar, no sólo la divinidad de Cristo, sino también la trascendencia del mismo Dios. Se trata precisamente de salvaguardar a toda costa esa trascendencia. Porque la pura verdad es que los teólogos tratamos, a veces, con bastante ligereza eso de que Dios es *el Trascendente*. Si, efectivamente, creemos en la trascendencia de Dios, y sabemos lo que decimos cuando hablamos de eso, lo primero que tenemos que decir es que *Dios está fuera de nuestro alcance*. O sea, que lo que podemos saber de Dios son sólo aproximaciones lejanas, que no pueden pasar del inevitable resultado que consiste en "cosificar" a Dios, es decir, hacemos de Dios una "cosa", un "objeto" de nuestro entendimiento y de nuestra capacidad de pensar, por más que a ese objeto le pongamos el solemne nombre del Absoluto, el Trascendente, el Omnipotente, el Eterno y todo lo que se nos ocurra en esa dirección. Dios es todo eso. Pero no es nada de eso. Porque si realmente tomamos en serio que Dios, por esencia y por definición, es el que nos trasciende a todos, eso quie-

---

34. Mt 16,16; Mc 1,1; 3,11; 15,39; Lc 4,41; Jn 1,49; 10,36; 11,27; 20,31; Hech 9,20; 13,33; Rom 6,4; 1 Tes 1,10; 1 Jn 2,23; 3,23; 4,15; 5,5. Cf. LANG, B., "Confesiones de fe en la Sagrada Escritura", *Concilium* 14/3 (1978) 13-23; PIKAZA, X., "Las confesiones de fe en la Biblia", *Communio* 1.2 (1979) 7-19; NEUFELD, V. H., *The earliest Christian confessions*, Leiden, 1963.
35. Hech 2,36; Rom 4,24; 10,9; 1 Cor 6,14; 8,6; 12,3; Ef 4,5; Fil 2,11; Heb 13,20.

re decir que a Dios nadie lo puede abarcar, ni lo puede comprender. Y mucho menos lo puede describir o analizar.

En cualquier caso, como es lógico, decir que "Dios se funde con lo humano", en definitiva, es afrontar en serio el problema de la trascendencia divina. Dicho más claramente, cualquiera se da cuenta de que el problema de fondo que se plantea en este libro es el problema que consiste en saber *cómo entendemos al Trascendente*. De esto hablaré en la reflexión final del libro. En cualquier caso, seguramente fueron los místicos quienes mejor comprendieron y vivieron lo que esto representa. Frente al narcisismo, mal disimulado, de los alumbrados[36], la experiencia de los místicos comporta siempre un despojo que ahonda sus raíces en lo más profundo de nuestro ser. Pero, como ha dicho muy bien Carlos Domínguez, ese despojo concierne también al intento de formular la propia experiencia sobre el Otro, que es Dios. El místico advierte que nada de lo que se pueda decir respecto a esa Realidad (última y trascendente) acierta mínimamente a describirla. Esto nos invita a cuestionar frontalmente toda mediación, a despojarnos de todo lo que sobre Él hayamos podido pensar o decir. Como afirma el Maestro Eckhard, "toda mediación es extraña a Dios. Dios está más allá de toda palabra en la pureza de su fondo. Quien quiera ver a Dios tiene que ser ciego"[37].

La consecuencia que se sigue de todo esto parece bastante razonable: *no se trata de desmontar la divinidad del ser humano que fue Jesús, sino de comprender que Jesús nos revela a la divinidad de tal manera fundida con la condición humana, que el problema está en que no podemos hablar de Dios sino a partir de lo que, sobre Dios, nos reveló Jesús.* Y entonces, la conclusión a la que tenemos que llegar es que Dios, por supuesto, es el Absoluto y el Trascendente. Pero, por más incuestionables que nos parezcan esos solemnes conceptos, en realidad no pasan de ser aproximaciones lejanas a lo que de hecho es Dios. De donde resulta que lo que nosotros podemos *decir con seguridad* de Dios es lo que de Él nos dio a conocer Jesús (cf. Mt 11,27 par), no sólo en sus palabras, sino sobre todo en su vida y en su forma de proceder. La vida y la forma de ser más humanizada que hemos co-

---

36. Sobre este punto, cf. DOMÍNGUEZ, C., *Experiencia mística y Psicoanálisis*, Madrid, 1999, 33-35.
37. Maestro ECKHARD, *El fruto de la nada*, Madrid, 1998, 92, 97, 119-120. Citado por DOMÍNGUEZ, C., o.c., 41.

nocido los humanos. Pero entonces, si eso es así, la conclusión última es que, cuando afrontamos el problema de Dios y la fe en Él, la cuestión determinante no está en lo que nosotros podemos saber de Él o la seguridad que podemos alcanzar en ese sentido. El problema de Dios está en lo que podemos decir de Él a partir de Jesús. Y, sobre todo, en cómo y dónde podemos relacionarnos con Dios y saber que le encontramos de verdad. Esto quiere decir que, al afrontar el siempre insoluble problema de Dios, la "solución" (que está a nuestro alcance) implica que *la teología se funde con la ética y con la mística*. De manera que sólo recuperando la praxis de Jesús y la experiencia religiosa de Jesús es como nosotros podemos resolver el problema de Dios.

Dios y la felicidad de los seres humanos

Sin duda alguna, la apetencia y la aspiración más básica de todo ser humano es vivir feliz y gozar de la limitada felicidad que se puede lograr en este mundo. Ahora bien, si de verdad estamos persuadidos de que Dios se nos ha revelado en Jesús como el que se ha fundido con la condición humana, está claro que no podemos imaginar a Dios de manera que (de la forma que sea) entre en conflicto con nuestra felicidad. Ni tampoco podemos imaginar que Dios resulte "de facto" un problema para nuestra felicidad. En este sentido, no parece que esté fuera de lugar el hecho de afirmar que el criterio fundamental de la ortodoxia de la fe en Dios está delimitado y definido por la relación entre Dios y la felicidad de vivir que sentimos todos los humanos. O sea, no es más ortodoxo ni mejor creyente el que tiene en su cabeza, como idea fija, el Dios que nos enseñaron los filósofos, los teólogos y los catecismos. Tener claras esas ideas es importante. Pero el criterio determinante de la ortodoxia del creyente en el Dios de Jesús está en el compromiso y la seriedad que ponemos en aliviar el sufrimiento humano. Y también se mide por el empeño en lograr que quienes se encuentran con nosotros en la vida se sientan más felices de haber nacido.

Lo que acabo de decir significa que la ortodoxia de la fe en Dios no se reduce a la seguridad y firmeza en unas determinadas verdades. Cuando se trata de la ortodoxia de la fe en Dios, más importante que *las verdades* de nuestro saber es *la humanización* de nuestro comportamiento. Seguramente la hipertrofia del puro saber, en la cultura de Occidente, ha producido, de rebote, la atrofia de un comportamiento coherente con las exigencias básicas de la condición humana. Por lo menos, en el ámbito de la teología esto ha sido así. Son incontables los cristianos que se ponen nerviosos si se les hace dudar de sus verdades de siempre, mientras que se quedan tan tranquilos cuando adoptan costumbres y toman decisiones que están en los antípodas del espíritu y de la letra del Evangelio.

Ahora bien, si la correcta fe en Dios se piensa de esta manera, de ello se siguen tres consecuencias, que vale la pena indicar en sus aplicaciones más fundamentales. La primera se refiere a nuestra manera de hablar de Dios. La segunda nos obliga a repensar los criterios que rigen la moral cristiana. La tercera replantea la presencia y la misión de la Iglesia en la sociedad.

Hablar de Dios correctamente

No se trata sólo de insistir en que Dios es bueno porque es nuestro Padre. Eso es verdad. Pero eso necesita una explicación a fondo, como indicaré más adelante. El problema es más complicado. Porque sólo es posible hablar de Dios correctamente cuando eliminamos, en nuestras ideas y en nuestras palabras, los *tres problemas* que seguramente hacen que, para muchas personas, la sola idea de Dios les resulte insoportable.

Lo primero, que hay que eliminar, es decir que "nuestro" Dios es *el único Dios verdadero*. Porque desde el momento en que alguien afirma eso, por más que ni se dé cuenta de lo que dice, lo que en realidad está afirmando es que todos los que no piensan como él están en el error y, por tanto, en el camino de la perdición. O, por lo menos, que los demás están en una situación inferior respecto a la verdad y al bien. Por eso no tiene nada de extraño que, con frecuencia, las personas más ortodoxas en materia religiosa resulten, para quienes piensan de otra manera, personas difíciles en la convivencia o incluso insoportables. Porque, seguramente sin darse cuenta de lo que hacen, el hecho es que, quienes se relacionan con gente tan piadosa y tan observante, con demasiada frecuencia se sienten mirados con recelo o incluso menospreciados sin saber exactamente por qué. Y es que, en el fondo, el que se atreve a decir que él es quien sabe quién es Dios y cómo es Dios, en realidad lo que demuestra es una autosuficiencia que para otros es, de hecho, ofensiva. Porque quien da a entender todo ese saber sobre Dios, en realidad lo que está diciendo es que él ha alcanzado lo que todos los que no se identifican con su forma de pensar no pueden alcanzar. Y mucho peor que esto, como es natural, es el hecho patético de organizar guerras, persecuciones y matanzas, en nombre de Dios y por la causa de Dios, para acabar con los que no ven a Dios como yo lo veo. O, lo que es más frecuente, tratar a los demás con autoritarismo o con un mal disimulado desprecio.

Por lo demás, al decir estas cosas, no se trata de relativizar nuestras creencias o nuestras convicciones religiosas. Se trata, más bien, de comprender que cualquier idea sobre Dios, por perfecta que sea, no pasa de ser una aproximación, inevitablemente parcial y limitada, al Dios que nos trasciende a todos. De ahí la necesidad del diálogo religioso. Y de la búsqueda en común. Para aproximarnos, en la medida de lo posible, al Trascendente que nos rebasa a todos. Sin olvidar que, como se ha dicho muy bien, mientras no haya diálogo religioso sincero y a fondo, no habrá paz mundial. Así de importante es este asunto. ¡Ya está bien! de "dioses", y de adoradores de esos "dioses", que, en nombre de sus presuntas divinidades, se pasan la vida agrediendo a todo el que no piensa como ellos.

Lo segundo, que hay que eliminar, es presentar a Dios *como amenaza*. Esto ocurre siempre que se asocia a Dios con cualquier forma de castigo. Ya sean los castigos de la otra vida. O también las penalidades y sufrimientos de ésta. Es un tema que recurre con frecuencia en la teología y en la predicación eclesiástica. Por una razón que resulta comprensible. El asunto de Dios tiene sus gestores y representantes en este mundo. Son los "hombres de la religión", ya se les llame magos, hechiceros, chamanes, gurus, sacerdotes o profetas, según las distintas tradiciones culturales y religiosas. De una manera o de otra, todos estos personajes aparecen, ante los adeptos a la religión y sus fieles seguidores, como hombres investidos de un *poder divino*, es decir, un poder que (se interprete como se interprete) está por encima de cualquier otro poder. Se trata, por tanto, de un poder incuestionable y que, en consecuencia, exige sometimiento y obediencia sin discusión posible. Pero, por otra parte, ocurre que los gestores y representantes del poder divino no siempre coinciden con los gobernantes civiles y políticos, que son los que tienen en sus manos el poder humano. Quiero decir, un rey o un político tiene a sus órdenes el ejército y la policía para hacerse respetar y obedecer. Un sacerdote no puede obtener la obediencia por esos procedimientos. ¿Qué camino le queda para alcanzar un reconocimiento y un poder que esté sobre todos los demás poderes, en cuanto representante del poder divino? La cosa está clara: echar mano del poder de Dios. Y, por cierto, entendiendo ese poder como *poder amenazante*. Por eso, en las distintas tradiciones religiosas, la divinidad premia y castiga. Premia a los que se someten ante las exigencias de los líderes religiosos. Y castiga a los desobedientes.

Naturalmente, las distintas religiones presentan todo esto como el resultado de revelaciones sobrenaturales en las que la divinidad se hace presente en sus representantes terrenos. En el cristianismo, concretamente, quienes hemos aceptado libremente la fe en Jesucristo y en su Iglesia, aceptamos también la autoridad del papa, de los obispos y de los sacerdotes. Y aceptamos su Magisterio, de acuerdo con las exigencias que comporta tal magisterio. Pero este dato de fe no nos debe cegar para no darnos cuenta de que, si a la jerarquía eclesiástica se le priva del Dios amenazante, por eso mismo se le quita el fundamento en el que muchos jerarcas eclesiásticos se apoyan para imponer a los fieles, a veces con un autoritarismo desmesurado, verdades y normas, amenazando además a la gente con penas y castigos de este mundo y del otro. De la misma manera que a los fieles se les quita también el motivo que les obliga, con temor y temblor, al sometimiento que esas verdades y esas normas exigen.

Sin duda alguna, este sistema de creencias (con sus promesas de premios y sus amenazas de castigos) resultó eficaz en otros tiempos. Y la prueba está en la veneración que la gente sentía ante sacerdotes y obispos. A partir de la Ilustración, en los dos últimos siglos y, sobre todo, a partir del final de la segunda guerra mundial, todo este solemne montaje eclesiástico de promesas y castigos tiene cada día menos audiencia en amplios sectores de la población. Sencillamente, el Dios amenazante, no sólo resulta cada día menos amenazante, sino que además la mayoría de la gente normal lo ve como algo insoportable. A mí me parece que la crisis de Dios y de la religión, que se da en amplios sectores de la población, tiene mucho que ver con este Dios que cada vez menos gente está dispuesta a aguantar.

Lo tercero, que hay que eliminar, es el Dios *responsable del sufrimiento*. Lo que aquí está en juego es el eterno problema del mal. Un problema que, por más vueltas que le demos, no tiene solución para nuestra limitada capacidad de entender. Como se ha dicho muy bien, "el mal no sólo es injustificable para el hombre, sino también para Dios, y hay que rechazar todo intento de conciliarlos, ya que, en última instancia, implica una legitimación del mal"[38]. En efecto, cualquier pretensión de explicar el sufrimiento a partir de Dios, termina por decir que el sufrimiento es bueno, lo cual es una cosa que no cabe en cabeza humana. Y si no se llega a tanto, por lo menos se acaba diciendo que el sufrimiento nos conviene a los seres humanos. Porque evidentemente Dios no va a disponer una cosa que sea mala o que no nos convenga. Pero, claro está, planteado así el asunto, no queda más remedio que buscar explicaciones para convencer a la gente de que el sufrimiento nos conviene a los mortales. Cosa complicada. Porque, de la misma manera que la felicidad es lo que más apetecemos los humanos, igualmente el sufrimiento es lo que más aborrecemos. Y, entonces, hay que encontrar argumentos satisfactorios para que nos resulte apetecible o, por lo menos, soportable, lo que en realidad nos espanta y nos aterra.

Las teologías de la cruz, del sacrificio, del dolor, lo mismo que las espiritualidades de la mortificación y de todas las privaciones (con las humillaciones correspondientes) tienen su razón de ser en formas de pensar que, de una manera o de otra, intentan conectar el sufrimiento con la voluntad de Dios. Ahora bien, esta solución al problema del mal y del sufrimiento tropieza con dos dificultades enormes que vale la pena explicar al menos de manera muy resumida.

La primera dificultad es que no existe argumento serio en virtud del cual se pueda demostrar que Dios, efectivamente, quiere el sufrimiento humano. Desde hace ya bastantes años, está sólidamente probado que la mayor parte de los ritos sacrificiales del Antiguo Testamento no surgieron originalmente del culto a Yahvé, sino que se desarrollaron a partir del contacto de los israelitas con los cultos paganos de los pueblos vecinos, especialmente de los cultos cananeos[39].

---

38. ESTRADA, J. A., *La imposible teodicea*, 398.
39. VON RAD, G., *Teología del Antiguo Testamento*, vol. I, Salamanca, 1972, 319; USSAUD, R., *Les origines cananéenes du sacrifice Israélite*, París, 1941; PEDERSEN, J., *Israel* III-IV, 317.

Por otra parte, si bien es cierto que el Nuevo Testamento interpreta la muerte de Jesús como un "sacrificio" (1 Cor 10,14-22; 11,26; Ef 5,2), se debe tener muy presente que los cristianos cambiaron el significado del "sacrificio". Así lo afirma la exhortación final de la carta a los hebreos: "No os olvidéis de la solidaridad y de hacer el bien, que tales sacrificios son los que agradan a Dios" (Heb 13,16). Esto quiere decir que *el único sufrimiento que Dios quiere es el que brota de la lucha contra el sufrimiento*. Es decir, Dios quiere el sufrimiento solamente cuando es el resultado de una convicción y de una forma de vivir que no soporta que la gente sufra. Exactamente, lo que le ocurrió a Jesús. Y por eso lo mataron.

La segunda dificultad es que, si creemos en un Dios que quiere el sufrimiento o que, al menos, lo permite (pudiendo evitarlo), terminamos inevitablemente defendiendo la existencia de un Dios que, no sólo no quiere la felicidad de los seres humanos, sino (lo que es más grave) que quiere la desgracia de las personas. Por eso, interpretar la pasión y la muerte de Jesús como el resultado de una decisión del Padre del cielo, que necesitaba el sufrimiento de su Hijo para aplacarse en su ira contra los hombres pecadores, es lo mismo que decir algo que roza con la blasfemia. Y que además no es cierto. Porque Dios no envió a su Hijo al mundo porque estaba indignado u ofendido, sino por el mucho amor que tuvo a la humanidad (Jn 3,16; 1 Jn 4,9; Rom 8,31-32). Hay que decirlo sin miedo y con firmeza: no podemos creer en un Dios que resulte sencillamente impresentable para el sentido común de cualquier persona normal. Pero, como es evidente, un Dios que necesita sufrimiento y sangre, para quedarse tranquilo y satisfecho, es una especie de monstruo que no puede producir sino miedo y rechazo.

Repensar los criterios que rigen la moral cristiana

Por más avanzado y audaz que sea el planteamiento de la moral fundamental, si tomamos como punto de partida a un Dios que no se funde con el ser humano, los criterios que rigen la moral cristiana estarán necesariamente determinados por el principio de *la voluntad de Dios* (que si es desobedecida, genera el *pecado*) y no por el principio de *la felicidad del ser humano*. Al decir esto, no se trata de montar una moralidad al margen de lo que Dios quiere. Y menos aún de prescindir del pecado en el planteamiento de un comportamiento humano que resulte correcto. El problema está en saber qué es lo que Dios quiere. Y, en consecuencia, saber también en qué consiste el pecado. Por supuesto, no se trata aquí de plantear la disyuntiva entre "una *ética más autónoma*, donde se subraya la racionalidad de los contenidos éticos, o una *moral de fe*, en la que se reclama la primacía de la revelación"[40]. Porque desde el momento en que se plantea esa disyuntiva, se tiene el peligro de quedar anclados en la separación de la "voluntad de Dios", por una parte, y la "felicidad humana", por otra. Es decir, seguimos con el planteamiento de siempre, que consiste en ver la voluntad de Dios como algo que puede no tener nada que ver con la autonomía, la racionalidad y la felicidad de los seres humanos. O incluso que puede entrar en conflicto con las aspiraciones más básicas de cualquier persona.

Naturalmente, desde el momento en que las cosas se ven de esa manera, estamos pensando en un Dios que no se ha fundido con la condición humana. Y que, por eso mismo, puede desentenderse de la felicidad de las personas o incluso entrar en conflicto con tal felicidad. Por otra parte, no se trata de hacer una moral a nuestra medida, según nuestras conveniencias, nuestros egoísmos o simplemente nuestros intereses. Pensar en una moral así, sería lo mismo que "canonizar" la ley de la selva y suprimir las bases de cualquier fundamentación de la ética cristiana. La cuestión está en comprender que *la voluntad de Dios es que el hombre sea feliz*. Porque la aspiración suprema de Dios coincide con la aspiración suprema del ser humano.

Por supuesto, no se trata de que el hombre alcance esa felicidad a cualquier precio, incluso atropellando la felicidad y la dignidad de otras personas. Eso sería obviamente la contradicción más patente con la voluntad divina. Nada de eso. Dios quiere la felicidad de todos los seres humanos. Por lo tanto, cuando aquí se habla de la felicidad de la vida, como contenido fundamental de la voluntad de Dios, no estamos hablando de un proyecto de vida centrado en mi felicidad o en el gozo y el disfrute de los que piensan como yo y nada más que eso. Una ética basada en la felicidad de vivir es una

40. LÓPEZ AZPITARTE, E., *Fundamentación de la ética cristiana*, Madrid, 1994, 83, en el fondo, es la misma disyuntiva que plantea FUCHS, J., *Für eine menschliche Moral*, I, Freiburgo, 1988, 117.

ética basa en la felicidad *de todos*. Y, por consiguiente, una ética basada en la lucha para que en este mundo haya menos sufrimiento y más respeto a cualquier ser humano, sea cual sea su origen, su manera de pensar o su estilo de vida.

Por lo demás, la experiencia nos enseña que cuando la moral se plantea a partir del cumplimiento de la voluntad de Dios, el hecho es que hay demasiada gente que se imagina la voluntad de Dios como le conviene o como le interesa. Y, entonces, lo que ocurre es que no hacemos lo que Dios quiere, sino lo que a cada cual le viene mejor, para pasarlo lo mejor posible (aunque sea inconsciente de ello), aun a costa de que otros lo pasen fatal. La consecuencia, que se sigue de todo lo dicho, es que una moral basada sobre mandatos y prohibiciones, que cada día resultan más insoportables para cualquier persona normal, ni responde al ser mismo del Dios que se nos reveló en Jesús, ni corresponde a la condición humana, tal como Dios la ha querido. Por tanto, mientras sigamos cavilando sobre el dilema entre *heteronomía* y *autonomía*, entre una moral centrada fuera de mí o centrada en mí, estaremos en un callejón sin salida. Sin duda alguna, tiene más sentido hablar de una *autonomía teónoma*. Es decir, una autonomía que tiene su fundamento, su razón de ser y su norma, no en el propio sujeto, sino en Dios mismo. Porque, como se ha dicho muy bien, el cristiano sabe que la autonomía para dirigir su vida le viene como un regalo de Dios[41]. Y es que es Dios el primer interesado en que sea cada ser humano el que busque el sentido de su vida y luche por la felicidad de la vida. Su propia vida. Y la vida de los demás. Aquí no viene mal recordar, una vez más, lo que se ha dicho y explicado ampliamente en este capítulo: a partir de la revelación y de la encarnación de Dios en Jesús, Dios se ha fundido con el ser humano.

La presencia y la misión de la Iglesia

Es un hecho que mucha gente asocia espontáneamente a la Iglesia más con la *religión*, que se preocupa por los asuntos de Dios, que con la *felicidad*, que disfrutan o dejan de disfrutar los seres humanos. Incluso abundan las personas que no ven relación alguna entre

---

41. LÓPEZ AZPITARTE, E., o.c., 85.

Iglesia (o religión) y felicidad humana. Y hasta no faltan individuos que encuentran contradicciones o, al menos, serias dificultades entre la religión (representada en la Iglesia) y la felicidad de vivir. Naturalmente, estando así las cosas, la Iglesia lo tiene difícil con todas las gentes que, por la razón que sea, ven así a la Iglesia y su relación con la aspiración más fuerte que siente cualquier persona normal. Porque, a fin de cuentas, todo esto nos viene a decir que la Iglesia tiene el centro de sus intereses y sus preocupaciones en Dios, en la religión, en ella misma, pero no en los seres humanos.

Es verdad que la Iglesia, a través de sus dirigentes y representantes más cualificados, no se cansa de decir que ella sólo quiere el bien de los hombres, la salvación de todos los hombres, el gozo eterno que la salvación divina dará a cada bienaventurado en el cielo. Pero el hecho es que la institución eclesiástica entiende todo eso de tal manera y lo gestiona de forma que mucha gente relaciona esas hermosas palabras y esos sublimes proyectos *con la religión*, pero no *con la felicidad* a la que aspira toda persona. Como es lógico, si la institución eclesiástica se comporta de esta manera, es porque detrás de tal comportamiento hay una teoría o, más exactamente, una teología, que es la que explica por qué los "hombres de Iglesia" hacen así las cosas. En definitiva, es la idea de Dios la que determina todo lo demás.

Cuando se cree en un Dios al que le interesa, sobre todo, la religión y el bien de la religión, los representantes de ese Dios centran sus proyectos y sus preocupaciones en todo lo que representa y lleva consigo la religión: verdades en las que hay que creer, normas que hay que cumplir, ceremoniales que se tienen que observar con toda exactitud. Pero no sólo eso. Porque la religión es dignidad, poder, influencia social, guardando siempre las distancias que impone la separación entre "lo sagrado" y "lo profano". En el lenguaje eclesiástico, a todo esto se le llama "acción pastoral", que se considera como lo propio y específico de la Iglesia y su acción en este mundo. El asunto de la felicidad humana no se excluye, por supuesto, de la misión de la Iglesia. Pero la felicidad humana no es lo que especifica la misión de la Iglesia. De donde resulta que los responsables de la institución eclesial dan la impresión, muchas veces, de que son más seguidores de Juan Bautista que de Jesús. Sin duda alguna, las diatribas contra pecadores y gentes de mal vivir, que se oyen en las iglesias, recuerdan más la predicación del Bautista que el comportamiento de Jesús, cuando era censurado por los observantes de ser amigo de aquellos a los que Juan denunció con tanta severidad. Y no digamos nada de los "hombres de la religión" a los que les gusta vestirse de manera distinta a como se viste el resto de los mortales, ocupar los primeros puestos en las reuniones y asambleas, ser nombrados con títulos honoríficos, aparecer como personas respetables y ejemplares, etc. No vamos a pensar que esas cosas se hacen por vanidad, orgullo o deseos de prepotencia. Quienes se comportan así, lo hacen porque seguramente tienen en su cabeza un Dios que les pide que hagan todo eso. Precisamente todo lo que a Jesús, según los evangelios, le costó enfrentarse tan duramente a la religión de su tiempo. Por una razón muy sencilla. Porque se trataba de una religión que creía en un Dios cuyo interés máximo era la religión misma. Y, por tanto, *un Dios cuyo máximo interés era Él mismo*, su honor, su poder, su inviolabilidad, sus derechos y su gloria. Exactamente, todo lo contrario del Dios que, en Jesús, "no se aferró a su categoría de Dios; al contrario, se despojó de su rango y tomó la condición de esclavo, haciéndose uno de tantos" (Fil 2,6-7).

El problema más serio que todo esto plantea es que la institución eclesiástica, al actuar como acabo de indicar, presenta un Dios que resulta difícil de aceptar. Porque, en último término, es un Dios que da mal ejemplo, ya que es un ser cuyo centro de interés es él mismo y no el bien de los que lo pasan mal. De donde resulta que los representantes de semejante Dios andan obsesionados por dar gloria a su Dios, pero dan la impresión de que no les interesa tanto afanarse por mejorar las condiciones de vida en este mundo. De ahí que quienes piensan de esa manera, ponen la "radicalidad evangélica" de la Iglesia, no en luchar por lo que luchó Jesús, por los pobres, los enfermos, los endemoniados y todos los marginados sociales, sino que ponen ese radicalismo evangélico en asegurar los proyectos propiamente pastorales y "la acción específica de la Iglesia". Pero hacen eso de tal forma que se pueden llegar a crear situaciones problemáticas o incluso conflictivas con instituciones humanitarias, como ha ocurrido recientemente en España con el enfrentamiento que han provocado los obispos con "Manos Unidas", una ONG bien conocida[42]. Como es

---

42. Una buena información sobre este asunto concreto, en *La crisis de Manos Unidas*, Fomento Social, 55 (2000), 311-339.

sabido, este enfrentamiento ha estado motivado, en buena medida, porque los obispos han pretendido dedicar parte del dinero, que la gente da para resolver problemas como el hambre o la sanidad en países pobres, a otros problemas que ya no tienen relación directa con "lo humanitario", sino con "lo pastoral", como por ejemplo, construcción de templos, formación de seminaristas y cosas así. De esta manera, se produce en la Iglesia una separación injustificada entre "lo pastoral" y "lo humano". Lo que da pie a que cualquiera se pregunte si Jesús, cuando daba de comer a los pobres o sanaba a los enfermos, andaba haciendo disquisiciones sobre si todo aquello era específicamente salvífico, eclesial, pastoral y toda esa jerga que nos hemos inventado los eclesiásticos, seguramente para justificar nuestra condición de hombres que tenemos una misión más excelsa y sublime que el resto de los ciudadanos. Como si lo mejor, que se puede hacer en este mundo, no fuera exactamente lo que hizo Jesús, que no organizó ningún "plan de apostólico" o "proyecto pastoral", sino que se limitó a identificarse con los que más sufren este mundo y se empeñó en que la vida le resultara a la gente más soportable.

Lo que quiero decir con todo esto es que el fondo del problema está en el Dios que cada cual tiene en su cabeza. Radicalizando la cuestión, el asunto está en preguntarse si nuestro Dios quiere, ante todo, el culto del templo y sus sacrificios o prefiere, antes que nada, que se ponga en práctica el programa de las bienaventuranzas. La cuestión no está en elegir entre lo uno y lo otro. Se trata, más bien, de saber lo primero que Dios quiere. Y se trata también de subordinar todo lo demás (incluidos los actos religiosos) a lo que, según el Evangelio, le interesa a Dios más que ninguna otra cosa. Mientras no nos aclaremos sobre esta cuestión tan simple, todo lo demás andará embrollado. Y nosotros seguiremos sin saber exactamente lo que tenemos que hacer.

Conclusiones

1. Decir que "Dios se funde con lo humano" no significa que Dios se diluye o se disuelve en la humanidad. Y menos aún significa que "lo divino" se reduce a "lo humano". Porque eso sería lo mismo que negar a Dios, para afirmar al hombre. Y, por tanto, reducir la teología a pura y simple antropología, en el sentido más vulgar y barato

de una cuestión tan enormemente compleja y de tan graves consecuencias, no sólo para Dios, sino, sobre todo, para los seres humanos.

2. El problema está, ante todo, en respetar a Dios. Respetar su
trascendencia inviolable. Lo cual quiere decir que nosotros, con
nuestra limitada capacidad de saber y de entender, no podemos ir
por la vida con la ingenua pretensión de que somos capaces de decir
quién es Dios y cómo es Dios. "A Dios nadie lo ha visto jamás"
(Jn 1,18). O sea, Dios está más allá de todo lo que nosotros podemos alcanzar o decir. De ahí que el debido respeto a Dios empieza
por la primera cosa que se le pide al mismo Dios en el Padrenuestro:
"Santificado sea tu nombre" (Mt 6,9 par). Se trata, ante todo, de que
los hombres respetemos el santísimo nombre de Dios[43]. Pero, como
es lógico, lo primero que eso exige es que no se use el nombre de
Dios para lo que no se debe usar, por ejemplo, para "legitimar" a
gobernantes y políticos que cometen injusticias y causan sufrimientos indecibles. Y menos aún, para organizar guerras de religión, para
dar leyes y normas que oprimen las conciencias, para amenazar con
castigos que nadie ha visto ni puede demostrar, para humillar a
quien no ve las cosas como yo las veo, para defender los intereses
de un grupo o de una institución... Y así sucesivamente. A Dios no
se le falta al respeto solamente blasfemando. A Dios se le falta al respeto, sobre todo, usando su nombre y su autoridad para causar sufrimiento en este mundo. De ahí que, quienes más peligro tenemos de
faltar al respeto divino, somos los que más utilizamos el nombre de
Dios y todo lo que con él se relaciona.

3. A Dios no lo podemos respetar debidamente, si no respetamos
el medio a través del cual Dios ha querido establecer relación y
comunión con nosotros. Ese medio ha sido la encarnación de Dios.
Ahora bien, se interprete como se interprete (según las diversas teorías de los teólogos), la encarnación de Dios es la humanización de
Dios. Pero aquí es donde todos nos llevamos la gran sorpresa. Porque hay serias razones para pensar que no creemos en la encarnación de Dios. Por supuesto, creemos en la divinización del hombre,
que se realizó en Jesús y mediante Jesús. Pero lo que no acabamos de
aceptar es que el misterio de la encarnación es, no sólo la *divinización del hombre*, sino igualmente la *humanización de Dios*. Más aún, es

---

43. LUZ, U., *El evangelio según san Mateo*, vol. I, Salamanca, 1993, 479-481.

la divinización del hombre *porque* se produjo la humanización de Dios. De manera que si Dios no se humaniza, el hombre no adquiere la condición divina. Nadie sabe si las cosas pudieron ocurrir de otra manera. Lo único que sabemos con seguridad es que ocurrieron de forma que la divinización (el acceso a Dios) aconteció porque se produjo la humanización de Dios. Por eso, a partir de aquel hombre que fue Jesús de Nazaret, el concepto de Dios ha cambiado. Y también ha cambiado la significación de Dios. Y el medio o la forma de encontrar a Dios. A Dios no lo podemos encontrar sino haciendo lo que hizo Él. Y, entonces, la conclusión es clara: *si Dios se humanizó en Jesús, no hay más medio de encontrar a Dios que hacernos profundamente humanos*. No hacemos esto porque lo divino no nos interese o no nos importe. Es exactamente todo lo contrario. Nos hacemos cada día más y más humanos porque quien hace eso, lo sepa o no lo sepa, lo quiera o no lo quiera, se encuentra con lo divino.

4. Por lo tanto, el problema de Dios no está en *divinizarnos*, sino en *humanizarnos*. Porque el "punto de encuentro" entre Dios y los seres humanos no ha sido sólo "lo divino", sino lo divino "humanizado". En este sentido, no sólo es lícito, sino, más que nada, necesario afirmar que "Dios se ha fundido con lo humano". No se trata, por tanto, de que lo divino no sea lo último, lo definitivo y lo más importante, sino de que lo humano es el único medio y la única posibilidad, que tenemos los mortales, para acceder a lo divino. Esto quiere decir que cuando lo divino entra en conflicto con lo humano, con lo auténticamente humano, eso que muchos llaman "divino" ya no es tal cosa. Lo divino se adultera, se falsifica y se pervierte desde el momento en que se utiliza para cometer agresiones contra lo más humano: el respeto a las personas, la dignidad de las personas, los derechos de los seres humanos, la felicidad humana y, sobre todo, el cariño que merece y necesita todo ser humano.

5. En consecuencia, pensar en un Dios que es indiferente ante la felicidad humana es desnaturalizar a Dios. Y peor aún es creer en un Dios que, de la manera que sea, se nos presenta como un rival de la felicidad humana. Por eso, imaginarse que queremos más a Dios porque queremos menos a alguien en esta vida, eso es seguramente el peor agravio que le podemos hacer a Dios. Lo que pasa es que a mucha gente le resulta más fácil querer a Dios que querer a alguien muy concreto, a personas concretas, con su nombre, su rostro, sus

defectos y sus limitaciones. A fin de cuentas, el que asegura que quiere a Dios, es posible que en realidad lo que quiere apasionadamente es una idea que tiene en su cabeza. Una idea que le da seguridad y quizá nombre y poder. Mientras que quien quiere a alguien muy concreto, a personas concretas, posiblemente tiene que aventurarse a compartir gozos y sufrimientos, renunciando a muchas cosas a las que seguramente no está dispuesto a renunciar. Es posible que en este mecanismo inconsciente, que funciona en todos nosotros, esté el secreto de los mil problemas que se nos plantean cuando alguien se atreve a afirmar que Dios se ha fundido con lo humano. El que se sorprende, se pone nervioso, se inquieta o se angustia porque escucha que a Dios se le encuentra en la medida en que nos humanizamos, seguramente es que cree en un Dios que le viene divinamente para no dar nunca su brazo a torcer, para camuflar con apariencias de mucha devoción y amor a la Iglesia sus inconfesables intereses, sus manías o sus ocultas apetencias de quedar siempre por encima de los demás. O, lo que es peor, probablemente se trata de un sujeto que nunca ha querido a nadie de verdad y que hasta se ha incapacitado para querer y dejarse querer. No debe ser casualidad que este tipo de individuos abunden en los ambientes más religiosos y más eclesiásticos.

MATAR AL FARISEO

Los fariseos y nosotros

Todo lo que se ha dicho en el capítulo anterior, sobre Dios, quedará en papel mojado, si cada cual no mata al "fariseo" que todos llevamos dentro de nosotros mismos. Por eso, los fariseos, de los que hablan los evangelios, tienen que ver con nosotros bastante más de lo que cualquiera se imagina. De ahí, la necesidad de explicar lo que los fariseos tienen que ver con el problema de Dios y nuestra relación con Él.

Como es lógico, no se trata aquí de analizar los numerosos y complicados problemas históricos y teológicos que actualmente investigan los estudiosos de los evangelios cuando tratan el tema de los fariseos. Para quienes no estén familiarizados con estas cuestiones, baste saber que, en los últimos años, como bien ha indicado José L. Sicre, se han planteado numerosas teorías, presentando a los fariseos como una secta dentro del judaísmo, un poderoso grupo de liderazgo religioso, un grupo de liderazgo político, un grupo de gente culta, un movimiento laical en rivalidad con el sacerdocio, un grupo de clase media compuesto por artesanos urbanos, o una combinación de las propuestas anteriores[1]. En este momento, seguramente nadie está en condiciones de aclarar definitivamente lo que hay de verdad o falsedad en cada una de estas teorías.

Es verdad que los datos, que han llegado hasta nosotros acerca de los fariseos, parece que fueron redactados después del año 70

---

1. SICRE, J. L., *El Cuadrante*, II, Estella, 1997, 261.

d.C., es decir después de la destrucción de Jerusalén y de la consiguiente dispersión del pueblo judío[2], precisamente cuando se agudizaron las tensiones entre los cristianos y los fariseos. En cualquier caso, incluso los autores que más dudas ponen en cuanto a la historicidad de los datos que conocemos sobre los fariseos, están de acuerdo en admitir que hay dos cosas, en el movimiento fariseo, que no se pueden poner en duda: el conflicto con Jesús por causa de la libertad de éste en cuestiones de observancia legal; y el escándalo que representaba para los fariseos la amistad de Jesús con pecadores y gentes de mal vivir[3]. Ahora bien, si entre Jesús y los fariseos se produjo un serio conflicto por los motivos que acabo de indicar, eso indica claramente que la teología de los fariseos no coincidía con las ideas religiosas de Jesús. No sólo en los motivos que acabo de apuntar, sino en algo mucho más serio, como enseguida voy a explicar. Por eso, para lo que aquí nos interesa, no es decisivo conocer al detalle todos y cada uno de los problemas *sociológicos* o *históricos* que hoy se plantean los estudiosos sobre el movimiento fariseo. Lo que de verdad nos importa, en este estudio, es tener una idea, lo más aproximada posible, de la *teología* de los fariseos. Quiero decir, lo que aquí más nos interesa es saber lo que los fariseos pensaban sobre Dios. En otras palabras, precisar (lo mejor que se pueda) en qué Dios creían y, por tanto, cómo era el Dios en el que ellos se apoyaban para justificar sus comportamientos, sus preocupaciones religiosas, sus relaciones sociales y políticas, etc. Y es claro que, sobre esta cuestión básica, podemos llegar a conclusiones suficientemente seguras.

Por otra parte, si todo esto nos interesa tanto, no es por una mera curiosidad histórica o cosa parecida. Se trata, más bien, de algo que toca en lo más vivo de nosotros mismos. Por una razón muy sencilla. Los fariseos no son una pieza de museo o un recuerdo del pasado. Los fariseos siguen viviendo entre nosotros y en cada uno de nosotros. Es más, yo tengo la impresión de que ahora hay más fariseos que nunca. Porque, como acertadamente ha escrito Paul Ricoeur, en los fariseos vemos "a los representantes más puros de un *tipo* irreductible de experiencia moral, en el que cualquier hombre puede reconocer una de las posibilidades fundamentales de su pro-

---

2. BAUMBACH, G., "Pharisaíos", en BALZ, H. y SCHNEIDER (Eds.), G., *Diccionario Exegético del Nuevo testamento*, vol. II, Salamanca, 1998, 1930.
3. Cf. BAUMBACH, G., o.c., 1930-1931.

pia humanidad"[4]. Es decir, el fariseo es un tipo de persona que se reproduce incesantemente. Pero se reproduce, sobre todo, cuando las circunstancias religiosas, sociales, económicas y políticas favorecen que ese modelo de hombre se sienta fuerte y se consolide. Y eso, como después explicaré, es lo que ahora está ocurriendo.

La consecuencia más clara de lo que estoy diciendo es que, desde hace unos veinte años aproximadamente, la religiosidad, con sus múltiples prácticas y observancias, se ha recuperado con fuerza y vigor. Han pasado a la historia las masivas crisis religiosas de los años sesenta y setenta. Ha vuelto el tiempo de los jubileos, las peregrinaciones, el esplendor de las cofradías, las masivas concentraciones que acuden a Roma, a la Meca o a cualquier santuario. Los grupos de mentalidad más integrista son los que tienen más aceptación. Y, por supuesto, gozan de más bendiciones de parte de las autoridades religiosas. Mientras que los movimientos revolucionarios o simplemente progresistas, que se imaginaban que iban a cambiar el mundo, ahora se dan cuenta de que no han cambiado casi nada. Porque aquellas ilusiones han terminado en desencanto. Y, con frecuencia, en fracaso.

En el fondo, ¿qué está pasando? Desde el punto de vista estrictamente religioso, se puede decir, con suficientes garantías de objetividad, que la religión, por supuesto, se ha recuperado en determinados ambientes y entre grupos concretos. Y se ha recuperado con fuerza en esos ambientes y entre las personas que integran esos grupos. Pero hay razones serias que llevan a pensar que la religión, que se ha recuperado, en los ambientes y grupos indicados, es una religiosidad que se parece en bastantes cosas a la religión de los fariseos. Por ejemplo, en el empeño por las observancias, ceremonias y rituales. O también en la conciencia de quienes practican esos ceremoniales y observancias, que suelen ser grupos y personas que se sienten superiores a los que no piensan como ellos o se comportan como ellos creen que hay que comportarse. Ahora bien, si la religión de los fariseos estaba determinada por una imagen concreta de Dios, parece razonable decir que lo que, en última instancia, se ha recuperado y ha cobrado fuerza es el Dios de los fariseos. Que es –para decirlo ya desde ahora– el Dios más opuesto a la felicidad de vivir

---

4. RICOEUR, P., *Finitud y culpabilidad*, Madrid, 1969, 395.

que siente cualquier persona normal. De ahí, el interés que representan los fariseos para nosotros en este momento. Porque, en definitiva, lo que ahora mismo está en juego, entre otras cosas, es que el Dios de los fariseos es el Dios que, en los últimos años, se ha fijado con más fuerza en la conciencia de muchas personas, sin que tales personas se den cuenta de lo que realmente les está pasando en la intimidad de sus conciencias y en sus comportamientos religiosos.

El Dios de los fariseos

Actualmente hay quienes piensan que, con los datos que poseemos en este momento, resulta muy difícil responder a la pregunta sobre cuáles fueron las relaciones de Jesús con los fariseos[5]. De todas maneras, hoy sería difícil no aceptar como válida la afirmación de J. Gnilka: "Es trágico que los fariseos se convirtieran en los enemigos más acérrimos de Jesús y posteriormente de su comunidad"[6].

Ahora bien, así las cosas, la pregunta que cualquiera se hace es lógica y fácil: ¿por qué se provocó semejante enemistad y el consiguiente enfrentamiento entre Jesús y los fariseos? Se suele decir que los fariseos fueron enemigos de Jesús porque aquellos hombres pensaron que era escandalosa la conducta de Jesús. Una conducta que se caracterizaba por el menosprecio de los preceptos de la pureza ritual y del diezmo. Y también por su atención solícita a los publicanos y pecadores (cf. Mc 2,15 ss par; 7,15 ss par; Mt 11,19 par)[7]. Todo esto es verdad. Pero el conflicto, que se planteó entre Jesús y los fariseos, fue mucho más hondo. Por supuesto, la significación y el valor, que Jesús concedía a las leyes religiosas, era algo muy dis-

---

5. La razón de esta dificultad se pone en que las fuentes que poseemos, para conocer a los fariseos (los evangelios, Flavio Josefo y la literatura rabínica), se redactaron después del año 70 d.C. Pero, a partir de ese año, que fue el año de la caída de Jerusalén y la dispersión de los israelitas, los conflictos entre cristianos y judíos se agudizaron y por eso hicieron más dudosa la fiabilidad de los datos históricos que nos ofrecen las fuentes citadas. Cf. BAUMBACH, G., "Pharisaíos", en BALZ, H. y SCHNEIDER (Eds.), G., *Diccionario Exegético del Nuevo testamento*, vol. II, Salamanca, 1998, 1930. Información más amplia sobre este asunto, en BECKER, H. J., *Auf der Kathedra des Mose. Rabbinisch-theologisches Denken und antirabbinische Polemik in Mt 23,1-12*, Berlín, 1990.
6. GNILKA, J., *El evangelio según san Marcos*, vol. I, 126.
7. BAUMBACH, G., o.c., 1931.

tinto de lo que los fariseos pensaban sobre tales cuestiones. Pero a cualquiera se le ocurre pensar que, si allí se provocó un enfrentamiento tan grave, la razón no podía reducirse a si había que lavarse o no lavarse las manos antes de comer (Mc 7,1 ss par); o si era tan fundamental pagar o no pagar el diezmo por las legumbres verdes y las legumbres secas (Lc 11,39-42.44). Por más que los fariseos hicieran tales cosas con bastante hipocresía y en contradicción con principios éticos fundamentales, cosa que Jesús les echa en cara[8], parece lógico pensar que en aquel enfrentamiento debió haber en juego algo mucho más grave.

Efectivamente lo hubo. La cuestión de fondo, sin duda alguna, estuvo en que los fariseos tenían un concepto de Dios que era completamente distinto del Dios que presentaba Jesús. Lo cual quiere decir que los fariseos entendían la religión de una manera enteramente distinta a como la entendía Jesús. Pero, dado que la religión era, entre los judíos de entonces, un factor tan central y determinante en las personas y en la sociedad, es lógico pensar que los fariseos veían la vida, la conducta moral y las relaciones con los demás de una forma que nada tenía que ver con lo que Jesús pensaba sobre esas cosas. Incluso, en asuntos muy fundamentales, se situaban en abierta contradicción con lo que Jesús decía y hacía. Naturalmente, si todo esto fue realmente así, nada tiene de extraño que allí se produjera un conflicto muy serio.

Por eso, interesa analizar lo que he llamado la "cuestión de fondo", es decir, el concepto de Dios que tenían los fariseos. Pues bien, lo primero que llama la atención, en este asunto, es que los evangelios, como es sabido, se refieren muchas veces a los fariseos. Pero lo curioso es que, en una documentación tan abundante, casi nunca se hace mención de Dios. En algún que otro caso, se alude a eso. Por ejemplo, cuando los fariseos aseguran que Jesús, al ser un hombre que no observaba la ley del sábado, no podía venir de Dios (Jn 9,16). Pero la verdad es que, al menos por la información que nos suministran los evangelios, está claro que el tema de Dios directamente no les preocupaba. A ellos les interesaba mucho el sometimiento de la gente a las leyes religiosas y a las tradiciones de los antiguos. Les interesaba también el cumplimiento de las purificaciones rituales. Y

---

8. Cf. JEREMIAS, J., *Jerusalén en tiempos de Jesús*, Madrid, 1977, 268-269.

les indignaba todo lo que tuviera relación con gentes que, según sus principios, eran malas personas: pecadores, publicanos, paganos, prostitutas, samaritanos, etc. Por eso acusan frecuentemente a Jesús de que mantenía buenas relaciones con esa clase de gentes. Pero un estudioso de los evangelios, que quiera saber lo que los fariseos pensaban de Dios, encontrará serias dificultades en su estudio, si se atiene a lo que los textos evangélicos dicen sobre esta cuestión. Porque la verdad es que de eso, directamente al menos, no dicen casi nada.

En este sentido, el contraste con Jesús es evidente. Como explicaré en el capítulo siguiente, a Jesús le interesaba y le preocupaba profundamente el tema de Dios. Y la prueba está en que hablaba de Dios constantemente. O se dirigía a Él en la oración. Sobre todo, al insistir tanto en la importancia del Reino de Dios, Jesús quería decir que su preocupación fundamental es "dónde" y "cómo" podemos los seres humanos encontrar a Dios[9].

Como es lógico, lo primero que a cualquiera se le ocurre pensar, después de lo dicho, es que se puede dar el caso de personas que son profundamente religiosas, pero que entienden la religión de manera que lo central, para tales personas, no es Dios, sino otras cosas más o menos relacionadas con la religión, por ejemplo las normas religiosas, los rituales y sus ceremonias, la autoridad y el poder de los sacerdotes, los títulos y dignidades, la obediencia y el sometimiento de la gente, o el hecho de aparecer ante la sociedad como personas ejemplares e intachables. Esto ocurría en tiempo de Jesús. Tal es el caso de los fariseos. Y sigue ocurriendo ahora. En el límite de esta postura, están los no raros individuos que viven intensamente determinadas manifestaciones religiosas (fiestas tradicionales, cofradías, celebraciones de semana santa, determinadas prácticas sacramentales...) pero que ni creen en Dios ni eso les interesa gran cosa.

---

9. En la expresión "Reino de Dios", la palabra "Dios" es un genitivo explicativo, de manera que el Reino de Dios se identifica con Dios. Cf. CHILTON, B. D., "Regnum Dei Deus est", *ScotJTh*, 31 (1978) 261-270; MATEOS, J. y CAMACHO, F., *El evangelio de Marcos*, vol. I, Córdoba 1993, 109. Pero es cierto que el tema central de Jesús, según los evangelios sinópticos, no es Dios en sí, sino el Reino de Dios. Lo cual quiere decir que la preocupación fundamental de Jesús no fue especular teorías sobre Dios, sino explicarle a la gente "dónde" y "cómo" podemos encontrar a Dios. Cf. CASTILLO, J. M., *El Reino de Dios. Por la vida y la dignidad de los seres humanos*, Desclée De Brouwer (Biblioteca Manual, Bilbao, 1999, 31-32.

Es verdad que el problema de los fariseos no se parecía en nada al problema de los actuales "ateos religiosos". Para los fariseos, Dios era importante. Más aún, Dios era para ellos enteramente fundamental. Pero, ¿qué Dios? Los *Salmos de Salomón* es un escrito judío de mediados del siglo primero antes de Cristo y que, según la opinión más común, fue compuesto por los fariseos[10]. En cualquier caso, es seguro que este conjunto de oraciones refleja exactamente los grandes temas de la piedad y de las creencias religiosas de los fariseos[11], por más que, en cuestiones relacionadas con la política, critique la postura oficial del partido fariseo que no se opusieron a la dominación de los romanos[12]. Se puede decir, por tanto, que, en los *Salmos de Salomón*, se expresan al mismo tiempo dos cosas: la *mentalidad religiosa* de los fariseos y la *idea de Dios* que tenían aquellos hombres. La mentalidad religiosa nos es conocida suficientemente por la información que nos suministran los evangelios. La pregunta que hay que hacerse es clara: ¿qué idea de Dios había detrás de semejante mentalidad religiosa?

En las ideas de cualquier fariseo estaba muy firme la convicción de que Dios es bueno y misericordioso. Pero no con todo el mundo, sino solamente con los "justos". Es decir, el Dios de los fariseos tiene misericordia sólo con los que le quieren. El salmo 6 lo afirma de manera rotunda: "Bendito el Señor que derrama su misericordia sobre los que le aman de verdad" (6,7; cf. 10,3). O como dice el salmo 4: "Venga, Señor, tu misericordia sobre los que te aman" (4,25). Pero, para un buen fariseo, el "ideario fundamental sobre Dios" *no se centraba en la misericordia, sino en la justicia*. Entendiendo la "justicia" en el sentido más duro, o sea como lo propio del *Dios justiciero*, es

---

10. Edición castellana, en PIÑERO, A., "Salmos de Salomón", en DÍEZ MACHO, A., *Apócrifos del Antiguo Testamento*, vol. III, Madrid, 1982, 9-57. Cf. SICRE, J. L., *De David al Mesías. Textos bíblicos de la esperanza mesiánica*, Estella, 1995, 361-372. La opinión generalmente admitida entre los especialistas es que este escrito procede de los círculos fariseos y refleja su mentalidad. Como dice PIÑERO, A., "Por crítica interna puede decirse que el autor pertenecía –o se hallaba muy cercano ideológicamente– al grupo fariseo". O.c., 15. Recientemente, ha negado el origen fariseo de este escrito HANN, R. R., "The Community of the Pious: The Social Setting of the Psalms of Salomon", *Studies in Religion/Sciences Religieuses* 17 (1988), 169-189.
11. Cf. PIÑERO, A., o.c., 15.
12. Cf. FREY, J. B., *Dictionnaire de la Bible*. Suppl. de PIROT, L., París, 1928, 392-393.

decir, el Dios que es implacable con los pecadores, con los impíos, con los malvados. En este sentido, se pueden citar los salmos 3, 6, 10, 13, 14, 15, 16 y 18[13]. Porque, como se dice en el salmo 3, "la perdición del pecador es para siempre, de él no se acordará Dios cuando visite a los justos; ésta es la suerte del pecador para siempre" (3,11-12). En el salmo 13, rezaban los fariseos: "El brazo del Señor nos libró de la espada ya blandida, del hambre y de la muerte de los pecadores. Fieras terribles se lanzaron contra ellos, con sus dientes desgarraron sus carnes, con sus molares quebrantaron sus huesos" (13,2-3). Pero es, sobre todo, en el salmo 17 donde se expresa con más crudeza la venganza de Dios contra los malos: el Señor los va a "quebrantar" (17,22), los va a "machacar con vara de hierro" (17,24 a), va a "aniquilar a las naciones impías" (17,24 b), "para que ante su amenaza huyan los gentiles de su presencia" (17,25 a)[14]. Es evidente que un Dios que se dedica a "quebrantar", "purificar", "expulsar", "quebrar", "machacar", "aniquilar" y "dejar convictos", los seis verbos que utiliza este salmo en relación a los pecadores[15], es un Dios, no sólo amenazante y justiciero, sino incluso vengativo con todos aquellos que, por la razón que sea, no se ajustan a su voluntad y se someten a su poder.

Naturalmente, un Dios de esta naturaleza le viene divinamente a todo grupo o categoría de personas religiosas que, no sólo tienen la seguridad de que ellos son los poseedores de la verdad sobre Dios, sino que además pretenden imponer esa verdad a todos los que no piensan y viven como ellos. Por eso, el Dios justiciero y amenazante suele ser el Dios que mejor les cuadra a los grupos fundamentalistas y fanáticos, como era el caso de los fariseos en tiempo de Jesús. Como también es el Dios más práctico y eficaz para los que pretenden ejercer un poder absoluto e incuestionable sobre las conciencias de la gente.

Todo esto explica lo que ya he indicado antes. Cuando los evangelios hablan de los fariseos, el tema de Dios propiamente tal no aparece casi nunca. Lo que a los fariseos les interesaba era el some-

---

13. Cf. PIÑERO, A., o.c., 17; SCHÜPPHAUS, J., *Die Psalmen Salomons. Ein Zeugnis Jerusalemer Theologie und Frömmigkeit in der Mitte des vorchristlichen Jahrhunderts*, Leiden, 1977, 83-85.
14. Comentario de este salmo, en SICRE, J. L., o.c., 365-369.
15. Cf. SICRE, J. L., o.c., 366-367.

timiento de la gente a la Ley escrita y a las normas y tradiciones mediante las que ellos se imponían sobre el pueblo. De esa manera conseguían el ser considerados como las personas más ejemplares que había en aquella sociedad. Y se constituían en modelo al que los demás se debían ajustar. Además, gozaban de una ventaja inmejorable. Porque era nada menos que Dios mismo el que "legitimaba" su conducta y el que les otorgaba la autoridad que esgrimían ante los demás a la hora de imponer sus principios, sus normas y su ejemplaridad.

Fariseos y profetas

Ya he dicho que hay numerosas cuestiones históricas sobre los fariseos que no se conocen con certeza. En todo caso, es lógico preguntarse por qué este movimiento de hombres tan profundamente religiosos elaboraron una teología de la que resultaba un Dios tan severo, amenazante e incluso vengativo. Como acabo de indicar, ese Dios les venía muy bien a unos hombres que pretendían aparecer ante el pueblo como intachables y ejemplares. Y que además querían, a toda costa, imponer su autoridad legal sobre el resto de la población.

Pero, a poco que se piense en este asunto, pronto cae uno en la cuenta de que esos motivos no pueden justificar, por sí solos, la aparición de los fariseos en la historia de Israel. Ni menos aún sus ideas sobre el Dios justiciero desde el que se amparaban para amenazar a la gente, especialmente a los que no coincidían con sus teorías y prácticas religiosas. En todo lo que concierne a los fariseos, tuvo que haber otras causas que expliquen la aparición de este colectivo de hombres y su manera de pensar y de vivir.

Los entendidos en la historia del pueblo de Israel discuten si los fariseos se organizaron, como tal grupo, en el siglo V o, más bien, en el siglo II antes de Cristo[16]. Sea de esto lo que sea, hay una cosa bas-

---

16. Cf. SICRE, J. L., *El Cuadrande*, vol. II, 262. De todas maneras, la primera aparición de los fariseos, como grupo organizado, es en el siglo II de nuestra Era. Parece que estaban relacionados con los asideos, a quienes 1 Mac 2, 42 llama "asociación de judíos piadosos". Cf. JEREMIAS, J., *Jerusalén en tiempos de Jesús*, 262. Según Flavio Josefo, en el año 150 a.C., "existían tres sectas de judíos... Una de fariseos, otra de saduceos y otra de esenios". *Ant.* XIII, 171.

tante clara y en la que, al menos en líneas generales, se puede estar de acuerdo. Es un hecho que los profetas de Israel fracasaron en su intento de restaurar la religión y la vida moral de aquel pueblo. De ahí, el silencio en el que vino a caer la profecía en Israel. Se discuten las causas que provocaron el fracaso de los profetas y su consiguiente silencio[17]. Parece razonable pensar que, en tal fracaso, influyó el empobrecimiento creciente de la temática profética que, poco a poco, fue sustituida (allá por el siglo V antes de Cristo) por la autoridad y la importancia del templo, del culto y, sobre todo, de la Ley (cf. Esd 3-5; Neh 8). Lo cual es comprensible. Por la sencilla razón de que las observancias rituales y legales dan a la gente piadosa una seguridad que no encuentra en las denuncias proféticas y las exigencias morales que tales exigencias suelen llevas consigo. Con este cambio de la "profecía" por la "ley", se pusieron las bases para que surgiera el movimiento fariseo. Por eso, un gran conocedor de la Biblia, muy entendido en los problemas de su "interpretación" (la *hermenéutica bíblica*), Paul Ricoeur, ha dicho que "al plantearse el problema de cómo hacer la voluntad de Dios, los fariseos tuvieron que enfrentarse con el fracaso de los grandes profetas, con su impotencia para convertir a su pueblo y con el hecho de la deportación (a Babilonia), que, según la creencia general, fue el castigo de Dios por los pecados de Israel. A la vista de esto, los fariseos se propusieron realizar la ética de los profetas reduciéndola a una ética del pormenor, detallista"[18]. Era la ética de la ley o, como ahora se le ha llamado, con toda razón, era el afianzamiento del "esquema de la ley"[19], que "afirma la existencia de una correspondencia entre ciertas acciones nuestras y sus resultados"[20]. De donde se sigue lógicamente que *los fariseos ofrecían al pueblo una seguridad que no habían podido ofrecer los profetas.* Y en eso, sin duda alguna, estuvo el éxito de los fariseos. En la medida en que el fariseo le ofrece a la gente una correspondencia (prácticamente automática) entre determinados comportamientos humanos y un resultado de carácter divino o sobrehumano,

---

17. Un breve resumen de estas causas, en SICRE, J. L., *Profetismo en Israel*, Estella, 1992, 361-362.
18. RICOEUR, P., *Finitud y culpabilidad*, 396.
19. Para esta cuestión, véase el excelente estudio de GONZÁLEZ, A., *Teología de la praxis evangélica. Ensayo de una teología fundamental*, Santander, 1999, 112-175.
20. GONZÁLEZ, A., o.c., 139.

en esa misma medida el fariseo le ofrece a la gente algo que el profeta no puede ofrecer. Porque el profeta, con sus denuncias, sus exigencias y sus utopías, resulta inquietante. Mientras que el fariseo, con su oferta de correspondencia automática entre determinadas prácticas y sus resultados divinos, da seguridad y libera la conciencia de inquietudes molestas. En definitiva, es el triunfo de la *ley* sobre la *utopía*. Pero de esto hablaré después más detenidamente.

Resulta, por tanto, comprensible que el fracaso de los profetas de Israel, ante el intento de mejorar la situación de aquel pueblo, provocara la reacción de los que pensaron que por el camino de los profetas, con sus denuncias y sus promesas, no se iba a ninguna parte. Por eso se comprende también que aparecieran otros salvadores, con otras ideas y otros proyectos. Enseguida vamos a ver en qué consistió la nueva propuesta, la propuesta de los fariseos, que es lo que aquí más nos interesa analizar. Pero antes de hablar de eso, es importante caer en la cuenta de que, en el momento presente, nosotros estamos viviendo una situación que se parece, en cosas muy fundamentales, a la situación que se produjo en el pueblo de Israel cuando fracasaron los grandes profetas. El s. XX ha sido un tiempo plagado de desastres, guerras, violencia, atropellos y sufrimiento hasta límites que nadie podía imaginar hace cien años. Pero tan verdad como eso es que el s. XX ha sido también un tiempo de grandes profetas y de movimientos proféticos que han luchado, hasta la misma muerte, por aliviar tanto desastre, tanta violencia y tanto sufrimiento. Lo que ocurre es que, cuando ya se ha terminado el siglo más violento de la historia de la humanidad, el balance es desolador. ¿Qué queda en la India de los esfuerzos de Gandhi por suprimir el hambre de los pobres en aquel inmenso país? ¿Qué resultados ha dado, para los negros del mundo entero, la valentía y la muerte de Martin Luther King? ¿Para qué ha servido, en concreto, el ejemplo de Juan XXIII y su concilio Vaticano II? ¿Qué queda de la teología de la liberación y sus promesas de remediar el sufrimiento de los crucificados de la tierra? ¿Qué frutos se han sacado de los movimientos revolucionarios en América Latina? ¿En qué ha cambiado la situación de los pobres, en Centroamérica, después del asesinato de Monseñor Óscar Romero y de tantos miles de personas como allí han dado sus vidas por cambiar la situación? ¿Por qué África se precipita cada día más y más en el abismo de la destrucción total, después de tanto heroísmo como se ha derrochado en ese enorme continente? La lista de recientes profetas, cuyos resultados no se acaban de ver, se podría ampliar sin dificultad. Pero no hace falta. Con lo dicho hay bastante para encontrar una clave de explicación (no la única, desde luego) al desencanto y hasta la frustración, en que ahora viven tantos cristianos.

Pero lo más grave no es el desencanto o la frustración que ahora padecen muchos cristianos. Lo peor de todo es que actualmente está sucediendo, en el cristianismo, algo semejante a lo que (se explique como se explique) ocurrió en el judaísmo, allá por el siglo V antes de Cristo. Se trata de lo que bien se podría denominar la *domesticación de la profecía*. En el judaísmo se "domesticó" a los profetas subordinándolos a los maestros de la Ley. Y en este hecho se puede situar el origen más antiguo de los fariseos. En el cristianismo actual se "domestica" a los profetas echando mano de interpretaciones teológicas que, mediante alambicados discursos, consiguen (seguramente sin darse cuenta) el sometimiento de la profecía a la ley, a los que tienen el poder o a teologías doctísimas que, de hecho, distraen o apartan la atención del problema más urgente que todos tenemos que afrontar, el problema del sufrimiento en el mundo y las soluciones concretas y prácticas que a tanto dolor tendríamos que poner.

La cuestión se puede formular de esta manera: todo está en saber si lo que *directa e inmediatamente* le moviliza a uno es el sufrimiento humano (sea de quien sea o por la razón que sea); o, más bien, lo que *directa e inmediatamente* le moviliza a uno y le hace actuar es otra cosa, que bien puede ser la Ley de Dios, el respeto que se merece la religión y sus observancias, las verdades absolutas y eternas, lo que agrada a los que mandan, la teología más tradicional o la más avanzada, o incluso las cuestiones más profundas que se pueden plantear, como por ejemplo, lo que acertadamente se ha designado como "las estructuras últimas del pecado"[21], el esquema de la ley y sus funestas consecuencias o lo que, con razón, se ha planteado como la "liberación de la praxis", que, lejos de estar sometida a nuestros esquemas y expectativas, los altera radicalmente por la fuerza del Espíritu[22]. Por supuesto, todas estas cosas son importantes. Y algunas de ellas enteramente fundamentales. Pero lo que pasa (ésta es mi

21. GONZÁLEZ, A., o.c., 13.
22. GONZÁLEZ, A., o.c., 449.

impresión, no sé si acertada) es que, cuando uno no sabe qué hacer ante tanto dolor y tanta desgracia como vemos a diario, entonces es muy frecuente (y bastante comprensible) que se busquen respuestas de recambio. Respuestas que, por supuesto, no sirven para aliviar el sufrimiento de tantas personas tan maltratadas por la vida, pero por lo menos le sirven a uno para sentirse quizá mejor, seguramente porque ha encontrado formulaciones teóricas de notable profundidad, que a ciertos temperamentos especulativos les producen la grata sensación de haber aportado la solución al problema. Y bien sabemos que, para proporcionar este tipo de formulaciones teóricas, la teología es una fuente inagotable de razones contundentes que le callan la boca al más espabilado.

Cuando se leen los evangelios con cierta atención, enseguida se da uno cuenta de que esto era lo que, en última instancia, estaba allí en juego. Por ejemplo, cuando Jesús se encontró un sábado, en plena sinagoga, con un manco, que lógicamente sufría por estar lisiado, la reacción *directa e inmediata* de Jesús fue liberar a aquel hombre del sufrimiento (Mc 3,1-6). Lo más probable es que Jesús no se puso allí a pensar si a aquel lisiado había que liberarlo, ante todo, del esquema de la ley o de las estructuras últimas del pecado. Seguramente, tales cosas le interesaban a Jesús bastante más de lo que nosotros podemos imaginar. Pero lo que inmediatamente hizo Jesús fue curar al enfermo. La forma de pensar de los fariseos era distinta. El evangelio dice que "estaban al acecho, a ver si curaba en sábado, para denunciarle" (Mc 3,2). Sin duda alguna, lo que *directa e inmediatamente* les preocupaba a aquellos hombres, tan celosos de la religión y tan observantes de sus normas, no era el sufrimiento del manco, sino otras cosas, todas ellas muy dignas y santas, como era nada menos que el fiel cumplimiento de la voluntad divina, tal como estaba mandado en la Ley. Pero el hecho es que, si allí se hubiera hecho lo que querían los fariseos, ciertamente la teología más seria hubiera quedado a salvo, pero tan cierto como eso es que el manco se habría ido a su casa tan lisiado como vino.

Es verdad que ahora, en nombre de otra teología, se dice que el esquema de la ley, en el que se fundamentaban básicamente los fariseos, es falso. Y se dice, con toda la razón del mundo, que la oferta cristiana consiste en que el "esquema de la fe" sustituye al "esquema de la ley". En esa oferta, la fe no es algo ajeno a nuestra praxis, sino un constitutivo de la misma, que la organiza y la regenera por la fuerza del Espíritu. Esa regeneración convierte a la fe en una confianza tan absoluta que se transforma en entrega incondicional[23]. Todo esto, sin duda, es verdad. Más aún, es fundamental para una correcta comprensión de la fe cristiana. Pero con tal que, a fin de cuentas, toda esta explicación tan fundamental de la fe cristiana no sirva como justificación ideológica, en la que nos amparamos para desviar nuestra atención del problema capital, que tiene que afrontar cualquier persona que diga que cree en Jesús: el problema del sufrimiento humano. Porque si eso ocurre, seguramente sin darnos cuenta, en realidad lo que haríamos sería *sustituir un fariseísmo por otro*. Y es que, a veces, hay quienes, con argumentos que parecen desmontar los principios de los antiguos fariseos, en realidad lo que hacen es reconstruir un fariseísmo de nuevo rostro.

Por eso, la cuestión que interesa aclarar es en qué consiste lo más profundo y lo más determinante de la estructura de pensamiento de los fariseos. Sólo así comprenderemos por qué los evangelios le concedieron tanto espacio y tanta importancia al tema del fariseísmo y a los conflictos que tuvo Jesús con este grupo. Porque reducir todo este asunto al antijudaísmo que se dio ya en el primitivo cristianismo[24], parece una afirmación desproporcionada. Si las comunidades primitivas concedieron tanto espacio y tanta importancia a los conflictos de Jesús con los fariseos, resulta razonable pensar que en eso las comunidades tenían vivo un recuerdo que, de una manera o de otra, procedía de Jesús mismo. La cuestión, entonces, está en comprender la razón de fondo que explica por qué se produjeron aquellos conflictos.

Los fariseos y su estructura de pensamiento

Se suele decir que los fariseos fueron los "hombres de la ley", los observantes minuciosos de lo que estaba mandado. Tan observantes, que no se contentaban con la *Torá*, la Ley escrita que tenían los judíos como revelada por Dios a Moisés. A diferencia de los saduceos, que se limitaban al cumplimiento de la Ley escrita, los fariseos pen-

---

23. Cf. GONZÁLEZ FAUS, J. I., "¿Ajuste de cuentas con la teología de la liberación?", *Actualidad bibliográfica* 37 (2000), 14.
24. Para este punto, véase el excelente resumen que hace KÜNG, H., *El judaísmo. Pasado, presente y futuro*, Madrid, 1991, 654-655.

saban que con las leyes de Moisés no era posible agradar plenamente a Dios. Porque la vida diaria ofrece cantidad de situaciones y circunstancias que una ley escrita, por más perfecta que sea, no puede prever. De ahí, la necesidad de una autoridad que diga lo que se tiene que hacer en cada caso concreto. Así nacieron, entre los escribas y fariseos, "las tradiciones de los antepasados", que constituían lo que se llamaba la *Halaká*, una lista enorme de preceptos y aplicaciones de la Ley divina a las situaciones concretas de la vida diaria. Por eso, los evangelios aluden, con frecuencia, a situaciones en las que Jesús se enfrenta con los fariseos, precisamente por causa de los minuciosos y complicados preceptos de la *Halaká* que le imponían a la gente.

Pero, si todo este asunto se piensa más a fondo, pronto se da uno cuenta de que el verdadero problema, que representan los fariseos, no se limitaba al tema de la ley y sus observancias. Había allí algo mucho más serio, que muchas personas no advierten, y que era lo que en realidad hacía que los fariseos resultaran ser individuos peligrosos, extremadamente peligrosos. Esta peligrosidad no brotaba de su obsesión legalista. Es decir, el peligro, que representaban los fariseos, no provenía de la confianza y la seguridad que ponían en su propia conducta, según el esquema de la ley. La peligrosidad del fariseo está en que es el tipo de hombre que *antepone un principio teórico al bien del ser humano*. Por lo tanto, es esa clase de individuo que, *amparándose en un principio absoluto*, no duda en dejar abandonado a quien sea, atropellar los derechos y la dignidad de cualquier persona, faltar al respeto a quien es considerado como un indigno o simplemente desentenderse de todos y de todo lo que no coincide con su "principio absoluto".

Naturalmente, un individuo, que tiene bien asimilada esta estructura de pensamiento, tiene igualmente asimilada la firme convicción de que lo único intocable en este mundo es el *principio absoluto* que le da sentido a su vida. Pero, como se trata de un principio "teórico", la "praxis" diaria y las peripecias de la vida de los otros son cosas que quedan siempre en segundo lugar. Y si cualquier situación concreta (por grave que sea) entra en conflicto con su "principio intocable", es seguro que tal situación será vista como una cosa que siempre se ha de subordinar a ese "principio intocable". Como es lógico, un sujeto que piensa así, no dudará en dejar abandonado al que sufre, en humillar al que se oponga a su teoría, y hasta se quedará tan tranquilo si los que se le oponen se sienten como unos perdidos o unos indeseables. Porque lo único que importa de verdad es lo absoluto y todo lo demás es relativo, incluido, por supuesto, el sufrimiento y la humillación de los más desgraciados de este mundo. Y conste que, al decir todo esto, no me estoy inventando nada. De sobra sabemos que ha habido, y sigue habiendo, hombres "intachables", que, a partir de unas verdades o de una teoría intocable, no han dudado en quemar vivos a los herejes, en humillar a los que no piensan como ellos o en machacar con sentimientos de culpa a los que consideran indignos. Estas cosas pasaron en tiempos antiguos. Y, de una manera más o menos camuflada, siguen pasando ahora mismo. Sin ir más lejos, todos sabemos que la autoridad de los que se imponen a la gente, a partir de "principios absolutos", provoca con frecuencia divisiones en los grupos, en las comunidades y en las familias, tensiones sociales que llegan a traducirse en conflictos muy graves, personas atormentadas por sentimientos de culpa que acaban frecuentando las consultas de psiquiatras y psicoterapeutas. Por no hablar de las incontables agresiones que se cometen contra las mujeres, los niños, los homosexuales y, en general, las violaciones de los derechos humanos de tantas personas indefensas.

El *principio absoluto*, que asumieron los fariseos del tiempo de Jesús como lo más intocable, era la Ley divina y sus incontables aplicaciones e interpretaciones. Pero la verdad es que lo que menos importa es el contenido concreto del "principio absoluto" que se antepone al sufrimiento humano y a la dignidad de las personas. En el caso concreto de los fariseos –ya lo he dicho– el "principio" era la observancia de la Ley. En otros casos, puede ser cualquier otra cosa, incluso el principio de la liberación del esquema de la ley. Si, a la hora de la verdad, resulta que ese "principio" nos lleva a que no pongamos, como criterio determinante de nuestra vida, *la lucha contra el sufrimiento en todas sus formas y la defensa de la dignidad humana*, puede ocurrir que, diciendo cosas distintas de las que decían los fariseos antiguos, en realidad vayamos por la vida como los fariseos más refinados que uno se pueda imaginar.

La diferencia determinante entre fariseos y profetas

Precisamente en lo que acabo de decir está (al menos en principio) la diferencia entre la estructura de pensamiento del fariseo y la estructura de pensamiento del profeta. El profeta es el hombre que se encuentra con el sufrimiento humano y no se calla. Por eso, los profetas de Israel, a la vista de los grandes sufrimientos y miserias de aquel pueblo, reaccionaron inmediatamente. Con palabras de consuelo y esperanza. Pero también con palabras de denuncia. Por eso los profetas denunciaron a los reyes y a los ricos e incluso a los sacerdotes. Un excelente conocedor de estos temas, José L. Sicre, ha dicho con razón que "las relaciones entre profetas y reyes siempre fueron difíciles"[25]. Como también es cierto que "algo parecido a lo anterior ocurre" con los sacerdotes[26]. Y "también con los otros grupos que detentan cualquier tipo de poder político, económico o social"[27]. Pero sabemos que los profetas llegaron más lejos. Porque no se limitaron a denunciar a los sacerdotes. También el templo, el culto religioso, las liturgias, los sacrificios y las oraciones fueron motivo de denuncias muy graves por parte de los profetas[28]. Los profetas denunciaron a personas y cosas, tan "santas" y tan intocables, por una razón muy sencilla. Porque, para los profetas que hicieron tales denuncias, lo primero no era ningún principio teórico (por más teológico que fuera tal principio), sino que lo primero era el sufrimiento (de los que peor lo pasan en la vida) y la dignidad de cualquier persona, sobre todo cuando se trataba de los que se ven situados en los estratos más bajos de la escala social.

Pero con lo dicho, no hemos tocado *el fondo de la cuestión*. Porque los fariseos, a fin de cuentas, eran un grupo "religioso". Y existe el peligro de que haya quienes piensen que estos líos, de gentes religiosas y similares, son característicos de quienes se complican la vida (a ellos y a los demás) con el complicado asunto de la religión. Pero, entonces, lo que ocurre es que, quienes piensan de esa manera, no se dan cuenta de que la estructura de pensamiento de los fariseos no es nada más que una aplicación concreta (en este caso, al tema de la ley religiosa) de una forma de pensar que es mucho más general de lo que algunos se imaginan. Porque lo que les pasaba a

---

25. *Profetismo en Israel*, 142.
26. O.c., 143.
27. L.c.
28. Para este punto, que ha sido motivo de abundantes estudios y numerosas controversias, véase el excelente resumen, con bibliografía, que hace SICRE, J. L., o.c., 413-440.

los fariseos, con su principio absoluto de la *ley religiosa*, les pasa, por ejemplo, a no pocos intelectuales con su principio absoluto del valor incuestionable de *la ciencia*. O también lo que les ocurre a bastantes políticos con el principio intocable del *ideario político* de su propio partido. Además, sabemos por experiencia que, con relativa frecuencia, todo esto se complica mucho más. Porque, como sabemos, en no pocos casos, se unen, y hasta se funden, la religión, la ciencia y la política. Seguramente, el sujeto al que le pasa esto, no se da cuenta de la solidez y de la resistencia diamantina del principio absoluto que lleva en su cabeza y que determina toda su forma de pensar. Porque, como es lógico, cuando la religión, la ciencia y la política se juntan y se refuerzan mutuamente, la absolutez y la consistencia de lo que resulta de semejante amalgama es resistente a cualquier otra forma de pensar e incluso a los hechos más palpables.

Al decir estas cosas, estoy pensando en mucha gente. Por ejemplo, estoy pensando en *los políticos* que, desde los principios que defiende su partido, reforzados con argumentos científicos y verdades religiosas, no dudan en defender y firmar leyes que machacan a muchas personas o a grupos enteros, pongo por caso, a las mujeres, a los jóvenes, a los pensionistas, a los extranjeros, etc. O también pienso en *los científicos* que no se cansan de repetir que la ciencia está exenta de ideología y de partidismo. Lo que es lo mismo que afirmar que la ciencia no está ni a favor ni en contra de nadie, es decir, está por encima del bien y del mal, porque una cosa es la "naturaleza" de la ciencia y otra cosa los "fines" para los que se utiliza la ciencia. De ahí, por poner un ejemplo, la cantidad de científicos que trabajan, con la conciencia tranquila, en la investigación de nuevos armamentos bélicos, porque, para ellos, el "qué es" la ciencia no se tiene que interferir con el "para qué" se va a usar lo que el científico descubre. Y así resulta que los ingenieros, que trabajan en el perfeccionamiento de las armas nucleares, posiblemente se preocupan más por el sueldo que les pagan que por los destrozos que esas armas puedan causar. Finalmente, pienso también en *los teólogos*, que estudian los documentos bíblicos o del magisterio eclesiástico, a partir del principio según el cual el teólogo es un hombre de ciencia, que analiza la Biblia, los concilios y la doctrina de los papas y los obispos desde la más objetiva imparcialidad, sin carga ideológica alguna, puesto que se atiene estrictamente a "los datos objetivos", es decir, lo que significa tal palabra en la Sagrada Escritura, lo que dijo tal concilio en un texto muy concreto, pero sin plantearse si semejante estudio y sus conclusiones tienen o no tienen consecuencias en la vida de la gente y de la sociedad.

La cuestión de fondo

A primera vista, todo esto no tiene nada que ver con los fariseos. Pero, si la cosa se piensa con cierta atención, pronto se da uno cuenta de que, lo mismo en aquel grupo religioso que en los actuales grupos que acabo de indicar, la "cuestión de fondo" en su estructura de pensamiento, es la misma. Se establece un punto de partida y de referencia, que es el principio absoluto e incuestionable desde el que se ve la vida, se vive y se trabaja. Y a partir de eso, todo lo demás, incluido el sufrimiento, la humillación y la muerte de las personas, queda en segundo término. Incluso en el caso de aquellos que "teóricamente" y "verbalmente" le conceden gran importancia a la compleja problemática del mal en el mundo.

A mí me parece que esta "cuestión de fondo", y las consecuencias que de eso se siguen, se decide, en cada persona, desde el momento en que (seguramente sin darse cuenta de lo que hace) toma la opción fundamental *por el sistema* o *por la utopía*. Esto se ve claramente en el caso de los fariseos y en su confrontación con Jesús. Los fariseos eran hombres del sistema establecido en aquella sociedad, con sus leyes, sus tradiciones, sus costumbres, su escala de valores y su visión global de la vida. Mientras que Jesús era todo lo contrario. Un hombre que se enfrentó al sistema de aquella sociedad y de aquella religión. Porque orientó su vida hacia el logro de la utopía de una sociedad distinta, en la que los últimos fueran los primeros y en la que los más dichosos pudieran ser los pobres, los que lloran, los que tienen hambre y sed de justicia, etc.

Lo que pasa es que las personas que se identifican con el sistema establecido suelen ser gentes a quienes les va bien en tal estado de cosas. Y, además, suelen ser también personas que gozan de estima y buena reputación en la sociedad en la que viven. A fin de cuentas, quienes piensan y viven así, o sea quienes se acomodan a "lo establecido", son considerados como "personas de orden". Mientras que el profeta, que denuncia las cosas "tal como están", normalmente es visto como un individuo "sospechoso", quizá peligroso, y que en cualquier caso "da que hablar", porque frecuentemente crea problemas y, por tanto, resulta molesto para el común de los instalados y satisfechos que naturalmente no quieren complicarse la vida.

Razón analítica y razón dialéctica

De todas maneras, por más verdad que sea lo que acabo de decir, sería un disparate pretender explicar todo este problema desde el egoísmo de los que se identifican con el sistema y desde la generosidad de los que optan por la utopía. Eso sería lo mismo que dar una interpretación moralizante a un asunto que es mucho más complejo. Porque la confrontación entre la "estructura de pensamiento" de los fariseos y la de los profetas tiene su razón de ser en algo que es mucho más profundo que el posible egoísmo de unos y la generosidad de otros. En última instancia, lo que aquí encontramos es dos formas fundamentales de relacionarse con la realidad y, por tanto, con la verdad. Se trata de la confrontación entre la *Razón analítica* y la *Razón dialéctica*, es decir, entre el positivismo de Popper y la teoría crítica de la escuela de Frankfurt (Adorno, Habermas).

Por supuesto, sería un despropósito identificar a Popper con los fariseos o a los autores de la escuela de Frankfurt con los profetas. Pero debo advertir que no estoy hablando de fariseos y profetas simplemente, sino de la "estructura de pensamiento" de unos y otros. Ahora bien, parece bastante claro que la forma de pensar del fariseo se centra y se concentra en su "principio absoluto", en su "verdad intocable", de manera que todo lo demás pasa a segundo término. En el caso del fariseo, lo absoluto y lo intocable era la Ley, la observancia exacta de lo establecido en la Ley y en sus interminables aplicaciones concretas. En el caso del científico, pongo por caso, "el objeto de la ciencia consiste en dar con *explicaciones satisfactorias* de todo aquello que nos parece precisar una explicación"[29]. Esto es lo que debe interesar al hombre de ciencia. De manera que el *por qué* de las cosas, *lo que* son las cosas o *para qué* es una cosa, todo eso está fuera del objeto de la ciencia y, por consiguiente, de la verdad[30].

---

29. POPPER, K. R., *Conocimiento objetivo*, Madrid, 1974, 180.
30. POPPER, K. R., o.c., 182-184. Cf. FERRATER MORA, J., *Diccionario de Filosofía*, Buenos Aires, 1971, vol. II, 456.

Según este criterio se enjuicia y se mide la "verdad científica", que es el principio absoluto que explica la razón de ser y el trabajo del hombre de ciencia.

En el caso del profeta, su forma de pensar funciona de otra manera. Por una razón muy sencilla: el profeta no se contenta con "dar una explicación satisfactoria" de todo aquello que necesita ser explicado. El profeta, además de dar explicaciones satisfactorias (lo que es propio de la "razón analítica"), tiene otras preocupaciones. Porque es consciente de que la verdad no es una cosa aséptica, autónoma e independiente, como propugna el positivismo de Popper, sino que siempre se elabora en una determinada sociedad. Y es formulada y defendida por unas personas determinadas, que, en esa sociedad, gozan de una situación concreta, unos privilegios y un reconocimiento. Por tanto, la verdad "científica" depende de la sociedad en que se construye dicha verdad, lo sepa o no lo sepa la ciencia y los que la construyen; lo quiera o no lo quiera la ciencia y los hombres de ciencia. Porque, en definitiva, *la sociedad no puede ser comprendida sino como una totalidad*[31], en la que el todo no es igual a la suma de las partes, sino que es algo nuevo y distinto, precisamente en virtud de la influencia y la interrelación que siempre se da entre todos los componentes que conforman la sociedad en la que los intelectuales, los pensadores y los científicos elaboran y formulan las "verdades" que son reconocidas como tales.

Aquí me parece decisivo destacar la relación que existe entre el saber o la ciencia y la sociedad *como totalidad*. El hombre de ciencia, que se centra y se concentra en su saber, de manera que (de hecho y en la práctica) prescinde de la totalidad de la sociedad en que construye su ciencia o sus teorías, es una persona que vive en una abstracción. Lo que puede desembocar en la esterilidad y, a veces, se puede convertir también en un peligro público. Esto se comprende mejor si nos fijamos en algunos casos concretos. Por ejemplo, es evidente que si un científico, cuando trabaja en un proyecto determinado, no piensa nada más que en conseguir tal fórmula o tal efecto concreto, sin tener en cuenta para nada los efectos que se van a seguir de su invento para el conjunto de la sociedad en la que vive,

---

31. HABERMAS, J., "Teoría analítica de la ciencia y dialéctica", en ADORNO Th.W. (ed.), *La disputa del positivismo en la sociología alemana*, Barcelona, 1973, 147-148.

bien puede suceder que ese invento resulte ser el secreto o la clave que se va a traducir en la fabricación de un armamento más mortífero que los que ya existen. Ese científico ha obtenido un éxito en su profesión. Pero ese éxito le va a costar la vida a muchos seres inocentes. Eso ha sido posible porque el científico en cuestión ha pensado sólo en su ciencia, pero no en *la sociedad como totalidad.* Y es claro, un sabio que hace eso y, además, es bien pagado para que lo haga, se convierte (quizá sin darse cuenta) en uno de los mayores peligros que hoy existen para la humanidad.

Otro ejemplo, que se podría poner y que ya se acerca más al tema de este libro, es el caso del teólogo que piensa en su teología como una ciencia, como un saber. Y nada más que eso. Pero no se preocupa, ni mucho ni poco, de las consecuencias que sus investigaciones van a tener en la sociedad en la que vive, en las situaciones concretas que se dan en esa sociedad, en lo que pasa en el ámbito de la política, de la economía, del bienestar o del sufrimiento de la gente, en lo que pasa en la Iglesia, etc. Es muy posible que ese teólogo sea un sabio eminente. Que, además, se sentirá orgulloso porque él no se deja manipular por ninguna ideología, sino que se atiene estrictamente al ámbito propio de su ciencia sin salirse de ella. En ese caso, el teólogo en cuestión podrá saber al detalle el significado de tal texto bíblico, la interpretación de tal canon de un concilio o cosas así. Pero se pasará los días y las horas analizando esas cosas, sin que le quite el sueño el sufrimiento de la gente. Y, por supuesto, sin que se le pase por la cabeza la relación que el texto bíblico o el canon del concilio tienen con lo que ocurre en la sociedad en la que vive. Este es el caso típico del teólogo que hace su teología sin tener en cuenta a la sociedad *como totalidad.* Cuando esto ocurre, pongo por caso, en el ámbito de la espiritualidad, podremos tener un erudito en oración, en Ejercicios Espirituales, en mística, en lo que sea, pero curiosamente toda esa espiritualidad se vivirá al margen del dolor del mundo, sus causas y sus consecuencias. Esto explica que en la Iglesia haya tantos teólogos, que son hombres eminentes en su saber científico, pero que tienen una influencia escasísima (por no decir nula) en la transformación de la realidad que nos rodea.

En el fondo, esto es lo que les pasaba a los fariseos y escribas del tiempo de Jesús. Aquellos hombres eran eminentes en su saber religioso. Y observantes fieles de lo que estaba mandado. Pero no tení-

an más preocupación que ésa en su vida. Lo que ocurría en la sociedad, cómo vivía la gente, los atropellos que cometían Herodes y los
romanos, la opulencia de los ricos y el hambre de los pobres, todo
eso no parece que les preocupase mucho. La sociedad *como totalidad*
no entraba en el ámbito propio de su saber ni, por tanto, de sus preocupaciones. Y por eso, exactamente porque tenían semejante "estructura de pensamiento", los fariseos fueron hombres tan extremadamente peligrosos. Posiblemente esto explique (al menos, en buena
medida) por qué el evangelio de Mateo habla de la confrontación
entre fariseos y profetas (Mt 23,29-36). Los fariseos y letrados no
sabían nada más que de leyes y observancias, mientras que los profetas tenían siempre ante sus ojos la totalidad de la sociedad, con sus
sufrimientos, sus miedos y sus esperanzas. Por eso, en definitiva, el
enfrentamiento entre fariseos y profetas se reprodujo también en el
caso de Jesús, que era considerado como un auténtico profeta
(Mt 21,11.46; Mc 6,15; Lc 7,6.39; 24,19).

Por otra parte, en todo este asunto es importante tener en cuenta que, lo mismo a los hombres de ciencia que a los hombres religiosos que se han metido en política o en asuntos sociales, se les ha
acusado salirse de su ámbito propio, de meterse donde no los llaman, quizás se les ha censurado de ser gente poco equilibrada, personas apasionadas, y, en cualquier caso, individuos que se han dejado influenciar por "ideologías" extrañas a su quehacer específico.
Quienes acusan a los científicos y los teólogos, de lo que acabo de
indicar, deberían recordar la atinada advertencia que ya hizo Jean
Piaget: "un hombre de ciencia no es solamente un sabio, sino que al
mismo tiempo es siempre un hombre que adopta alguna actitud filosófica o ideológica"[32]. Esto quiere decir que, en el ámbito de los conocimientos, del saber y de la ciencia en general, de ideología no se
escapa nadie. Porque, entre otras cosas, el que dice que está exento
de ideologías, eso ya es una ideología. Y seguramente una de las más
manipulables y peligrosas. Porque, en definitiva, todos nos inclina-
mos (por más que no nos demos cuenta de ello) o hacia la *Razón
analítica* o hacia la *Razón dialéctica*, en el sentido que ya he explicado. Ahora bien, dado que de ideología no se escapa nadie, yo pienso que va más por el camino de Jesús y su Evangelio aquella forma

---

32. PIAGET, J., "La situación de las ciencias del hombre dentro del sistema de las
ciencias", en *Tendencias de la investigación en las ciencias sociales*, Madrid, 1976, 89.

de pensar que se parece más a la de los profetas ("razón dialéctica") que la que pretende asemejarse a la de los fariseos con su pretendida neutralidad religiosa o científica ("razón analítica").

¿Quién es un fariseo?

La clave, para responder a esta pregunta, está en comprender que lo primero y lo determinante para Jesús no fue la Religión con sus observancias, ni la Ley con sus sagradas obligaciones, ni la Gracia, ni el Pecado hasta sus últimas estructuras, ni siquiera Dios en sí mismo o por sí mismo. Lo decisivo para Jesús, cuando llegue la hora de la verdad, según afirmó solemnemente el mismo Jesús, va a ser sólo una cosa: *cómo se ha portado cada uno ante el sufrimiento de los que no tienen qué comer, de los que no tienen qué ponerse, de los extranjeros e inmigrantes que se ven en tierra extraña, de los enfermos que se sienten solos y de los encarcelados a los que todo el mundo desprecia* (Mt 25,34-36). Aquí es importante recordar que, por más extraño que resulte o incluso por más resistencia que oponga a todo esto la mentalidad religiosa de algunas personas, el texto de Mt 25,31-46 afirma que los valores de la "identidad cristiana" pasan a segundo lugar o incluso se diluyen. De manera que, al final, sólo queda el bien en sí, como expresión y signo de moralidad universal. En este sentido, este texto sobrecogedor, viene a ser el "pasaje primordial del evangelio"[33]. El comportamiento ético asume, en cuanto mediación o camino para encontrar lo definitivo y último, la categoría de absoluto. Desaparece Dios. Y no queda nada más que el ser humano: *lo que cada uno ha hecho o ha dejado de hacer por los demás*[34].

Naturalmente, sería un disparate sacar de aquí la conclusión de que Jesús predicó un humanismo ateo. Como tampoco se puede decir que Jesús fuera un revolucionario obsesionado con los problemas de los hombres, hasta el punto de olvidarse de la cuestión fundamental que es Dios. La relación de Jesús con Dios fue mucho más

---

33. Cf. BRANDT, W., "Die geringsten Brüder. Aus dem Gespräch der Kirche mit Matthäus 25,31-46", *JthSBethel* 8 (1937) 22-25; GROSS, G., "Die "geringsten Brüder" Jesu im Mt 25,40 in auseinandersetzung mit der neueren Exegese", *BiLe* 5 (1964) 177. Citados por PIKAZA, X., *Hermanos de Jesús y servidores de los más pobres (Mt 25,31-46)*, 28.

34. Cf. PIKAZA, X., o.c., 28.

fuerte y honda de lo que podemos imaginar. Y, sin embargo, lo que de verdad le preocupó a Jesús no fueron los problemas de la teología, sino los problemas de los seres humanos. Porque él sabía muy bien que lo decisivo, en el asunto de Dios, no es tener una teología muy bien elaborada, sino tener muy claro *dónde* y *cómo* podemos nosotros encontrar a ese Dios al que decimos que buscamos. Ahora bien, Jesús dejó muy claro que cada persona encuentra a Dios, en la medida, y sólo en la medida, en que toma en serio el dolor, y también la felicidad, de los demás. Por eso Jesús dijo que irán a la perdición los que dejen a los que sufren con su sufrimiento (Mt 25,41-43). Esa es la razón por la que se perdió para siempre el rico aquél que sólo se preocupó de darse buena vida, banqueteando espléndidamente todos los días, mientras que un pobre desgraciado se consumía de miseria en el mismo portal del ricachón (Lc 16,19-31). Y por idéntico motivo, el sacerdote y el levita de la parábola del buen samaritano quedaron como ejemplo de lo que no se debe hacer (Lc 10,29-37). O sea, los hombres religiosos, a los que tanto preocupa lo de Dios y el pecado, ésos fueron los que no se portaron "como Dios manda". Mientras que el despreciable hereje (eso era un samaritano de aquel tiempo) fue el que agradó a Dios. Por una razón muy sencilla. Porque hizo lo que estaba de su parte para que un desgraciado dejara de sufrir o, al menos, se sintiera aliviado en su desgracia y su desamparo. La cosa, por tanto, está clara: la cuestión decisiva para saber si uno encuentra o no encuentra a Dios está en lo que cada cual hace o deja de hacer para que quienes están a su alcance sufran menos o se sientan más felices en la vida.

Ahora bien, todo este planteamiento, esta manera de pensar y de vivir, es lo que no puede entrar en la cabeza, en los proyectos y en el comportamiento de un "fariseo". ¿Por qué? No porque el fariseo sea un descreído, una persona a quien Dios no le interesa, ni le importa, sino todo lo contrario. El fariseo es el hombre que tiene a Dios en el centro mismo de su conciencia. De manera que su preocupación constante es agradar a Dios y hacer lo que Dios quiere. Por eso, el pecado está también en el centro de las preocupaciones de un buen fariseo. Es decir, lo que constantemente le preocupa a un fariseo es *lo que le pasa a él* en sus relaciones con Dios, no *lo que les pasa a los demás* en su vida y en los complicados problemas que lleva consigo la vida. Es decir, el fariseo vive una religión que le lleva a centrarse en sí mismo. O sea, una religión en la que lo único que interesa es la fiel observancia de la religión. De manera que, en función de eso, se enjuicia todo lo demás. Y, si es necesario, se desprecia a todo el que no coincide en la fiel observancia de las normas y costumbres que impone la religión.

Esto quiere decir que la religión del fariseo es una religión egocéntrica. Porque se trata de una religión que, no sólo centra al sujeto en sí mismo, sino que además lo bloquea dentro de sus propias observancias, sus comportamientos, sus ideas y sus preocupaciones. Más aún, se trata de una religión que deja blindado al sujeto frente a todo lo que ocurre fuera de él. Y lo peor del caso es que el individuo ve todo eso como una gracia de Dios. Y lo vive como un don que tiene que agradecer a Dios constantemente. Por eso exactamente, el fariseo que presenta el evangelio de Lucas, como prototipo de este modelo de persona, cuando se pone a rezar, lo único que se le ocurre es "darle gracias a Dios" (Lc 18,11). Y le da gracias a Dios por su buena conducta (Lc 18,11). Esto, a primera vista, nos parece una cosa ejemplar. Pero es un hecho que esto precisamente entraña un peligro enorme. Porque, desde el momento en que un individuo tiene la convicción de que su manera de pensar y de vivir es un don de Dios, desde ese momento el sujeto se queda incapacitado para dudar o poner en cuestión lo que piensa o lo que hace. Si es Dios el que le regala, como un don de la gracia divina, lo que piensa y lo que hace, ¿cómo va a poner en duda su pensamiento y su conducta?

Más aún, si lo que piensa y hace el fariseo es gracia de Dios, un individuo así, tiene motivos muy serios para sentirse orgulloso. Porque tiene motivos sobrados para palpar que la gracia de Dios, hasta sus última estructuras, actúa en él. Ahora bien, una persona que piensa de esa manera, termina inevitablemente revistiéndose del más refinado *orgullo* que un ser humano puede vivir en este mundo. Porque se trata del orgullo *religioso*, es decir, el orgullo que se basa en el motivo más alto y más noble que en esta vida se puede imaginar cualquiera. Y, sin embargo, precisamente porque ese orgullo está motivado por argumentos tan nobles, exactamente por eso es por lo que el Nuevo Testamento lo rechaza con tanta energía. En efecto, el "orgullo" (*kaúchêsis*) fue, a juicio de Pablo, la desviación fundamental de los judíos de su tiempo. No sólo porque, al confiar en su propio esfuerzo y en su propia generosidad (en las "obras de la Ley": Rom 3,20.28), no pudieron comprender la misericordia de Dios (Rom 3,23-24), sino, sobre todo, porque aquellos hombres, que ponían toda su confianza en la propia conducta (Rom 3,20), terminaron robando y viviendo de tal manera que lo que consiguieron es que la gente maldiga a Dios (Rom 3,21-24). En eso acaba toda la religiosidad y a eso llevan todas las observancias del fariseo. Su generosidad es la generosidad más estéril que uno se puede imaginar. Y el fruto que produce su vida, tan extrañamente "ejemplar", es que la gente termina maldiciendo a Dios.

El pecado y el orgullo

Si ahora nos volvemos a hacer la pregunta *¿quién es un fariseo?*, la respuesta es que se trata de un individuo en el que se destacan dos características: 1) Su constante preocupación por el tema del *pecado*. 2) Su *orgullo religioso*.

En cuanto a lo primero, es verdad que se ha dicho una y mil veces que el fariseo es el hombre obsesionado por la observancia de la Ley. Pero lo que eso quiere decir, en última instancia, es que la obsesión constante del fariseo es no pecar él y que no peque nadie. Porque, a fin de cuentas, el pecado (en la mentalidad farisaica) no es sino la violación de la Ley. De ahí que los evangelios, cuando hablan de los fariseos, refieren una y otra vez la preocupación que tenían aquellos hombres con el asunto del pecado. En este sentido, el contraste entre Jesús y los fariseos es llamativo. Primero, porque, a juicio de los evangelios, precisamente los "pecadores" eran grandes amigos de Jesús, de manera que con ellos convivía y compartía la mesa (Mc 2,16; Mt 11,19; Lc 7,34; 15,1-2; 19,7), mientras que los fariseos se escandalizan de eso y murmuran contra Jesús por ese motivo (Mt 9,10-11; Lc 15,2). Segundo, porque, cuando Jesús se refiere al pecado, es para decir que lo perdona (Mc 2,5; Mt 9,7; Lc 5,20; Mc 3,28; Mt 12,31; Lc 5,30; Mt 26,28), mientras que los fariseos jamás hablan de perdón y se escandalizan de que Jesús perdone a alguien (Lc 5,21). Más aún, el buen fariseo se escandaliza de que Jesús se deje tocar y perfumar por una pecadora (Lc 7,39). Y, lo que es peor, los fariseos aseguran que Jesús es un pecador precisamente porque ha curado a un ciego (Jn 9,16), es decir, lo ha liberado del sufrimiento y le ha dado la felicidad que aquel pobre hombre, sin duda alguna, tanto anhelaba.

La razón de este contraste entre Jesús y los fariseos se comprende fácilmente: lo que a Jesús le preocupa es el sufrimiento humano y la felicidad de los que carecen de alegría, mientras que lo que les preocupa a los fariseos es la observancia irreprochable y, por tanto, el pecado que resulta del quebrantamiento de la norma establecida.

En cuanto a lo segundo, o sea el "orgullo religioso", es verdad que el término *káuchêsis* ("orgullo") y sus derivados no aparecen ni una sola vez en los evangelios. Pero no es menos cierto que, en los relatos evangélicos, se habla de los fariseos describiéndolos como personas que se caracterizaban, entre otras cosas, por una notable estima de sí mismos y un profundo desprecio hacia todos los que no pensaban y vivían como ellos. Como es sabido, los relatos de los evangelios, en los que se refiere la confrontación entre Jesús y los fariseos, han sido (y siguen siendo) motivo de una larga controversia. Porque hay quienes piensan que esos relatos están retocados por los primeros cristianos, a causa del enfrentamiento que existió entre la Iglesia primitiva y la Sinagoga[35]. Pero, como es lógico, yo no pretendo discutir, y menos aún dirimir, aquí una cuestión que sigue siendo tema de estudio por parte de los especialistas. En cualquier caso, está claro que las primeras comunidades cristianas tuvieron el convencimiento de que Jesús se enfrentó a los fariseos de su tiempo, por causa del "orgullo religioso" que se advertía en aquellos hombres, por más que el lenguaje de los evangelios no utilice esa expresión. Por otra parte, si las comunidades tenían ese convencimiento y lo concretaban en hechos y dichos del propio Jesús, lo más lógico es pensar que eso no fue un invento de aquellos cristianos, sino que efectivamente el "orgullo" era una de las cosas que más se les notaba a los fariseos.

El evangelio de Lucas habla de esta cuestión en la introducción, que hace el propio evangelista[36], de la parábola del fariseo y el publicano (Lc 18,9-14). En esa introducción, Lucas dice que Jesús pro-

---

35. Ha resumido y analizado bien este problema, por lo que respecta al evangelio de Mateo, GIELEN, M., *Der Konflikt Jesu mit den religiösen und politischen Autoritäten seines Volkes*, Bodenheim, 1998, con bibliografía prácticamente completa.

36. Según parece, Lc 18, 9, el versículo introductorio de la parábola, "tiene todos los rasgos de la comunicación personal de Lucas". FITZMYER, J. A., *El evangelio según Lucas*, vol. III, Madrid, 1987, 855, que cita a JEREMIAS, J., *Die Sprache des Lukasevangeliums*, Göttingen, 1980, 272.

puso esta parábola a "algunos" (*tinas*), que obviamente son los fariseos, ya que es a ellos a los que retrata la historia que viene a continuación. Pues bien, según el evangelio de Lucas, el fariseo era el individuo que se caracterizaba por tres cosas: 1) "se fiaba de sí mismo", es decir, su confianza y su seguridad las tenía puestas en su propia conducta. 2) esa confianza se basaba en que se consideraba "justo", o sea una persona cabal o, si se prefiere, ejemplar, como Dios manda. 3) y eso daba pie a que "despreciaba a los demás" (Lc 18,9). La lógica de estas tres características es tan perfecta como implacable. Porque un sujeto que se siente seguro de sí mismo, y que tiene esa seguridad porque se ve como la persona cabal, que hace lo que Dios quiere en cada momento, inevitablemente es una persona que no duda, ni puede dudar, de lo que piensa y de lo que hace. Porque si todo eso se ajusta a la norma suprema, que es nada menos que Dios, es evidente que en la cabeza de semejante individuo no puede caber la menor duda. Ni siquiera la sospecha de que pueda hacer algo que no es lo que se debe de hacer en cada situación y en cada momento. Ahora bien, una persona, que va así por la vida, sin más remedio (y normalmente sin darse cuenta de lo que le pasa), sentirá un inconfesable desprecio por todos los que no son como él.

Todo esto explica una cosa que llama la atención cuando se lee esta parábola. El fariseo entra en el templo a orar, pero resulta que no le pide nada a Dios. Lo único que hace es dar gracias "porque él no es como los demás" (Lc 18,11). Y enseguida le presenta a Dios una lista de gentes indeseables: "ladrones, injustos, adúlteros" (Lc 18,11). Esto quiere decir, naturalmente, que, para el fariseo, "los demás" es lo mismo que hablar de todo eso que se menciona en la lista de pecados y pecadores. O sea, para un buen fariseo, pensar en la gente es pensar en ladrones, adúlteros, injustos, etc. Aquí no puede ser casual el que precisamente la buena conducta del que cumple minuciosamente con las observancias religiosas, incluso en cosas que no eran estrictamente obligatorias[37], eso es lo que motiva su desprecio hacia los demás. Es decir, la buena conducta que se traduce en orgullo religioso, no sólo es motivo de desinterés por los demás, sino (lo que es peor) fomenta el desprecio hacia los otros, por más que eso nunca se diga.

---

37. Fitzmyer, J. A., *El evangelio según Lucas*, vol. III, 863.

El hecho es que, según el evangelio de Lucas, los grandes "observantes" son los grandes "despreciadores", que se desinteresan por la gente y menosprecian a todo el que no piensa y vive como ellos. Es la religión como esperpento. Con el agravante de que quien vive así y hace eso, ni se da cuenta de lo que hace. Porque lo suele hacer de maneras tan disimuladas y bajo formas tan "espirituales" y con argumentos tan "religiosos", que ni él mismo es consciente de las agresiones que comete con las personas que no le caen bien. Por eso, el fariseo es un tipo que tiene la completa seguridad de que él, y solamente él, es quien vive como Dios manda. Sencillamente algo insoportable. Esto es lo que explica que haya muchas personas, que espontáneamente se encuentran más a gusto cuando hablan con increyentes o agnósticos, que cuando tienen que convivir con personas que, a causa de su larvado fariseísmo, se pasan el día enjuiciando, censurando y hasta condenando a todo el mundo. Lo que provoca, con demasiada frecuencia, situaciones muy desagradables y, a veces, demasiado hirientes. Además, a un buen fariseo no se le puede discutir. Porque siempre lleva razón. Y es que su "orgullo religioso", no sólo excluye cualquier clase de duda, sino que sitúa al individuo en una atalaya de superioridad desde la que mira a todo el mundo por debajo del hombro.

La hipocresía farisáica

Y todavía una cuestión que es importante. El fariseo, tal como lo presentan los evangelios, no solamente desprecia a los otros, sino que además es un hipócrita. En efecto, la acusación de "hipócritas", en relación a los fariseos, aparece con frecuencia en los evangelios, sobre todo en Mateo[38]. Se trata de una acusación muy fuerte. Porque hipócritas son los que sustituyen la voluntad de Dios por ordenanzas humanas (Mc 7,8 s; Mt 15,3). En la práctica, son individuos que "demuestran ser ateos"[39]. Porque, en realidad, lo que les importa es su propio honor (Mt 6,2), no el honor de Dios (cf. Mt 5,16). Lo que de verdad les interesa es brillar ante los hombres (Mt 6,5.16). De ahí que

---

38. Mt 6,2-5-16; 7,5; 15,7; 22,18; 23,13-15-23-25-27.29; 24,51; Mc 7,6; 12,15; Lc 6,42; 12,1.56; 13,15.

39. GIESEN, H., "Hypokritês", en BALZ, H. y Schneider, G., *Diccionario Exegético del Nuevo Testamento*, vol. II, 1892.

el asunto de Dios, a la hora de la verdad y en las situaciones serias de la vida, les trae sin cuidado. Lo único que les preocupa es su buena imagen ante la gente. Por eso, dan limosna, rezan y ayunan con el único interés, real y verdadero, de ser vistos, apreciados, alabados (Mt 6,2.5.16). Sin exagerar, se puede decir que son gente que no tienen más Dios que ellos mismos. Y lo tremendo es que esto abunda en los ambientes religiosos y eclesiásticos seguramente más de lo que algunos se imaginan. No es ninguna calumnia decir que hay hombres "eminentes" en la Iglesia que inconscientemente han elegido esta forma de vivir. Lo que realmente envenena la vida de estas personas no es la vanidad o la soberbia. Es el ateísmo. El "orgullo religioso", del que aquí estoy hablando, es incompatible con la fe en Dios.

El conflicto de Jesús con los fariseos

Una de las cosas que más llaman la atención, en la vida y en el comportamiento de Jesús, es el conflicto insistente que tuvo con los fariseos. Y digo que esto llama la atención, no sólo porque los fariseos eran un grupo de hombres profundamente religiosos y observantes, sino además porque, a juicio de quienes redactaron los evangelios, Jesús no se enfrentó ni tanto ni de la misma manera con otros grupos y autoridades de aquel tiempo con quienes, al menos en principio, parece que, de ser coherente con sus propios principios, tendría que haberse enfrentado de manera más fuerte y más directa.

En este sentido, lo primero que resulta chocante es el comportamiento de Jesús en sus relaciones con los romanos. Como sabemos, la patria de Jesús, en aquel tiempo, estaba invadida y dominada por la gran potencia extranjera que había entonces, el Imperio romano. El poder de Roma se ejercía en la capital, Jerusalén, y en la provincia más rica, Judea. También en Samaria. En Galilea, mandaba el rey Herodes, que era también vasallo de Roma, pero tenía cierta libertad en el gobierno. En todo caso, quien tenía el poder supremo en Jerusalén era el procurador romano, que era el que poseía, al mismo tiempo, la responsabilidad de las cuestiones militares, judiciales y financieras o sea el cobro de los impuestos. Naturalmente, esto quiere decir que el pueblo judío, en aquel tiempo, estaba sometido al poder de Roma. Aunque hay que tener en cuenta que el ejercicio de la justicia se regía por la ley judía, que era administrada por el Sanedrín, compuesto por los Sumos Sacerdotes, los senadores o ancianos, y los letrados o escribas. En todo caso, eran los romanos los que cobraban y se llevaban los impuestos. La policía romana era la que imponía el orden. Como también era derecho exclusivo del procurador romano condenar a muerte (Jn 18,31)[40]. Pues bien, estando así las cosas, resulta extraño que los evangelios no hagan alusión a conflictos o enfrentamientos de Jesús con los romanos, que eran los invasores, los explotadores y, por tanto, los que sin duda provocarían más odios y resistencias entre el pueblo. Es verdad que el evangelio de Lucas dice que, en el proceso ante el procurador Pilato, las autoridades judías denunciaron a Jesús con esta acusación: "Hemos encontrado a éste alborotando a nuestra nación, impidiendo pagar tributos al emperador y diciendo que él es el Mesías, el rey" (Lc 23,2). Pero, según parece, esta denuncia no pasa de ser una creación literaria de Lucas[41]. Y aunque es indudable que Jesús fue condenado a muerte por "sedicioso"[42], la cuestión está en saber por qué todos los que tenían autoridad en la sociedad de aquel tiempo vieron en Jesús a un enemigo que no podían dejar en libertad. Ahora bien, la respuesta a esta cuestión es clara. A Jesús no lo mataron porque se enfrentó al poder político de Roma en cuanto tal. A Jesús lo mataron porque, como dice el Apocalipsis 1,5, fue el "testigo fiel" del proyecto original de Dios, el que fue capaz de realizar en la tierra el reino-reinado de Dios[43]. Eso, naturalmente, suponía ponerse de parte del pueblo y no de parte de los poderes que oprimían a aquel pueblo. Pero, insisto, en los relatos evangélicos, no aparecen indicios de un enfrentamiento directo de Jesús ni con la policía romana, ni con el procurador Pilato, ni menos aún con el emperador de Roma.

Pero lo extraño, en el comportamiento de Jesús, no para aquí. Porque es bien sabido que precisamente uno de los grupos, con los que Jesús mantuvo una amistad más estrecha, fue el grupo de los publicanos, que eran los que cobraban los impuestos para los romanos. Es decir, Jesús se hizo amigo de los colaboracionistas con el poder extranjero, el poder invasor y opresor de aquel pueblo. Por eso, como es natural, había gente que se escandalizaba de las buenas rela-

---

40. Cf. ALEGRE, X., "Los responsables de la muerte de Jesús", *Revista Latinoamericana de Teología* 14 (1997), 165-166. Con bibliografía abundante sobre este punto.
41. ALEGRE, X., o.c., 169.
42. ALEGRE, X., o.c., 169.
43. ALEGRE, X., o.c., 170.

ciones que Jesús mantenía con aquellos recaudadores de impuestos (Mc 2,16; Lc 15,1-2), que posiblemente serían considerados como traidores y que ciertamente cometían injusticias manifiestas, cobrando más de lo debido, es decir eran unos estafadores, ya que vivían precisamente de lo que cobraban de más a la pobre gente. Esto explica, entre otras cosas, la oposición irreconciliable que existía en el siglo primero de nuestra era entre los fariseos y los publicanos[44].

Y otra cosa que resulta difícil de entender (al menos, a primera vista), en el comportamiento de Jesús, fue su relación con los saduceos. Los saduceos formaban uno de los dos grupos (el otro era el de los fariseos) ideológicos y religiosos más importantes que había en el pueblo judío en tiempos de Jesús. Desde el punto de vista social, los saduceos eran gente de clase alta, de manera que se confundían con la nobleza sacerdotal y, por tanto, eran un colectivo de personas acaudaladas[45]. En otras palabras, disfrutaban de una situación social y económica privilegiada. Además, en asuntos de religión eran mucho más liberales que los fariseos. Porque no creían en la cantidad de tradiciones y observancias que los fariseos defendían e imponían de manera tan estricta. Aparte de eso, tampoco creían en la resurrección. En este sentido, se ha dicho que, casi de manera general, los saduceos desempeñan (en el Nuevo Testamento) el papel de los que niegan la resurrección (cf. Mc 12,18; Mt 22,23.34; Lc 20 27; Hech 4,1-2; 23,6-8)[46]. Por otra parte, se sabe que su actitud, en cuanto se refería a las relaciones con los ocupantes romanos, era tolerante y procuraban evitar los conflictos. Por eso, se comprende que las clases altas de la sociedad de aquel tiempo, sobre todo en Judea, pertenecían al partido de los saduceos. Además, hay autores antiguos que dicen que los saduceos eran materialistas, oportunistas y hasta incrédulos. Seguramente por eso, hay quien los equipara con los epicúreos[47]. En todo caso, lo que sí es cierto es que los saduceos eran gente de dinero, de buena posición social, y personas de manga ancha en cuestiones de observancia religiosa.

---

44. HARRENBRÜCK, F., *Jesus und die Zöllner. Historische und neutestamentiliche exegetische Untersuchungen* (WUNT II/41), Tübingen, 1990, 199-211.
45. Para esta cuestión, cf. JOSEFO, F., *Ant.* XIII, 298; XVIII, 17.
46. G. BAUMBACH, "Saddoukaios", en BALZ, H. y SCHNEIDER, G., *Diccionario Exegético del Nuevo Testamento*, vol. II, 1340.
47. JOSEFO, F., *Ant.* X, 277 ss.

Bueno, pues si efectivamente los saduceos eran gente así, llama mucho la atención que los evangelios apenas hablen de ellos, sólo nueve veces, de manera que se les concede alguna importancia sólo cuando Jesús refuta sus extravagantes historias, para demostrarles que existe la resurrección (Mt 22,23; Mc 12,18; Lc 20,27). Este escaso interés de los evangelios por los saduceos, si se compara con la insistencia de los mismos evangelistas en el tema de los fariseos, plantea obviamente algunas preguntas que es necesario responder. Por ejemplo, ¿es que a Jesús no le preocupaba gran cosa el tremendo problema político de la ocupación extranjera que sufría el pueblo? ¿es que a Jesús tampoco le quitaba el sueño la existencia y las enseñanzas de un partido como el de los saduceos, que eran los ricachones, los mejor situados en aquella sociedad y los que enseñaban una religión más tolerante y, por tanto, menos exigente? En definitiva, ¿es que Jesús no le concedía gran importancia a la cuestión política, a los problemas que plantea la clase social de algunos grupos, y a la tolerancia o permisividad de la religión?

Para empezar a aclararnos, lo primero que hay que decir es que la razón formal de la sentencia de muerte, en virtud de la cual mataron a Jesús, fue una razón política, como nos consta por el letrero que pusieron encima de la cruz (Jn 19,19-22). Sin duda, los acusadores presentaron a Jesús, ante Poncio Pilato, como un revolucionario político que, con su pretensión de realeza mesiánica, ponía en peligro la autoridad y la legitimidad del gobierno romano[48]. Por tanto, está fuera de duda que, de la manera que sea, Jesús fue considerado como un sujeto peligroso para quienes ocupaban el poder político.

En cuanto al poder económico, sabemos que Jesús afirmó que es imposible que los ricos entren en el Reino de Dios (Mt 19,23-24 par)[49]. Además, Jesús dijo también, en tono de denuncia y acusación, que los ricos tienen fundadas y serias razones para no acudir al banquete del Reino (Mt 22,5; Lc 14,20). Y que su mayor peligro es el pecado de omisión, ya que la "buena vida" ciega hasta el extremo de que el rico no le hace caso ni a los muertos que vengan del otro mundo a avisarle del peligro en que vive (Lc 16,30-31). Más aún,

---

48. Cf. LÉGASSE, S., *El proceso de Jesús. La Historia*, Desclée De Brouwer, Bilbao, 1995, 105. Cf. X. Alegre, o.c., 169.

49. Cf. CASTILLO, J. M., *El Reino de Dios. Por la vida y la dignidad de los seres humanos*, Desclée De Brouwer (Biblioteca Manual), Bilbao, 134-138.

según Jesús, los ricos viven en una falsa seguridad (Lc 12, 3-21). Y, lo que es más grave, el criterio de Jesús es que los ricos no deben ser invitados a sentarse en nuestra mesa (Lc 14,2), es decir, nada de compartir la vida o solidarizarse con esa clase de personas. Porque, en último término, los ricos, precisamente por causa del exceso de abundancia en que viven, entran en conflicto con Dios (Mt 6,24). Lo que, leído a la luz de todo lo dicho en el capítulo anterior sobre el Dios de Jesús, en realidad nos viene a decir que los ricos son las personas que entran en conflicto con Dios porque con quien inmediatamente entran en conflicto es con todos los seres humanos que sufren en este mundo. En definitiva, está claro que Jesús se pronunció en términos muy duros y de forma muy tajante en lo que toca a la situación de los que viven en la abundancia y el despilfarro y, por eso mismo, retienen lo que otros necesitan para no morirse de hambre. No olvidemos que el "rico" del tiempo de Jesús no era equivalente a la "persona acomodada" de nuestro tiempo. En la sociedad de entonces no había prácticamente clase media[50]. Por eso, hablar de "ricos", en aquella situación, era referirse a personas que acumulaban fortunas increíbles, hasta el extremo de que había quienes ni sabían el número de ciudades que poseían o la cantidad de esclavos que estaban a sus órdenes[51]. Se comprende, por eso, la extrema dureza que empleó Jesús en sus denuncias contra gentes que vivían así. La misma dureza y las mismas denuncias que habría que emplear, en este momento, contra los cada vez menos privilegiados que acumulan cada vez más capital.

Ahora bien, si todo lo que acabo de explicar ocurrió realmente así, ¿cómo se puede explicar también que Jesús no denunciase con más vigor a los saduceos, que eran ricos, los amigos de los ricos, y los que legitimaban a los grupos más poderosos (sumos sacerdotes y senadores) desde el punto de vista económico y social? Además, esta pregunta se hace más difícil de contestar si tenemos en cuenta que, según los relatos de los evangelios, los enfrentamientos más frecuentes y más fuertes de Jesús fueron con los fariseos. Pero sabemos

---

50. En Jerusalén, se podían considerar personas de clase media algunos pequeños comerciantes, los que se dedicaban a la industria del hospedaje de peregrinos, y los simples sacerdotes (no los sumos sacerdotes). Cf. JEREMIAS, J., *Jerusalén en tiempos de Jesús*, 119-127.
51. Cf. JEREMIAS, J., o.c., 113-117.

que los fariseos eran hombres cercanos a la gente sencilla[52] y que, por lo general, eran pequeños plebeyos y gentes del pueblo sin formación de escribas[53], es decir, ni económicamente ni culturalmente eran personas relevantes. Más aún, parece que el influjo religioso que los fariseos tenían entre la gente era bastante escaso. Porque ni dominaban en las sinagogas, cosa que sugieren claramente los evangelios (Mt 5,21-24.35-43; Lc 13,14; 3,1-6), ni tampoco influían mucho en las escuelas y en los tribunales[54]. Lo que acentúa la impresión de que eran hombres del pueblo, sin más títulos ni credenciales que su reconocida observancia religiosa y la respetabilidad que eso les concedía.

Por todo esto es por lo que (al menos a primera vista) se puede hablar de un "extraño" comportamiento de Jesús. Porque, ¿cómo se explica que Jesús se pusiera de parte de los pobres y denunciase a los ricos, pero de tal manera que, al mismo tiempo, no prestara particular atención a aquellos que "religiosamente" legitimaban a los ricos, mientras que se enfrentó tan seriamente a los que "religiosamente" estaban más cerca de los pobres y eran en realidad sencillos hombres del pueblo?

Hay quienes no ven en todo esto problema alguno. No por ideas sociales, sino simplemente porque piensan que los enfrentamientos de Jesús con los fariseos no fueron ni tantos ni tan fuertes como se suele decir. El problema aquí está en que las fuentes de información que tenemos, para saber lo que allí ocurrió, son los evangelios, Flavio Josefo y los escritos rabínicos. Pero resulta que estas tres fuentes mencionadas para conocer quiénes eran los fariseos, fueron redactadas después del año 70, es decir, después de la caída de Jerusalén en poder de los romanos y de la consiguiente dispersión de los judíos. Y este dato es muy importante. Porque se sabe que, a partir de entonces, la influencia de los fariseos fue mucho más fuerte, como también fue más fuerte el enfrentamiento entre los cristianos y los judíos. Esta situación influyó especialmente, según parece, en el evangelio de Mateo[55]. Así las cosas, resulta inevitablemente problemático

---

52. JOSEFO, F., *Ant.* XIII, 298; cf. 288 y 401.

53. JEREMIAS, J., o.c., 273.

54. SICRE, J. L., *El Cuadrante*, vol. II, 262.

55. Cf. LUZ, U., *El evangelio según san Mateo*, vol. I, 97-100; GIELEN, M., *Der Konflikt Jesu mit den religiösen und politischen Autoritäten seines Volkes*, Bodenheim, 1998, 6-13.

saber con seguridad si lo que nos cuentan los evangelios sobre el conflicto de Jesús con los fariseos de su tiempo, ocurrió tal como narran los evangelios o, más bien, refleja los problemas que la comunidad de Mateo tuvo con los fariseos que impusieron sus ideas a partir del año 70.

La verdad es que seguridad sobre esta cuestión, no la tiene nadie. Y es muy difícil tenerla. Porque lo único seguro es lo que acabo de indicar. Lo demás son hipótesis[56]. De todas maneras, hay dos cuestiones, como ya he indicado en este libro, en las que ciertamente se produjo un enfrentamiento entre los fariseos y Jesús. A los fariseos tuvo que parecerles especialmente escandalosa la conducta de Jesús, que se caracterizaba por el menosprecio de los preceptos de la pureza ritual y del pago de los impuestos religiosos (el diezmo). Como también resultó intolerable para los fariseos la amistad de Jesús con publicanos y pecadores (cf. Mc 2,15 ss par; 7,15 par; Mt 11,19 par)[57]. En estos dos motivos, por lo menos, Jesús y los fariseos chocaron frontalmente. Lo cual, por otra parte, cuadra bastante bien con lo que sabemos, con seguridad, sobre la mentalidad de Jesús y de los fariseos.

Lo más peligroso que hay en la vida

Ahora bien, todo esto nos viene a decir algo que, a todas luces, es extremadamente importante. Sin duda alguna, Jesús se dio cuenta de que, en esta vida, hay algo que es más peligroso que el dinero y que la ambición por el dinero. Como también hay algo que es más peligroso que las ambiciones políticas e incluso que la misma dominación política. El dinero y el poder son, por supuesto, cosas que entrañan un enorme peligro para los seres humanos. Porque la ambición por acumular dinero y poder es la causante de indecibles sufrimientos y atropellos a los seres más indefensos y más inocentes. Esto es algo que se sabe de sobra. Pero, aun así y todo, los datos que nadie discute sobre la relación de Jesús con los fariseos nos vienen a decir que aquel judío singular, que fue Jesús, vio con toda claridad que, en la condición humana, existe un último determinante de todas las ambiciones y de todos los sufrimientos que los hombres y

---

56. Cf. por ejemplo, lo que indica Luz, U., o.c., 96.
57. Baumbach, G., o.c., 1931.

las mujeres nos causamos unos a otros. Y parece que, por causa de ese "último determinante" de todas nuestras ambiciones, es por lo que Jesús se enfrentó tan duramente con los fariseos.

¿De qué se trata en realidad? Ya he dicho que, en el comportamiento de Jesús, hubo dos cosas que irritaron y escandalizaron a los fariseos: su libertad en cuanto se refería a las observancias rituales y al pago del diezmo religioso; y también su libertad en el trato y convivencia con gentes de mala reputación. Esto quiere decir, ante todo, que el conflicto se provocó por un motivo religioso. Porque era la religión la que imponía la normas rituales y de impuestos. Como era igualmente la religión la que prohibía el trato amistoso y la solidaridad con gentes de mal vivir. Naturalmente, esto significa que *la religión se sobreponía a la persona y se imponía a cada ser humano de manera que le complicaba la vida de muchas maneras y hasta le podía amargar la vida*. Primero, porque le hacía sentirse culpable por cosas que (tal como las vemos ahora) nos parecen una tontería. Segundo, porque socialmente dividía a la gente en buenos y malos, de manera que con los "buenos" se podía tratar y convivir, mientras que a los "malos" había que despreciarlos o, por lo menos, apartarse de ellos[58]. Ahora bien, una religión que produce estos efectos, si es que todo eso se toma en serio, convierte la vida en un infierno. Porque hace que las personas se sientan mal, a veces por cosas sin importancia. Y, sobre todo, porque envenena la convivencia de unos con otros, creando divisiones, sospechas malsanas, situaciones violentas, etc, etc. Y todo eso, además, con un refinamiento de hipocresía que indigna al más tranquilo. Porque, como es lógico, el fariseo nunca dirá ni reconocerá que maltrata a los demás. El buen fariseo no para de decir que sólo quiere el bien de los otros. Por eso no tolera que los demás se junten con "malas compañías". Ni soporta que dejen de cumplir con sus sagradas obligaciones religiosas. De ahí que el fariseo es un "espía de Dios", que te acecha, te enjuicia, te censura, te condena y, por supuesto te denuncia ante las autoridades competentes. No le importa ser un auténtico chivato. Es más, cumple con ese "oficio" con la convicción del que presta un servicio indispensable a la causa de Dios.

---

58. De ahí, las listas de oficios y profesiones que se consideraban "infamantes" en aquella sociedad. Un detallado análisis de todo esto se encuentra en JEREMIAS, J., *Jerusalén en tiempos de Jesús*, 315-322.

Todo esto evidentemente es desagradable y hace sufrir a mucha gente. Pero lo peor no es esto. Lo más peligroso es que *cuando una persona antepone un "principio absoluto" (tal es el caso de la "religión") a la vida y a la felicidad del ser humano, esa persona es capaz de cometer las mayores atrocidades, no sólo sin remordimiento alguno, sino incluso con el convencimiento de que es eso lo que tiene que hacer.* En esto consiste el enorme peligro que entraña el "hombre fariseo". De ahí, la necesidad urgente que todos tenemos de matar a ese "fariseo" que llevamos dentro.

Ahora se comprende que Jesús tenía toda la razón del mundo cuando vio claramente que el mayor peligro para la humanidad no son los opresores, sino los fariseos. Porque los fariseos son, no sólo opresores, sino además gente que hace sufrir con el convencimiento "religioso" de que es eso lo que tiene que hacer. Más aún, el fariseo oprime donde ningún opresor de este mundo puede oprimir. Por eso, seguramente, los evangelios insisten mucho más en el enfrentamiento de Jesús con los fariseos que en sus posibles diferencias con los romanos o con los mismos saduceos. Y es que, si todo esto se piensa detenidamente, uno se da cuenta de que los poderes de este mundo son peligrosos, ¡qué duda cabe! Pero son mucho más peligrosos los poderes del otro mundo, es decir, los poderes que se presentan como absolutos e intocables, sea o no sea "religioso" el sujeto que los ejerce. Mientras se sufre con la conciencia de que se hace lo que se debe hacer, el sufrimiento tiene, por lo menos, algún sentido. Y de ese sentido (que puede tener el dolor) se sacan fuerzas para soportarlo. Lo peor que le puede ocurrir a alguien es tener que sufrir sin verle sentido alguno al sufrimiento. Y peor aún, tener que sufrir con el sentimiento insoportable que es la culpa, al verse uno responsable de lo que le pasa. Exactamente, eso es lo que consigue el fariseo en aquellos que no tienen más remedio que convivir con él. Este tipo de situaciones y de individuos, como es lógico, suele ser bastante frecuente en ambientes religiosos, entre gentes que aparecen como intachables y hasta son admiradas por su presunta santidad o ejemplaridad. Es seguro que muchas personas no se imaginan las cantidades de humillación y dolor que se viven precisamente en los círculos más piadosos, allí donde muchos piensan que nadie "mata una mosca".

Un día, hace ya tiempo, entré en un convento. Y un anciano religioso, que me recibió en la portería, me dijo sin más explicaciones:

"¿Sabe una cosa? Cada día que pasa, creo menos en Dios. Y cuanto menos creo en Dios, más a gusto me siento". Ese religioso ya ha muerto. No sé, ni puedo saber, lo que había de verdad o de locura en sus palabras. Sólo tengo la fundada sospecha de que el pobre hombre se sentía muy mal, por causa de los no pocos fariseos que quizá le rodeaban, le acosaban y, "con mucha caridad", en realidad le despreciaban profundamente. Lo más seguro es que él no quisiera liberarse de Dios. Lo que no soportaba era la constante agresión de los fariseos que probablemente tenía a su lado.

El retorno de los fariseos

Después de todo lo dicho en este capítulo, se comprende sin dificultad que fariseos ha habido toda la vida. Y los ha habido por todas partes, entre cristianos y no cristianos, entre creyentes y no creyentes. Pero ocurre que ahora, por lo que voy a explicar enseguida, los fariseos –sin que nadie les ponga ese nombre– se han puesto de moda. Seguramente sin exageración alguna, se puede hablar del "retorno de los fariseos".

Me explico. Los años 60 y 70 del s. XX fueron años de impaciencia y necesidad sentida por cambiar las cosas en la sociedad y en la Iglesia. Fueron los tiempos de las revueltas sociales, de los movimientos contraculturales y de una "generación revolucionaria" cuya convicción más fuerte, tal como se expresó en mayo del 68, era que la revolución es finalmente posible[59]. Eran aquéllos los años de Juan XXIII y el concilio Vaticano II, Medellín y la teología de la liberación, las protestas de Martin Luther King, las convulsiones sociales y políticas en África, el nacimiento de las comunidades eclesiales de base, los miles de mártires que dieron su vida en América Latina, porque creían que se puede construir una sociedad distinta y un futuro con más esperanza. Naturalmente, en toda aquella agitación había un sustrato de base: la idealización de la izquierda radical y seguramente también una injustificada fe en los logros de los regímenes que asumieron al pie de la letra el proyecto de semejante izquierda.

Pero pronto, relativamente pronto, se inició la marcha hacia "la gran desilusión". En 1974, se edita en Francia *El Archipiélago Goulag*,

---

59. LE GOFF, J-P., *Mai 68. L'Héritage impossible*, París, 1998, 136.

de Alexander Soljénitsyne, una obra que dejó impresionada a la opinión pública de casi toda Europa, cuando se conocieron los horrores del terror stalinista. En 1976, la muerte de Mao-Tsé-Tung pone en cuestión radicalmente la "revolución cultural" y, lo que es peor, entonces se empezaron a conocer los primeros datos del espantoso genocidio que se había cobrado más de cuarenta millones de muertos en China. Luego vinieron, uno tras otro, los fracasos de la izquierda en Camboya, en no pocos de los jóvenes países independientes de África, más tarde las frustradas revoluciones de Nicaragua y El Salvador. Y tantas otras frustraciones. Hasta que la caída del muro de Berlín, al final de los años 80, nos llevó a todos al convencimiento de que la herencia revolucionaria, por el camino que llevaba, era sencillamente imposible.

Así las cosas, ha pasado lo que tenía que pasar. En 1983, G. Lipovetsky publicó su libro *L'Ère du vide*, la era del vacío, que describe precisamente el tiempo en que vivimos, marcado por el desinterés hacia las grandes cuestiones políticas, los problemas de fondo de la sociedad, el culto narcisista del Ego, el reino de la imagen y de la seducción, que configuran nuestra sensibilidad de manera que lo determinante es lo seguro y lo satisfactorio, por más que nuestras ideas no hagan problema a la hora del flirtear con el sufrimiento de los pueblos oprimidos del Tercer Mundo. Nació la postmodernidad. Y con ella, el neoconservadurismo[60]. Como todos sabemos, esto ha trastocado nuestra cultura hasta en sus mismas raíces. Y una de sus manifestaciones más claras ha sido la "revitalización de la religión al servicio del sistema"[61]. Es decir, el retorno a la virtudes más netamente conservadoras, para que no decaiga el sistema en el que vivimos satisfechos.

La consecuencia que esto ha tenido, entre otras, ha sido el resurgir de los fariseos. La historia se repite. Al fracaso de los profetas, que tuvieron su mejor momento en los apasionantes y discutidos años 60 y 70, ha seguido el apogeo de los fariseos. Es decir, han ocupado la escena los observantes, los intachables y, por supuesto, los que acusan a los profetas, presuntamente fracasados, de sustituir la buena noticia de la liberación definitiva, que tuvo lugar en Cristo, por otras "buenas noticias", que sólo consiguieron idealizar a los presuntos liberadores de los pobres.

---

60. Cf. MARDONES, J. M., *Postmodernidad y neoconservadurismo*, Estella, 1991.
61. MARDONES, J. M., o.c., 123.

Por todo esto, nada tiene de particular que el centro de las preocupaciones de muchos hombres de Iglesia vuelva a ser el pecado,
analizado hasta sus últimas raíces y desentrañado en sus estructuras
más profundas. Eso es importante. Pero el hecho es que el centro
(para muchos hombres religiosos de hoy, como para los fariseos del
tiempo de Jesús) ya no es el sufrimiento humano, por más que el
sufrimiento se acreciente por días en su escalada irracional. Hemos
retornado a la teología que interesa al sistema dominante. Y a la
Iglesia que sirve cumplidamente a los intereses del sistema que se
nos ha impuesto. Una Iglesia que, por boca de sus más altos representantes, habla de justicia y solidaridad, pero que, al mismo tiempo, pone en cada diócesis a los obispos que menos problemas le van
a crear al sistema, controla a los teólogos que intentan recuperar los
ideales proféticos y utópicos de tiempos pasados, apoya y favorece
a los movimientos más conservadores, y se calla ante los escándalos
de corrupción política y económica de los que cada día nos infor-
man los medios de comunicación.

¿Fracasaron los profetas?

Hacerse esta pregunta es lo mismo que preguntarse ¿fracasó Jesús
de Nazaret? Todos sabemos que su vida, efectivamente, terminó en
el fracaso total. Abandonado por su pueblo y sus discípulos, desamparado por el mismo Dios (Mc 15,34; Mt 27,46), colgado entre dos
malhechores como el más peligroso de ellos, en realidad, aquella
vida y aquel desvelo por los pobres y los que sufren, ¿para qué sir-
vió? ¿en qué cambió la vida de aquellas gentes que, a los pocos años,
terminaron arrasadas por el Imperio? Poco, muy poco, se puede
decir a preguntas tan molestas. Y sin embargo, si hoy nos queda algo
de esperanza, no es ciertamente por los refinados análisis de las raíces últimas del pecado, de la justificación y de la gracia, que han elaborado hasta el último detalle los teólogos de antes y de ahora.
Como tampoco ofrecen muchas luces de esperanza los fariseos antiguos y actuales, que no tienen otra cosa que ofrecer que no sea el
silencio ante el dolor del mundo o el sometimiento a lo que mandan
los que supieron reprimir sus ansias de poder. Si hoy podemos ape-
lar todavía a la esperanza, es porque sigue habiendo mujeres y hombres que no se resignan ni se callan ante el sufrimiento que aplasta a

millones de seres humanos. Y estamos seguros de que, mientras haya rebeldía ante el dolor del mundo, habrá esperanza. No sólo de que este mundo pueda mejorar, sino además de que, más allá de la historia, la vida vencerá a la muerte para siempre. Porque la muerte de Jesús no fue la última palabra. La palabra definitiva es la VIDA.

Conclusión

De una manera o de otra, todos llevamos un fariseo dentro de nosotros mismos. Los fariseos del tiempo de Jesús se consideraban la verdadera comunidad de Israel por sus aspiraciones de pureza legal y observancia de la Ley, y se esforzaban por mantenerse separados del resto del "pueblo de la tierra", es decir, separados de todos los que no compartían sus aspiraciones[62]. Naturalmente, un tipo de individuos, que pensaban y vivían de esta manera, tenían que ser gente que se verían obligados a arrastrar dos cargas muy pesadas. En primer lugar, la tensión constante del que a todas horas tiene que estar intentando cumplir con los mil detalles que, según el fariseísmo, era necesario observar para agradar a Dios. En segundo lugar, separarse, distanciarse lo más posible, de todos los que no se ajustaban a sus normas y sus ideas. Todo esto eran cargas pesadas. Pero también es cierto que todo esto tenía su "recompensa": los fariseos se veían a sí mismos como los auténticos, los buenos, los mejores. Aunque, para aparecer tan buenos y tan auténticos ante la gente, fuera necesario comportarse como hipócritas, dando limosna a toque de trompeta (Mt 6,2), rezando donde toda la gente los viera como las personas más piadosas de este mundo (Mt 6,5), o poniendo cara de santurrones en los días que les tocaba ayunar (Mt 6 16). Estas cosas, como es lógico, eran auténticas ridiculeces. Pero el hecho es que al buen fariseo le hacían "sentirse bien". Y aquí está el peligro. Porque a todo el mundo le gusta "sentirse bien". Como a todos nos gusta que los demás nos vean como personas respetables, dignas de crédito y estima, ejemplares a toda prueba. El deseo de ir por la vida con la cara levantada es cosa que a cualquiera le satisface. Además, la experiencia nos enseña que entre "gente religiosa" y "de buena familia" todo esto es mucho más frecuente.

---

62. SICRE, J. L., *El Cuadrante*, vol. II, 261.

Pero, es claro, vivir de esta manera es una cosa que tiene un precio muy alto. Porque, si el ideal del fariseo se toma a rajatabla, al desdichado que asume semejante ideal no le queda más solución que llevar una "doble vida". Ante los demás, la persona ejemplar e intachable que muchos admiran. Por dentro, auténticos sepulcros, repletos de podredumbre y de maldad (cf. Mt 23,23-28). Por más que el autor real y los destinatarios reales de estas expresiones tan duras sean difíciles de precisar[63], lo que está claro, en cualquier caso, es que el cristianismo primitivo tuvo el convencimiento firme de que el enfrentamiento más fuerte con Jesús, y con el mensaje de Jesús, vino de unos hombres a los que la religión había pervertido hasta el extremo de que, sin darse cuenta de lo que realmente les pasaba y hasta con la seguridad de ser ellos los perfectos y los elegidos de Dios, la pura verdad es que quedaron para siempre como el modelo de la maldad más refinada y de la incapacidad más radical para entender a Jesús y su Evangelio. Lo que, en el fondo, equivale a decir que aquellos hombres, y todos los que hoy siguen por el mismo camino, son los enemigos más directos del Dios de la vida. Y los agentes más eficaces para hacer la vida imposible a quienes tiene la desgracia de estar a su alcance. Por eso, *matar o no matar al fariseo es cuestión de vida o muerte para cualquier ser humano.* Lo que es tanto como decir que quien quiera alcanzar una razonable felicidad en esta vida, lo primero que tiene que hacer es matar al fariseo que lleva dentro. Porque mientras no lo mate, vivirá obsesionado con mil tonterías, en vez de centrar su atención y sus esfuerzos en lo único que interesa: *ser uno mismo feliz, para hacer felices a los demás, y luchar contra el sufrimiento que produce tanta soledad y tanta desgracia.*

---

63. Cf. GIESES, M., *Der Koflikt Jesu mit den religiösen und politischen Autoritäten seiens Volkes,* 321-346.

EL NOMBRE PROPIO DE DIOS

El Padre

Hace casi cuarenta años, desde que en 1963 W. Marchel publicó su excelente estudio sobre los orígenes y la significación de la invocación a la divinidad como padre[1], y sobre todo, a partir del trabajo definitivo de J. Jeremias, *Abbá*[2], nadie pone en duda el siguiente hecho de fundamental importancia: mientras que no poseemos *ni una sola prueba* de que, en el judaísmo, Dios fuera invocado con el nombre de *Abba* (Padre), vemos que Jesús en sus oraciones se dirige *siempre* a Dios con esta palabra, con la única excepción (fundada en el carácter de cita) de la exclamación que hace Jesús en la cruz (Mc 15,34 par. Mt 27,46)[3]. Por otra parte, esto significa que, al utilizar esta palabra en sus oraciones, Jesús hablaba con Dios como un niño habla con su padre, lleno de confianza y seguro y, al mismo tiempo, respetuoso y dispuesto a la obediencia[4].

Pero es que no se trata sólo de Jesús en su relación con Dios. También para todos los cristianos, Dios es el Padre. En este sentido, sabemos con seguridad que la comunidad cristiana usaba, desde sus orígenes, la invocación *Abba* (padre) para dirigirse a Dios (Mt 6,9 par;

1. MARCHEL, W., *Abba, Père! La prière du Christ et des chrétiens*, Analecta Biblica 19, Roma, 1963.
2. JEREMIAS, J., *Abba. Studien zur neutestamentlichen Theologie und Zeitgeschichte*, Göttingen, 1966.
3. JEREMIAS, J., *Teología del Nuevo Testamento*, vol. I, Salamanca, 1974, 85.
4. JEREMIAS, J., *Teología del Nuevo Testamento*, vol. I, 87.

Lc 11,2; Rom 8, 15; Gal 4,6)[5]. Esto es cierto hasta tal punto que, cuando el Nuevo Testamento utiliza la expresión *ó theós* designa al Padre, como ya demostró K. Rahner[6]. Pero aquí es importante indicar que cuando hablamos de Dios como Padre, tal como esta cuestión se nos presenta en el Nuevo Testamento, no estamos hablando de la primera persona de la Santísima Trinidad. En este sentido, hace más de cincuenta años, Rahner señalaba que, al tratar de esta cuestión, "trabajamos con conceptos que van más allá de lo que en el Nuevo Testamento consta de manera expresa e inmediata"[7]. Y es que, como se ha demostrado ampliamente, en el Nuevo Testamento no hay doctrina sobre la Trinidad, tal como esa doctrina fue definida en los concilios del s. IV. En este sentido, es elocuente lo que el libro de los Hechos de los apóstoles pone en boca del mártir Esteban: "lleno de Espíritu Santo, mirando fijamente al cielo, vio el esplendor de Dios y a Jesús de pie a la derecha de Dios, y dijo: Fijaos, estoy viendo los cielos abiertos, y al Hijo del Hombre de pie a la derecha de Dios" (Hech 7,55-56). En este texto, se menciona a lo que más tarde se llamó las tres "personas" de la Trinidad. Pero se habla de tal manera que el Espíritu está en Esteban, Jesús es el Hijo del Hombre, de pie a la derecha de Dios, y Dios en la plenitud de su esplendor o, más propiamente, "gloria" (*dóxa*), lo característico de Dios, según las abundantes "doxologías" que se repiten en el Nuevo Testamento[8].

Por otra parte, hoy sabemos que ni en los escritos de Pablo ni en el evangelio de Juan se habla de una pre-existencia del Hijo[9]. Y a todo esto hay que añadir con seguridad que, sólo después del segundo concilio ecuménico de Constantinopla (año 381), se puede hablar de un "dogma de la Trinidad"[10]. Además, sabemos que se llegó a la formulación de ese dogma después de apasionadas controversias, en las que fueron factores determinantes importantes intereses

---

5. HOFIUS, O., "Padre", en COENEN, L., BEYREUTHER, E. y BIETENHARD, H., *Diccionario Teológico del Nuevo Testamento*, vol. III, Salamanca, 1983, 248.
6. "Theos im Neuen Testament", *Bijdragen* 11 (1950) 211-236; 12 (1951) 24-52. La traducción española en *Escritos de Teología*, vol. I, Madrid, 1961, 110-167.
7. "Theos en el Nuevo Testamento", en *Escritos de Teología*, vol. I, 144.
8. AALEN, S., "Gloria", en COENEN, L., BEYREUTHER, E. y BIETENHARD, H., *Diccionario Teológico del Nuevo Testamento*, vol. II, Salamanca, 1980, 228.
9. Así lo ha demostrado el excelente estudio de KUSCHEL, K. J., *Geboren vor aller Zeit? Der Streit um Christi Ursprung*, München, 1990.
10. KÜNG, H., *El Cristianismo. Esencia e Historia*, Madrid, 1997, 201-203.

políticos[11]. Y en las que, sobre todo, serias dudas teológicas se mantuvieron durante casi todo el siglo IV. Concretamente, mientras que en el concilio de Nicea (año 325) se habla de una sola sustancia o hipóstasis en Dios, en el concilio de Constantinopla (año 381) se parte de tres hipóstasis: Padre, Hijo y Espíritu Santo. La verdad es que los especialistas en este asunto han discutido si en todo esto se trata de un cambio de terminología o de un cambio de conceptos[12]. Sea lo que sea, lo que nadie discute es que el dogma trinitario, tal como ahora se formula en la Iglesia, no estuvo claro durante cuatro siglos. Y que en ese dogma influyeron condicionamientos, no sólo políticos, sino también culturales, concretamente las ideas y hasta la terminología del helenismo, cosas que hicieron posible el llegar a una formulación común y aceptada por las distintas corrientes ideológicas que dividieron a la Iglesia en el siglo IV.

Por lo tanto, cuando hablamos del *Padre*, utilizando para ello los escritos del Nuevo Testamento, hablamos de *Dios*. En este sentido, es exacto decir que, para los cristianos, Dios y Padre son términos equivalentes e incluso intercambiables, es decir, nos podemos referir a Dios con una palabra o con la otra, porque con ambas designamos lo mismo.

Ahora bien, aquí es necesario aclarar una cuestión importante. En el capítulo segundo de este libro, he dicho que Dios, al hacérsenos presente en Jesús, *se funde con lo humano*. Pero, entonces, ¿no es eso un ataque directo y mortal a la trascendencia de Dios? En este sentido, Juan A. Estrada ha dicho con toda razón: "No se ve cómo es posible mantener la trascendencia y, al mismo tiempo, hablar de la radical inmanencia de la encarnación... Lo infinito queda definido por la finitud de una experiencia humana, lo trascendente por lo inmanente, lo eterno por lo temporal. ¿No se está identificando una imagen de Dios con Dios mismo? ¿Hasta qué punto la infinitud no ha quedado finitizada y la trascendencia mundanizada?[13].

---

11. Los dos primeros concilios ecuménicos no fueron ni convocados por el papa ni celebrados en Roma, sino en oriente (Nicea y Constantinopla), bajo el control de Constantino, primero, y de Teodosio, después, por las preocupaciones imperiales de mantener la unidad del Imperio, amenazada por los enfrentamientos religiosos. Un buen resumen de todo esto en KÜNG, H., *El Cristianismo. Esencia e Historia*, 194-206.

12. Cf. KÜNG, H., o.c., 201.

13. ESTRADA, J. A., *Razones y sinrazones de la creencia religiosa*, Madrid, 2001, 87-88.

Planteada así la cuestión, yo estoy de acuerdo en que, efectivamente, es superior en su trascendencia el judaísmo, y también el
islam, a la afirmación cristiana del Dios encarnado. Y no digamos
nada, si lo que se defiende es el Dios *fundido y confundido con el ser
humano*[14]. En este supuesto, evidentemente, muchos tendrán la impresión de que a Dios se le diluye en lo simplemente humano. Y terminamos liquidando a Dios. Para quedarnos con la humanidad a
secas. O, a lo sumo, con una especie de panteísmo chapucero y mal
planteado.

A mi manera de ver, el problema aquí está en precisar lo que queremos decir cuando hablamos de "trascendencia". Si, al hablar de
trascendencia, nos referimos a lo que "trasciende" todo lo que nosotros podemos alcanzar y entender, entonces digamos abiertamente
que Dios está más allá de cuanto está a nuestro alcance y que, por
tanto, es el "Absolutamente-Otro" o, como afirma con simplicidad el
evangelio de Juan, "a Dios nadie lo ha visto jamás" (Jn 1,18). De
donde fluye la consecuencia que indica el mismo texto del evangelio: "el Hijo único del Padre es quien nos lo ha dado a conocer". Si
afirmamos en serio la trascendencia, digamos, con palabras de Paul
Ricoeur, que "el movimiento por el que el hombre se vacía en la trascendencia no es primario respecto al movimiento respecto al movimiento por el que se adueña de lo Totalmente-Otro para objetivarlo
y disponer de él; porque se proyecta para adueñarse de él, a fin de
colmar el vacío de su nesciencia"[15]. Dicho de otra manera, al intentar
conocer al que no es conocible, el Trascendente, el Totalmente-Otro,
se ve expuesto al peligro de degenerar en objeto. Un objeto más de
nuestro conocimiento (por más que le pongamos el pomposo nombre de Absoluto, Infinito o cosas así), pero de manera que eso ya no
es Dios, sino la "objetivación" de Aquel que intentamos poner a nuestra disposición, para llenar el vacío de nuestras ignorancias.

Así las cosas, el problema de la "trascendencia" no tiene más salida que afrontar en serio el tema del "conocimiento trascendental".
Ahora bien, como acertadamente ya indicó K. Rahner, este conocimiento equivale a la *"experiencia de Dios"*, que "siempre se realiza en
el encuentro con el mundo". Porque no tenemos otro medio para llegar a Dios, ya que incluso en el caso de lo que los teólogos llaman

---

14. Cf. ESTRADA, J. A., o.c., 88.
15. RICOEUR, P., *Freud: una interpretación de la cultura*, México, 1970, 463.

la "revelación", "ésta tiene que trabajar de nuevo con conceptos humanos"[16]. Y entonces el problema está en saber *cómo nos situamos en el mundo, cómo nos encontramos con el mundo*, para que ese encuentro sea realmente el encuentro con el Dios que se nos dio a conocer en Jesús.

Ahora bien, ese Dios, por más que se funda y se confunda con lo humano, nunca se diluye en lo simplemente humano. El Dios que se funde con cada ser humano sigue siendo Dios, cuyo nombre propio es *Padre*. Porque *Dios es el Padre*. De donde resulta que el gran problema, que aquí tenemos que afrontar, es cómo podemos y tenemos que relacionarnos con el Padre, que, al fundirse con nuestras aspiraciones más profundas, es la fuente de nuestra felicidad, pero que también, porque sigue siendo el Padre, es el origen de inevitables conflictos para el común de los mortales.

La complicada relación con el Padre

A primera vista, decir que Dios es "padre", más aún, decir que Dios es *el Padre*, nos produce una impresión positiva y gratificante, que, en cualquier caso, nos tendría que reconfortar, nos debería dar paz y sosiego, de manera que la religión y las experiencias religiosas le deberían proporcionar a todo el mundo confianza, esperanza y felicidad, dando sentido a la vida de cada cual. Los hechos, sin embargo, contradicen todo esto. Porque la vida de muchas personas, en su intimidad secreta, encuentra en la relación con Dios-Padre tantos problemas, tantas dudas, tantas dificultades, que, en lugar de una experiencia de paz y sentido, esa relación se convierte en un problema constante y, a veces, en una carga pesada, hasta el punto de que son muchos los que acaban por prescindir del asunto de Dios. Y, como es bien sabido, son muchos los que niegan y hasta combaten la existencia misma de ese Dios.

¿Por qué ocurre esto? Decir que mucha gente prescinde de Dios o incluso niega la existencia de Dios porque se trata de malas personas, que quieren seguir siendo malas y que, por eso, prescinden de él y hasta niegan su existencia, es una falsedad y una injusticia. Porque de sobra sabemos que hay cantidad de gente que son buena

---

16. RAHNER, K., *Curso fundamental sobre la fe*, Barcelona, 1979, 74.

gente y que, sin embargo, ni son personas religiosas ni, por tanto, se interesan por el tema de Dios. Y tan cierto como eso es que hay individuos piadosos y observantes con los que hay que andarse con cuidado, porque fácilmente te puede jugar una mala pasada. Con esto quiero decir que, si hay gente que no soporta al Dios-Padre, eso no se debe, ni sólo ni principalmente, a una cuestión de tipo moralizante, como si creer o no creer en Dios fuera asunto de buenos y malos. No. El problema es distinto y tiene otras raíces. Por eso, para empezar a aclararnos, lo primero ha de ser pensar lo que representa en esta vida un "padre", cualquier padre, para su "hijo".

Tal como normalmente funcionan en este mundo las relaciones entre un "padre" y su "hijo", sabemos perfectamente que el padre es, para el hijo, en primer lugar *protección* frente a cualquier amenaza. Esto es una cosa que casi todo el mundo experimenta, concretamente cuando se trata de niños pequeños. Porque entonces, naturalmente, el niño se siente más desprotegido y percibe por eso la necesidad del amparo que le puede y le suele proporcionar cualquier padre normal a su hijo. De ahí, el desamparo en que viven tantos huérfanos o tantos "niños de la calle", que quizá ni han conocido a su padre y se sienten, por eso, más desprotegidos y más indefensos.

En segundo lugar, el padre es para el hijo *seguridad*. Y lo es por lo que he dicho hace un momento. Lo cual es decisivo en la vida de cualquier persona. Frente a tantas amenazas como hay en la vida, saber que hay alguien con quien me puedo sentir seguro, es determinante para que una persona se sienta bien y no acabe siendo un desgraciado. Por experiencia, sabemos que la inseguridad, en el presente o ante el futuro que nos aguarda, es una de las cosas que más desquician a las personas.

En tercer lugar, el padre es para el hijo *explicación* de todo lo que el niño no sabe explicar. Por eso los niños, cuando empiezan a hablar, no paran de preguntar a los padres. Como un crío pequeño no sabe casi nada, la explicación de casi todo la busca en quienes, para él, lo saben todo.

Por último, el padre es para el hijo *poder* y *autoridad*. Porque, en la cultura machista y androcéntrica en que seguimos viviendo, el padre suele ser el que manda en casa. Por lo menos, socialmente está admitido que el padre es el que tiene la autoridad última. Y esto es algo que percibe el niño, aunque no sepa decirlo. Y aunque los mayores no se den cuenta de lo que la criatura vive y experimenta. El hecho es que, para la inmensa mayoría de los hijos pequeños, el padre es el que ordena lo que hay que hacer. Y también el que prohíbe lo que no se debe hacer. Además, el padre censura al hijo que se porta mal. Y si es necesario lo castiga. Lo que significa que relacionarse con el padre es encontrarse, no sólo con el cariño, la bondad y la protección, sino también con lo que está prohibido, con lo que muchas veces está mal visto, con lo que la sociedad censura y descalifica, y también con lo que merece un castigo.

Ahora bien, si las cuatro cosas, que acabo de indicar (protección, seguridad, explicación y poder), se dan en la relación del hijo con el padre, se comprende perfectamente que semejante relación presente no pocos problemas en la intimidad de la vida de muchas personas. Sobre todo, cuando se trata de la intimidad de la vida en cuanto se refiere a la religión y a la relación con Dios. Porque, desde el momento en que a Dios le ponemos el nombre de "padre" y lo entendemos como "el Padre", inevitablemente se plantean problemas por todas partes. Empezando por lo más evidente. Si, efectivamente, Dios es el Padre, en Dios tendría que encontrar cualquier persona la protección y la seguridad que necesita. Pero resulta que muchas veces no es así. De manera que, con demasiada frecuencia, hay gente que ni cree ni acude a Dios para nada, pero resulta que a esa gente le va muy bien en la vida, mientras que otras personas, que tienen una fe ciega en Dios, se ven sometidas a situaciones insoportables y tienen que sufrir desgracias y contradicciones que nadie se imagina. Entonces, es lógico preguntarse: ¿para qué me sirve a mí este Padre, supremo y todopoderoso, si a la hora de la verdad yo tengo que pasarlo peor que los que no creen en semejante Padre, ni se consideran hijos de él, ni le hacen caso para nada?

Otro problema. Decimos también que el padre, cualquier padre, es la fuente de explicación de las mil cosas que el hijo no sabe explicar. Pues bien, si esto es así, al afirmar que Dios es el Padre supremo que lo sabe todo, en sana lógica habría que decir también que en Dios encontramos la explicación de todo lo que, para cualquier ser humano, no tiene explicación. Eso es lo que debería de ser. Pero de sobra sabemos que las cosas no son así. Todo lo contrario. Lo que está sucediendo es que, a medida que la ciencia avanza y los conocimientos humanos se perfeccionan, la gente tiene cada vez menos necesidad de recurrir a Dios, para explicar lo que antes nadie sabía explicar. Por ejemplo, no hace tantos años que, cuando había una sequía, se sacaban los santos a la calle, para hacer rogativas, a ver si Dios mandaba la lluvia. Ahora, si nos dicen (en cualquier informativo de radio o televisión), que tenemos encima un anticiclón monumental, sabemos que, por muchos santos que saquemos a la calle, no va a caer una gota. Bueno, pues lo que ocurre con el tiempo es lo mismo que ocurre con las enfermedades, con los fenómenos de la naturaleza y con todo. El hecho es que el Padre, que en otros tiempos lo explicaba todo, cada vez hace menos falta para explicar lo que no sabemos. Y por eso, la gente se fía cada vez más de los sabios y menos de los curas. Así, la ciencia va ocupando el lugar central que antiguamente ocupaba la religión. Dios se va quedando desplazado. Y el resultado es que, en muchos ambientes, a medida que aumenta la fe en la ciencia, disminuye la fe en la religión.

Pero el problema más importante, que nos plantea la idea de Dios como Padre, se refiere al tema del poder y la autoridad. Aquí la cuestión es mucho más complicada. Porque toca en lo más hondo de nuestra intimidad personal. Me explico. Ante todo, hay algo que resulta evidente para cualquier ser humano. Por una parte, todos necesitamos en esta vida *protección* en las dificultades, *seguridad* en los peligros y *explicación* de lo que no sabemos. Por eso, el padre es, para los seres humanos, alguien a quien normalmente apreciamos, queremos y, de una manera o de otra, necesitamos. Pero, por otra parte, el padre es también *poder* y *autoridad*, que manda y prohibe, que amenaza y castiga. Y la experiencia nos enseña que, con frecuencia, hay padres que castigan más de la cuenta o amenazan con tanta severidad que los hijos sienten verdadero miedo o hasta terror ante la figura paterna. Ahora bien, esto provoca inevitablemente un serio conflicto en la intimidad de muchas personas. Un conflicto tan íntimo, que mucha gente no llega a tomar conciencia, en toda su vida, de lo que realmente le pasa. El respeto al padre bloquea, en tales personas, hasta la capacidad de pensar en las raíces profundas de problemas que viven todos los días, en sus relaciones con los demás, sobre todo cuando se trata de las relaciones con lo que, de alguna manera, representa autoridad y poder.

Por otra parte, si es cierto que todos los humanos necesitamos protección, seguridad y explicación de tantas cosas, no es menos verdad que igualmente necesitamos y deseamos apasionadamente *ser libres*. Pero, si resulta que el padre es la representación del poder y la autoridad y, por tanto, el que prohibe y censura, incluso el que amenaza y castiga, entonces cualquier persona se encuentra, en la misma figura paterna, lo que más necesita en esta vida y también lo que más detesta. De ahí que el padre es alguien de quien no podemos prescindir. Pero, al mismo tiempo, es también alguien a quien instintivamente rechazamos. Lo que pasa es que, como ya he dicho antes, todo esto toca en zonas tan íntimas de la vida humana, que mucha gente no lo advierte, ni sabe explicárselo a sí mismo. Y entonces, lo que la mayor parte de las personas suelen sentir es un *respeto* muy profundo, con mezcla de cariño y admiración, en unos casos (seguramente los más frecuentes), o con sentimientos de rechazo (a veces fuerte) en otras ocasiones. Hace muchos años, cuando yo era estudiante, asistí casualmente, en la casa de una familia a quien yo no conocía, al momento en que un hombre, de cierta edad, cerraba la caja de muerto en la que iban a enterrar a su padre. Y aquel hombre, al cerrar la caja, pronunció estas palabras que me impresionaron tanto que no se me han olvidado: "Bueno, por fin ya te vas". Y en ese momento, el hombre se echó a llorar. Era la despedida definitiva, tan temida y, paradójicamente, también tan deseada. Aquel hombre dijo, en aquel momento, mucho más de lo que él mismo seguramente podía sospechar. Porque perdía para siempre lo que seguramente más había necesitado en esta vida. Y también lo que probablemente más había rechazado. Sin duda alguna, la relación con el padre es más complicada de lo que algunos se imaginan.

En cualquier caso, todo lo que acabo de decir es más o menos conocido y vivido por casi todo el mundo. Naturalmente, los que han tenido un padre que, para ellos es (o fue) ejemplar, lo viven de una manera. Y los que tienen (o han tenido) la desgracia de soportar un padre, que les amargó la vida, sienten estas cosas de forma muy distinta. Pero lo que mucha gente no se imagina es que la imagen del padre, que todos tenemos en esta vida, determina decisivamente la imagen que cada uno lleva dentro sobre lo que es Dios. Por eso hay tantas personas a quienes les resulta un problema enorme creer en Dios como Padre que quiere a sus hijos. Y hasta hay individuos que se sienten incapaces de creer en Dios. Porque hablarles de eso, es lo mismo que mencionar castigos y amenazas, humillaciones y, en cualquier caso, censuras y privaciones de su propia libertad. Es demasiado frecuente el caso de personas que no han enterrado al padre, aunque lo tengan en el cementerio desde hace muchos años. Para esas personas, aunque ellos mismos se estén muriendo de viejos, el padre que tuvieron sigue vivo, es decir, sigue siendo la norma de su vida y de sus comportamientos, la fuerza que moviliza su forma de pensar, la imagen que inconscientemente quieren reproducir o también el fantasma que rechazan y el esperpento que no soportan. Normalmente, de esto nadie habla. Pero la vida es así.

Por lo que se refiere a nuestra relación con Dios, el psicoanálisis nos ha descubierto la íntima conexión que existe entre la imagen del padre (que cada uno lleva en su intimidad más secreta) y la creencia en Dios. Además, por este camino hemos aprendido que el Dios personal es, desde el punto de vista psicoanalítico, un "padre magnificado"[17]. En efecto, si en los primeros estadios de la vida de cada niño, la madre se constituye en el objeto que acapara y polariza el deseo infantil, porque el bebé se siente identificado con la madre, como lo estaba en los meses que permaneció en el seno materno[18], sólo mediante la aparición del padre, que rompe la fusión con lo materno, Dios podrá adquirir un nombre, una figura, una imagen[19]. De esta manera, como acertadamente describe C. Domínguez, Dios surge como figuración de un padre poderoso que nos defiende de los peligros y amenazas que reactivan en nosotros la primitiva indefensión infantil y, con ella, la protección que tuvimos en nuestros progenitores. Ilusión de Padre también sustentando el orden moral con promesas de premios que recompensan por tantas renuncias efectuadas a nivel pulsional o con amenazas por las transgresiones cometidas[20].

---

17. DOMÍNGUEZ, C., "La paternidad de Dios bajo sospecha. Punto de vista psicoanalítico", en DÍAZ, C., ESTRADA, J. A. y DOMÍNGUEZ, C., *Dios Padre ante el reto de la injusticia y del inconsciente*, Cuadernos de Teología de Deusto, nº 21, Bilbao, 1999, 51. Para todo este tema, es fundamental el estudio de C. Domínguez, *El psicoanálisis freudiano de la religión*, Madrid, 1991. Del mismo autor es fundamental también el conjunto de estudios reunidos en el volumen *Creer después de Freud*, Madrid ,1992, especialmente el capítulo 6: *El Dios del niño y el Dios de Jesús*, pp. 115-139. En estas obras se encuentra toda la bibliografía fundamental sobre esta temática.

18. Cf. DOMÍNGUEZ, C., *Creer después de Freud*, 118.

19. O.c., 121.

20. *La paternidad de Dios bajo sospecha*, 54.

Así, Dios es sentido, experimentado y vivido como Padre. Lo cual lleva consigo, como es natural, ideas que nos reconfortan y experiencias que nos gratifican. Pero, al mismo tiempo, la imagen paterna de Dios es origen de problemas muy hondos en muchas personas. Problemas de los que casi nadie habla, entre otras cosas porque son muchos los que no saben lo que realmente les pasa con este misterioso reconocimiento de Dios como Padre.

La ausencia de la Madre

Dios no es ni varón ni hembra, ni hombre ni mujer. A Dios no se le puede comprender a partir de categorías sexuales. Porque más absurdo que hablar del sexo de los ángeles es ponerse a alambicar sobre la sexualidad que caracteriza a Dios. Lo que pasa es que las culturas, en las que nacieron, crecieron y siguen perviviendo las tres grandes religiones monoteístas (judaísmo, cristianismo e islam), han sido, y siguen siendo, culturas profundamente androcéntricas y machistas. Como es lógico, en unas culturas así, a Dios no se le podía, ni se le puede, comprender nada más que como Padre o, en cualquier caso, como varón, como masculino. Porque en la cabeza de gentes nacidas y educadas en una cultura en la que el prototipo y hasta el centro es el varón, no cabe otra representación de Dios que no esté asociada con lo varonil y lo masculino, puesto que Dios es siempre poder, autoridad, fuerza, dominio, o sea lo que en las culturas androcéntricas se asocia con el hombre.

Pero entonces, de nuevo nos encontramos aquí con problemas y complicaciones de tipo religioso. Problemas y complicaciones que muchas personas no se imaginan. Porque, para empezar por lo más sencillo, los seres humanos tenemos padre y madre. Es decir, nuestro origen no está sólo en lo masculino, sino igualmente en lo femenino. Y, si es cierto que nuestra relación con Dios se enraíza en nuestra relación con nuestros progenitores, es necesario preguntarse por qué nos representamos a Dios como *Padre* y no como *Madre*. Al hacerse esta pregunta, no se trata sólo de buscar una respuesta para satisfacer la curiosidad histórica, cultural o religiosa. Todo eso puede ser interesante. Pero no es el meollo del asunto. *La cuestión está en saber si una religión que cree en Dios sólo como Padre puede hacer verdaderamente felices a los creyentes de esa religión.*

¿Por qué planteo esta cuestión? Porque cualquier ser humano lleva en sí mismo *lo masculino* y *lo femenino*. Lo llevamos en el origen mismo de nuestra vida. Lo llevamos en nuestros genes. Lo llevamos en nuestras experiencias más primitivas y más profundas. Lo llevamos en la educación que hemos recibido desde el primer día que vinimos a este mundo. Y lo llevamos aunque unos seamos machos y otros hembras. Lo femenino está presente en los más machos. Como lo masculino está presente también en las hembras más orgullosas de su feminidad. Al decir esto, no pretendo ni insinuar que todos los seres humanos seamos bisexuales. Es decir, de la misma manera que "bilingüe" es el que habla indistintamente dos lenguas, "bisexual" es el que lleva en sí algo de los dos sexos. No quiero decir que todos sintamos igualmente atracción hacia hombres y mujeres. Porque no estoy hablando de lo meramente biológico o, si se prefiere, de lo genital. Me refiero a algo más hondo en la vida humana y, por eso, mucho más determinante en nuestras experiencias más íntimas.

Lo que quiero explicar, se entenderá mejor si nos damos cuenta de que, en la vida diaria, al referirnos a los hombres y a las mujeres, solemos distinguir entre *lo fuerte* y *lo débil*. Por eso hablamos del "sexo débil", las mujeres. O, por el contrario, al elogiar las cualidades de un hombre, una de las primeras cosas que se tienen en cuenta es "lo fuerte" que es; o "la fuerza" que tiene. En realidad, las cosas no son así, sin más. Porque bien sabemos que los hombres son más fuertes para unas cosas, mientras que las mujeres son más fuertes para otras. Por ejemplo, las mujeres suelen vivir más años que los hombres. Como también es cierto que las mujeres tienen más aguante, más resistencia o, si se quiere, más vigor de espíritu que la mayoría de los varones, cuando se trata de soportar situaciones adversas. Y sin embargo, en nuestra cultura, tan fuertemente marcada por lo masculino y hasta por lo machista, a la mujer se le asigna "lo débil": la fragilidad y la debilidad de los seres humanos. Y eso se relaciona inevitablemente con la sensibilidad, la afectividad, la ternura, la delicadeza, la indigencia de cariño o simplemente la bondad que está dispuesta a ceder sin límites. Esas experiencias y sus expresiones correspondientes, que nos son tan necesarias a todos como el aire que respiramos, son (en una cultura machista) actitudes y comportamientos propios de mujeres y niños. Es decir, cosas de poco valor y, con frecuencia, despreciables. O sea, cosas a las que hay que sobreponerse. Porque hay que estar por encima de esas "sensiblerías". De ahí que, cuando un chiquillo se pone a llorar, no es raro que la misma madre le diga en tono de reproche: "¡Los hombres no lloran!". Y es que llorar es una debilidad, indigna de un tío, de un macho.

En el fondo, todo esto significa que, en nuestra cultura, lo que se valora y lo que más importa es "lo fuerte", lo propio del macho. Y por tanto, lo que interesa y se busca es lo que culturalmente simboliza lo fuerte: el poder, el prestigio, la influencia social, económica y política, el talento, la categoría, el dominio que se tiene sobre los demás, el valor, la sangre fría, la capacidad de escalar y subir, el triunfo en todas sus manifestaciones, aunque eso se consiga a base de vencer e incluso aplastar a quien se ponga por delante.

Ahora bien, una cultura en la que se distribuye así lo que a cada cual le corresponde y en la que se privilegia así al varón sobre la mujer, entraña un tipo de sociedad que arrastra una consecuencia sencillamente aterradora, a saber: todos vamos por la vida como seres deformes. Porque (diciéndolo de manera brutal) nos parten por la mitad. Quiero decir que, en la medida en que nos identificamos con las exigencias de nuestra cultura, no tenemos más remedio que reprimir y, si es necesario, machacar una parte esencial de nosotros mismos. Por eso, en las familias y en la educación en general, se procura y se insiste en que el joven o la joven triunfe, tenga éxito, escale puestos, sea una persona influyente, que gane, que domine, que mande y que se imponga. Si es una persona con una gran capacidad de ternura, de sensibilidad, de afecto, de cercanía humana, de manera que viva todo eso porque se siente necesitada de cariño y con capacidad para expresar ese cariño, todo esto a poca gente le importa y a pocas familias les quita el sueño. La consecuencia que esto tiene es que abunda demasiado la gente que se cuida muy mucho de reprimir la afectividad, la ternura, la delicadeza. Al tiempo que casi todos nos pasamos la vida soñando con éxitos, cargos y poderes que seguramente nos vienen grandes y que, además, nunca llegamos a alcanzar. De ahí la cantidad de gente frustrada. Y, sobre todo, la cantidad de gente solitaria en la vida.

Pero hay algo más grave: la violencia. No hay que ser un sabio par darse cuenta de que, si reprimimos la sensibilidad, la ternura, la bondad y, al mismo tiempo, nos dedicamos a exaltar el poder, el dominio y la fuerza, la convivencia se convierte en un infierno. Porque la competitividad se hace la dueña del escenario del mundo y nos puede a todos. La consecuencia es que la vida termina siendo un campo de batalla en el que no sólo agredimos a los demás, sino que encima nos agredimos a nosotros mismos, sin darnos cuenta de lo que estamos haciendo. Ya nos hemos acostumbrado a las frecuentes y repugnantes noticias sobre violencias domésticas. Pero, si la cosa se piensa despacio, enseguida se comprende que la violencia, que desencadena una cultura machista, invade y aplasta, como un inmenso manto de luto, a toda la sociedad. De manera que hasta las bombas y los misiles tienen que ver mucho, muchísimo, con este modelo de cultura. Porque la raíz de todas las violencias externas contra los demás está en la violencia que cada uno llevamos dentro. Por causa de la agresión que supone, para cada ser humano, el esfuerzo constante por reprimir y quizá incluso anular el sello de lo materno, lo femenino, lo más entrañable de la vida, algo que tanto necesitamos y algo también de lo que mucha gente se avergüenza. Es la marca de la deshumanización que llevamos inscrita en la sangre misma de esta cultura que tiende inevitablemente a embrutecernos. Es la cultura de la violencia y, por tanto, del sufrimiento más hondo, al que casi nadie se atreve a ponerle su verdadero nombre.

Naturalmente, todo esto ha marcado también a la religión. De una cultura machista nace una religión machista. Una religión en la que Dios tiene que ser masculino, nunca femenino. Por tanto, un Dios Padre, pero no Madre. Un Dios al que le colgamos lo que culturalmente caracteriza al varón: el poder, la fuerza, el dominio, la autoridad, la capacidad de imponerse, de juzgar y, si es necesario, de reprimir y castigar. Y aunque es cierto que de Dios también decimos que es bueno y misericordioso, el hecho es que todo el mundo se imagina a Dios en la figura de un varón solemne, respetable y grandioso, que evoca al Señor más venerable de todos los "señores". Es verdad que, según los evangelios, Jesús invocó a Dios siempre como Padre, nunca como Madre. Pero lo único que eso quiere decir es que Jesús fue un judío, nacido y educado en una cultura, que pensó y habló de Dios como lo hacía cualquier persona de aquella cultura. Enseguida explicaré cómo y hasta qué punto Jesús corrigió, en cosas muy fundamentales, la imagen machista de Dios. Pero lo que ocurre es que la religión y el Dios de la religión, al ser gestionados y representados por los representantes oficiales de la religión, que son hombres y no mujeres, inevitablemente presentan a Dios con las características propias de lo que culturalmente se le asigna al varón, al macho. Insistiendo, sobre todo, en el poder. De ahí que, en la liturgia y en el discurso eclesiástico, Dios es el poderoso, el todopoderoso, el omnipotente. Es también el legislador, el que define lo que está bien y lo que está mal. Y es, además, el juez que distribuye premios y castigos, según los méritos o las culpas de cada cual.

Ahora bien, en una religión así, la carencia de lo femenino tiene que ser sustituida como sea. Porque todos los seres humanos necesitamos de lo femenino. No sólo ni principalmente como objeto de satisfacción. Sino porque lo materno, lo que culturalmente representa la mujer, es una parte esencial de nosotros mismos. Y por eso lo necesitamos, sobre todo, en la intimidad de nuestras experiencias más profundas. Yo no sé cómo resuelven este asunto en otras religiones marcadas por lo patriarcal, lo androcéntrico, lo machista. En el cristianismo se le ha encontrado a este problema una solución bien conocida. La carencia de lo femenino en Dios, se ha suplido, en la experiencia religiosa, con la imagen de María la Virgen que, naturalmente, representa para muchos creyentes lo que ellos no pueden encontrar en el Padre. Sobre todo, si tenemos en cuenta lo que ya dije: que la imagen del padre simboliza, para muchas personas, experiencias confusamente contradictorias o incluso abiertamente insoportables. Por eso, nada tiene de extraño que las peregrinaciones y concentraciones, con motivo de las fiestas marianas, tengan un poder de convocatoria que supera con mucho a la gente que concentraría una hipotética (y seguramente extraña) peregrinación para sacar a Dios Padre en procesión. ¿Se imagina alguien una "cofradía de Dios-Padre"? ¿cabe en cabeza humana una procesión con Dios-Padre bajo palio? ¿existe en alguna parte un santuario a Dios-Padre? ¿por qué la religiosidad popular concede tanta importancia a la Virgen en sus diversas advocaciones, en determinados "Cristos" (esto ya menos) o en algún santo que otro?

Y todavía queda algo por decir. Si la imagen de Dios como Padre se configura en el niño a partir de su relación con el padre, que le engendró en este mundo, es decisivo tener presente que ese padre emerge, en la conciencia del niño, como el "que rompe la fusión con lo materno"[21]. Quiero decir, todo niño recién nacido vive en una fusión tal con la madre que, en realidad, la criatura pretende reproducir la simbiosis total en la que se encontró durante los meses de su existencia dentro del seno materno[22]. Esa relación, sin que lo sepan ni el niño ni la madre, es lógicamente una relación profundamente "sexuada", es decir en ella la sexualidad está presente de tal manera que la condiciona desde sus mismas raíces. El amor, el deseo, el tacto de la piel y las experiencias placenteras invaden y dan sentido a semejante relación entre el hijo y la madre. Hasta que aparece el padre en la conciencia del niño. No se trata de analizar aquí lo que el psicoanálisis llama el "complejo de Edipo". Lo único que me interesa destacar es que el niño, a partir del descubrimiento del padre, integra, en sus experiencias más profundas, la norma que prohibe y la censura que castiga. Desde ese momento, todo lo que a cualquier ser humano le evoca la sexualidad aparece marcado por el estigma de la censura y la prohibición. Sobre todo, la prohibición del placer y, en general, de todo lo placentero que va asociado a la relación con la madre.

Sin duda alguna, mucha gente no se da cuenta de la influencia determinante que han tenido estas experiencias en las tradiciones y en las pautas de comportamiento que han configurado nuestra cultura occidental. En este sentido, a nadie debe sorprender que ya la cultura helenista entendiera la virtud como el dominio de las pasiones, sobre todo las dos "pasiones" a las que más importancia concedieron los estoicos, el *deseo* y el *placer*[23]. Sabemos que estas ideas pasaron pronto al cristianismo y fueron asimiladas como clave que explica la honestidad o indignidad de las personas[24]. Y de sobra sabemos que eso sigue presente ahora mismo entre nosotros hasta límites que rayan con lo ridículo. Sin ir más lejos, el ex-presidente de los Estados Unidos, Bill Clinton, ha dado más que hablar por causa de sus "debilidades" con Mónica Lewinsky que por las cantidades

---

21. DOMÍNGUEZ, C., *Creer después de Freud*, 121.
22. DOMÍNGUEZ, C., o.c., 118.
23. He analizado detenidamente este asunto en mi libro *El Reino de Dios. Por la vida y la dignidad de los seres humanos*, 264-298.
24. Aun con las limitaciones que hay que ponerle, es elocuente en este sentido, sobre todo por la documentación que aporta, el estudio de RANKE-HEINEMANN, U., *Eunucos por el reino de los cielos. Iglesia católica y sexualidad*, Madrid, 1994.

astronómicas de armas de guerra que les ha vendido a los países más pobres de la tierra. No es de extrañar, por eso, que la sexualidad se haya convertido en cuestión-problema por excelencia, tanto en la moral cristiana como en la predicación eclesiástica. El Dios Padre, que se le suele explicar a la gente, con demasiada frecuencia, en sermones, catequesis y hasta en no pocos tratados de la teología más seria, se convierte automáticamente en ley que niega y prohibe todo acceso al placer. Y es que, como se ha dicho muy bien, "un Dios Padre sin presencia de elemento femenino a su lado, un Hijo engendrado y alumbrado sólo por el Padre, una Madre que concibe virginalmente, un esposo, José, que también permanece virgen, etc., todo ello contribuye, sin duda, a crear una concepción de la fe en la que lo sexual queda proscrito y negado"[25].

En un tiempo como el nuestro, en el que emerge con toda justicia y con vigor la lucha contra el antifeminisno de nuestra cultura, y en el que la sexualidad adquiere una valoración muy distinta a la que ha dominado en Occidente durante siglos, el mantenimiento a ultranza del Dios-Padre, con todas las connotaciones que acabo de explicar, le está pasando a la Iglesia una factura demasiado cara. Mucha gente no quiere saber nada ni de ese Dios ni de la religión que lo representa. Por una razón muy sencilla: porque son ya muchos los que sienten (quizá sin saber formularlo) que ese Dios entra en conflicto con la legítima aspiración de todo ser humano a gozar de la felicidad de vivir. Ésta es, según parece, una de las razones más fuertes por las que el tema de Dios es un problema muy serio para muchas personas, que, por otra parte, sienten inquietudes religiosas. Tales personas perciben que todo esto de Dios es un asunto muy confuso, que ni saben cómo abordarlo, ni cómo resolverlo. Y entonces, cada cual se busca la solución por donde puede y como puede. Unos echan mano de la devoción a la Virgen y de las prácticas religiosas que esa devoción lleva consigo. Esta solución es más frecuente en gente de mentalidad tradicional y conservadora. Los que van por la vida como "progres" suelen inclinarse más hacia el Evangelio, al recuerdo de Jesús, como hombre y como profeta que luchó por la justicia y en defensa de los pobres. Cada cual se las arregla como puede. Pero el hecho es que, para demasiada gente, el asunto

---

25. DOMÍNGUEZ, C., *La paternidad de Dios bajo sospecha*, 70.

de Dios queda "aparcado", como problema no resuelto y en el que muchos no quieren ni calentarse la cabeza, dándole vueltas a algo que no aciertan a poner en claro. Por eso, nada tiene de extraño que mucha gente experimente este "malestar", no ya en la cultura, sino en la religión.

Así las cosas, la cuestión está en saber si el Dios que anunció Jesús coincide o no coincide cabalmente con el Dios que, a través de la predicación eclesiástica, muchos cristianos intentan integrar en sus vidas, entre dudas, oscuridades y preguntas que difícilmente encuentran respuesta.

Contra el miedo que paraliza

Para relacionarse correctamente con el Dios que anunció Jesús, lo primero, lo más urgente, es liquidar las "falsas imágenes de Dios" que mucha gente tiene en su conciencia, en su intimidad más secreta. Pues bien, la primera "imagen falsa", que muchos cristianos tienen en su cabeza, es que *Dios es una amenaza de la que hay que protegerse*. Es verdad que muchas personas no se atreven a formularlo como yo lo acabo de decir. Si dicen eso, les da miedo de faltarle al respeto a Dios. Hasta ese punto, tanta gente tiene introyectado el miedo a Dios. Desde que éramos niños, se nos decía: "¡No hagas eso, que Dios te castiga!". Lógicamente, cuando un niño oye semejante cosa, lo primero que piensa es que Dios es una amenaza y, por tanto, un peligro, para todo el que hace lo que no está bien, aunque se trate de una tontería sin importancia, como les ocurre con frecuencia a los chiquillos. Luego, cuando pasa el tiempo, en las catequesis o en los sermones que se le predican al pueblo, incluso en no pocas cátedras de teología, a los cristianos se les dice que Dios nos va a pedir cuentas a todos, sin que nadie se escape. Y como es lógico, en esas cuentas, tendremos que responder de todo lo malo que hemos hecho. Es la teología del juicio, que tan presente está en la conciencia del común de los fieles.

Por otra parte, es un hecho que muchas, muchísimas personas tienen la idea de que, cuando ocurre una desgracia (una enfermedad, un terremoto, una catástrofe...), eso es un castigo de Dios, por causa de nuestros pecados. Eso se le ha dicho a la gente cientos de veces, en predicaciones y catequesis de todo tipo. Pero, es claro, el que está convencido de que Dios actúa así, en realidad cree en un Dios que es un constante peligro y hasta una amenaza insoportable. Lo que significa que quien piensa de esa manera, difícilmente puede relacionarse con el Dios que enseñó Jesús. Además, una persona que tiene esas ideas religiosas, está expuesta a vivir conflictos internos muy serios. Porque en cuanto le ocurra algo negativo o simplemente desagradable, sentirá la tentación de echarle la culpa a Dios o hasta sentirá un rechazo tremendo de todo lo que suene a religión o cosas parecidas.

Por todo esto, es enteramente necesario, es urgente, acabar con la imagen del Dios que amenaza. Para ello, seguramente lo más útil es enterarse de lo que enseña la parábola de los talentos (Mt 25,14-30; Lc 19,11-27). Por lo general, esta parábola se suele explicar diciendo que Dios le da a cada uno una cantidad determinada de bienes divinos y humanos, de cualidades, de posibilidades, en definitiva, de "talentos", de los que tendrá que dar cuenta a Dios, hasta el último céntimo, el día que el Señor nos llame a eso, a que le rindamos cuentas. Está claro que, quienes interpretan la parábola de esta manera, entienden que, con esa historia, Jesús nos hace a todos un llamamiento exigente para que seamos "responsables" ante lo mucho que Dios nos quiere y que Dios nos da. Ahora bien, desde el momento en que la parábola se interpreta de esa manera, en primer lugar, la parábola se falsea; en segundo lugar, el Dios que de ahí resulta es una amenaza insoportable.

Lo primero y lo que más interesa aquí es comprender que, cuando esta parábola se interpreta como una *exhortación a la responsabilidad*, se falsifica el sentido auténtico de la parábola. En efecto, como muy bien explicó el profesor Joachim Jeremias, las parábolas de Jesús no tuvieron originalmente (o sea, cuando Jesús las pronunció) un sentido de "exhortación". Ni Jesús pretendió, al contar aquellas historias, exhortar a nadie para nada. Las historias que Jesús contaba se comprenden cuando se las sitúa en la situación concreta que vivía Jesús cuando habló de aquella manera. Ahora bien, Jesús vivió en situaciones sumamente conflictivas y de enfrentamiento, primero con los fariseos, y más tarde con los sumos sacerdotes, senadores y maestros de la Ley. Por eso, como dice J. Jeremias, las parábolas expresan "preferentemente situaciones de lucha..., de defensa, de ataque, incluso de desafío". Por eso se puede decir que las parábolas son "armas de combate"[26]. Pero, en realidad, ¿a quién combatía Jesús cuando contó la historia de los talentos? Para responder a esta pregunta, es importante caer en la cuenta de que el evangelio de Mateo sitúa esta parábola inmediatamente antes del relato de la pasión, o sea al final de la vida de Jesús, cuando la tensión era más fuerte con los dirigentes de Israel. Por su parte, el evangelio de Lucas introduce la parábola diciendo que la gente pensaba que "el Reino de Dios se iba a manifestar inmediatamente" (Lc 19,11). Es decir, Mateo coloca la historia en un momento de máxima tensión y enfrentamiento. Y Lucas la pone para desmontar las falsas expectativas, que tenían muchos, sobre el inminente fin del mundo. Todo esto es capital para entender la parábola. Porque es claro que, a juicio de Mateo, la parábola es una historia de confrontación, dado el momento en que se pronunció. Mientras que, según Lucas, la parábola sirve para desmontar las falsas explicaciones que se le daban a la enseñanza de Jesús. La falsedad de estas explicaciones estaba en que se les daba a las parábolas un sentido de "exhortación" (*sentido parenético*), para que los cristianos se dedicasen a la práctica de la virtud, que, en el caso de esta parábola, sería una exhortación a la responsabilidad ante las cuentas que le tenemos que rendir a Dios.

Por tanto, la parábola no está pensada para exhortar a nada. La parábola es la refutación última, que hace Jesús, de las ideas falsas que tenían los que le iban a matar muy pronto. ¿A qué ideas se refiere concretamente? Todo depende de lo que le ocurre, en esta pequeña historia, al que recibió un solo talento. La parábola dice que ése fue el que mereció el castigo (Mt 25,30). Pero la cuestión está en saber por qué fue castigado tan severamente. Jesús lo explica con toda claridad. Se trataba de un individuo que tenía el convencimiento de que el "Señor" de los talentos, o sea Dios, es "duro", de manera que "siega donde no siembra y recoge donde no esparce" (Mt 25,24). Dicho de otra manera, este individuo tenía una idea terrible de Dios. Y por eso, como es natural, "tenía miedo" (Mt 25,24). Lo que le empujó a "esconder el talento debajo de tierra" (Mt 25,24).

Ahora bien, eso precisamente fue su perdición. Con lo cual Jesús quiere decir, ante todo, que el miedo (incluido el miedo a Dios) paraliza, es decir, hace estériles a las personas. A eso, sin duda algu-

---

26. JEREMIAS, J., *Las parábolas de Jesús*, Estella, 1971, 26.

na, se refiere Jesús cuando dice que el asustado, que recibió un talento, fue y lo escondió bajo tierra. Con lo que, en definitiva, Jesús está diciendo que el Dios que amenaza, *con las cuentas que hay que rendirle hasta el último céntimo*, es un Dios que bloquea y anula a las personas, a los grupos, a las comunidades, a las organizaciones.

No hay que discurrir mucho para caer en la cuenta de que la parábola de los talentos es una parábola de confrontación con los fariseos. Concretamente con el Dios de los fariseos, que, como ya expliqué en el capítulo anterior, era un Dios terrible, amenazante y justiciero. Jesús comprendió que lo más importante, que tenía que enseñar, era desmontar semejante imagen de Dios. Porque todo el que lleva en su cabeza un Dios que mete miedo, ése está perdido. Y está perdido por dos razones:

1) porque no hará en esta vida nada que valga la pena, ya que lo mucho o lo poco que tenga lo enterrará para que no le pase nada.

2) porque creer en un Dios que pide cuentas, hasta el último detalle, es lo mismo que creer en un juez justiciero que le amarga la vida al más optimista. Y eso es no tener ni idea del Dios que enseñó Jesús. En otras palabras, eso es lo mismo que no creer en Dios, sino tener la fe puesta en un ídolo que sólo les viene bien a los predicadores y profetas de desgracias que, para legitimar y mantener su propio poder, no dudan en usar y abusar del santísimo nombre de Dios, para asustar a los infelices que caen bajo las garras de su despiadada palabra.

El Dios que acoge al "perdido"

No cabe duda que la parábola, que más se utiliza, en el discurso eclesiástico, para hablar de Dios como Padre, es la parábola del "hijo pródigo" (Lc 15,11-32). Pero ocurre que, tal como muchos predicadores explican esta parábola, resulta poco menos que imposible enterarse de lo que Jesús quiso decir al contar la historia de aquel padre y de aquellos dos hijos.

Empezando por lo más simple, lo primero que da pie a confundirse es el título que se le ha puesto a esta historia. Decir que es la parábola del hijo "pródigo", equivale a destacar, como lo característico del relato, que el hijo desperdició y consumió la herencia del padre en gastos inútiles, sin medida ni razón. Y eso es verdad. Pero eso no es la clave de la parábola, ni siquiera es lo central en ella. Los alemanes explican mejor la cosa cuando hablan de la parábola del "hijo perdido" (*der verlorene Sohn*)[27]. Y efectivamente, el evangelio de Lucas cuenta esta parábola en el capítulo 15, que está dedicado todo entero a explicar cómo se porta Dios con lo que se pierde, con lo que se extravía. Por eso, primero cuenta la parábola de la oveja perdida (Lc 15,4-7), después la de la moneda perdida (Lc 15,8-10) y finalmente la del hijo perdido. Como dice expresamente el padre al terminar la historia: "este hermano tuyo... se había perdido y se le ha encontrado" (Lc 15,32). Por tanto, un dato a tener muy en cuenta es que Jesús quiere explicar, con estas tres parábolas, cómo se porta Dios con todo el que en esta vida anda extraviado o vive como un perdido.

Esto se comprende mejor cuando se lee el comienzo del capítulo 15 del evangelio de Lucas. Todo arranca de la acusación que hacían los escribas y fariseos contra Jesús, porque éste era amigo de pecadores y gentes de mal vivir con quienes incluso comía frecuentemente (Lc 15,1-2). El hecho es que Jesús, para dar explicación de por qué se portaba así y tenía tales amigos, echa mano del tema de Dios y les dice a los fariseos cómo reacciona Dios ante todos los que van por la vida perdidos y extraviados. Incluso cuando se trata de los que se pierden por culpa propia. Por eso, para que no quedara duda sobre el tema, Jesús no se limitó a contar lo de la oveja que se extravía o la moneda que se pierde. Jesús lleva las cosas hasta el límite cuando cuenta las desagradables y escandalosas peripecias de un muchacho, que tuvo la desfachatez de pedirle a su padre la herencia entera que le correspondía, que se gastó toda la fortuna "viviendo como un perdido" (Lc 15,13) en juergas escandalosas con gente indeseable (Lc 15,30), que se degradó hasta el extremo de tener que vivir peor que los cerdos (Lc 15,16) y que, cuando vio que se moría de hambre (Lc 15,17), entonces se acuerda de su padre y vuelve a la casa para que le llenen el estómago.

Jesús contó esta historia de tal forma, que en ella hay dos cosas que nos resultan sencillamente increíbles. En primer lugar, el evangelio no dice que el muchacho volvió a la casa del padre porque se dio cuenta de su pecado y se arrepintió de su mala vida. Nada de eso se insinúa en el relato. En efecto, el texto de Lucas no utiliza ningu-

---

27. Cf. FITZMYER, J. F., *El evangelio según Lucas*, vol. III, 670.

no de los términos específicos que expresan la "conversión", la "penitencia", el "arrepentimiento" o un cambio de actitud espiritual. Concretamente, ni el verbo *epistrèpho* (convertirse, cambiar), ni *metamélo-
mai* (arrepentirse de), ni el sustantivo *metánoia* (conversión) o *metanoéo* (convertirse) se mencionan en el relato. Es verdad que una vez
se alude a que el hijo pensaba decirle al padre: "he pecado contra el
cielo y contra ti" (Lc 15,18). Pero se sabe que esa fórmula está tomada del Antiguo Testamento (Ex 10,16; 1 Sam 7,6; 24,12; Deut 1,41)[28].
Ahora bien, el verbo hebreo *hâtâ* (pecar) remite al concepto de lo
"a-nómalo", lo "des-viado" o "torcido", un concepto puramente formal, con el que se expresa simplemente el alejamiento del orden
establecido o convencional y la desviación del camino recto, sin
atender a los motivos del acto ni a la disposición de ánimo del sujeto[29]. Todo se reduce a que el hijo se da cuenta de que se ha equivo-
cado y eso le ha llevado al extravío y a la miseria más profunda. De
lo que dice el texto del evangelio literalmente, no se puede sacar otra
cosa. Y menos aún, se puede sacar de ahí toda una teología del pecado y de la conversión, como se ha pretendido tantas veces[30]. Por
tanto, lo que Jesús contó en esta parábola es que el muchacho, para
que el padre no le diera con la puerta en las narices, preparó un dis-
cursito (Lc 15,18-19), con la idea de presentar sus explicaciones y
excusas. Pero lo increíble es que el padre, quería tanto a su hijo y
tenía tantas ganas de recibirlo, que ni le dejó hablar. Sencillamente
lo abrazó y se lo comía a besos (Lc 15,20-22). Es decir, al padre no
le interesan los *motivos* por los que el hijo vuelve. Lo que le importa
al padre es el *hecho* de que su hijo ha vuelto a la casa y está con él.
Y prueba de ello es que no le reprocha nada, ni le echa en cara las
barbaridades que ha hecho. Todo lo contrario, encima de que ha
tirado un capital de mala manera, el padre le organiza un fiestazo
por todo lo alto y con lo mejor que había en la casa (Lc 15,22-27).

Pero es más chocante todavía la segunda cosa que a cualquiera le
llama la atención. El padre de la parábola tenía dos hijos (Lc 15,12).

---

28. Cf. LOHFINK, G., *"Ich habe gesundigt gegen den Himmel und gegen dich": Eine
    Exegese von Lk 15, 18-21*, TQ, 155 (1975) 51-52.
29. Cf. RICOEUR, P., *Finitud y culpabilidad*, Madrid, 1969, 328.
30. Por eso no parece admisible la teoría que interpreta la parábola como "el gozo
    del arrepentimiento", según la formulación de J. Schniewind, defendida por
    SCHOTTROFF, I., "Das Gleichnis vom verlorenen Sohn", *ZthK* 68 (1971) 48.

El más pequeño, ya sabemos lo que hizo. El contraste está, a primera vista, en el hermano mayor, que se veía a sí mismo como "el bueno de la película", porque siempre estuvo donde tenía que estar, cumpliendo con su deber al pie de la letra (Lc 15,29). Y sin embargo, el intachable observante es el que termina, al final de la historia, recibiendo una seria represión de su padre (Lc 15,31-32). ¿Por qué? Porque el hermano mayor era, efectivamente, cumplidor y observante. Pero era un cumplidor *con espíritu y con mentalidad de fariseo*. Es decir, era un individuo que tenía el convencimiento de que él era el bueno. Y porque él se consideraba el bueno y estaba orgulloso de serlo, por eso *despreciaba al perdido* que era su hermano (Lc 15,28). El "cumplidor" debía sentir tal desprecio por el "perdido", que ni lo llama "hermano" suyo (Lc 15,30). En el fondo, todo esto quiere decir que el hijo mayor era, por supuesto, un cumplidor y un observante perfecto, pero no se relacionaba con su padre como un hijo se tiene que relacionar con un padre, sino que él veía en el padre a un jefe o a un amo al que hay que someterse, desde luego, pero también ante el que uno se puede quejar, si el jefe (o el amo) no le da aquello a lo que uno se piensa que tiene derecho. Por eso, ni más ni menos, el hijo mayor le echa en cara al padre que no le ha dado ni un cabrito para irse de merienda con los amigos (Lc 15,29).

La verdad es que, si todo esto se piensa despacio, enseguida se da uno cuenta de que la parábola del "hijo perdido" es una historia extravagante. Porque, lo que en esta historia se cuenta, no ocurre en ninguna parte. ¿Dónde hay un padre al que el hijo más chico de la casa le pide la mitad de la fortuna y el padre se la da inmediatamente? ¿dónde hay un muchacho tan cabezarrota que, en cuatro días, se gasta semejante fortuna en juergas con vino y mujeres? ¿dónde sucede que ese desgraciado llegue a tal degradación que no pueda comerse ni las bellotas que les echan a los cerdos? ¿dónde hay un tipo con la cara tan dura que, cuando se ve en semejante situación, se pone en camino para que en su casa lo reciban como si nada hubiera ocurrido? ¿dónde hay un padre que, cuando llega el sinvergüenza, lo recibe con los brazos abiertos, no le echa en cara lo más mínimo, y encima le organiza un banquetazo con músicos que alegren la fiesta? Pero, sobre todo, ¿en qué familia ocurren cosas tan extrañas y al final resulta que el hijo bueno, que estuvo allí todos los días, cumpliendo con su deber, es el que termina llevándose la reprimenda del padre de la casa? Parece como si todo esto no tuviera ni pies ni cabeza. En cualquier caso, es una historia increíble. ¿Por qué? La respuesta es muy sencilla. *Todos nos identificamos espontáneamente mucho más con el hermano mayor que con el pequeño*. Es decir, *todos nos identificamos más espontáneamente con el fariseo que con el hijo al que el Padre acoge y quiere*. Porque hoy está fuera de duda que, en esta parábola, Jesús quiso dar la debida respuesta a las acusaciones de los fariseos (Lc 15,1-2) y, en definitiva, a la mentalidad de los fariseos. Sobre todo, a la idea que los fariseos tenían sobre Dios, a cómo hay que portarse con Dios, y a cómo se porta Dios con unos y con otros, con los "observantes" y con los "perdidos". Sabemos, en efecto, que hoy existe un consenso general, entre los entendidos en esta materia, en el sentido de que la parábola es la respuesta de Jesús a la propuesta de los fariseos[31]. Ahora bien, esto quiere decir que, en este texto sorprendente, Jesús nos vino a explicar *cómo es Dios*. Y eso quiere decir que Dios no ve a los pecadores (Lc 15,7 y 10) como personas "malas", sino como personas "necesitadas" y "desamparadas". O sea, son personas que no le causan a Dios ni rechazo, ni indignación, ni (menos aún) resentimiento. Todo lo contrario, cuando Dios, el *Padre*, ve de lejos a su hijo, siente tanta emoción que el evangelio dice literalmente que se le "conmovieron las entrañas" *(esplagnísthe)* (Lc 15,20), echó a correr, abrazó al desvergonzado hijo y se puso a darle besos, sin prestar la más mínima atención a las explicaciones que el otro traía preparadas. Dios siente lo más hondo y lo más fuerte que sentimos los seres humanos en esta vida *cuando queremos de verdad a alguien*. Eso le pasa a Dios con los "perdidos", con esos a los que nosotros, los que vamos por la vida como "buenas personas" o como "gente de orden", solemos despreciar seguramente más de lo que nos imaginamos.

La conclusión, que nos deja la parábola, es muy clara. Dios no es como normalmente nosotros nos lo imaginamos. Dios es tan entrañablemente humano, que nos desconcierta hasta el punto de resultarnos extraño, extravagante y, para algunos, seguramente escandaloso. Pero de esa manera precisamente nos revela, no sólo su profunda humanidad, sino el grado de deshumanización al que hemos llegado nosotros, sin darnos cuenta (la mayor parte de las veces) de lo que realmente nos pasa.

---

31. Cf. LINNEMANN, E., *Gleichnisse Jesu. Einführung und Auslegung*, Göttingen, 1978, 79.

Dios no es el amo que paga según el rendimiento de cada cual

En la sociedad en que vivimos, casi todo el mundo está convencido de que cada uno tiene derecho a que, en el trabajo que hace, le paguen lo que es justo. Es decir, estamos persuadidos de que cada persona debe ganar de acuerdo con lo que rinde en su trabajo. Y por eso hay gente que se queja, con toda razón, de que le paguen menos (a veces, mucho menos) de lo que, en justicia, tendría que ganar. Por eso, con demasiada frecuencia, las relaciones entre los patronos (los amos) y los trabajadores resultan demasiado conflictivas. Y lo mismo ocurre en la administración de las grandes empresas y, por supuesto, en la administración pública, en la que son frecuentes las quejas de los funcionarios por las decisiones que, en cuestiones de salarios, incentivos y pensiones, toman los organismos del estado. La razón de los conflictos es casi siempre la misma: el que manda y tiene el dinero quiere que el que trabaja, trabaje más, para poder obtener mayor ganancia; mientras que el trabajador se suele quejar de que no le pagan de acuerdo con lo que hace y produce. O sea, cada uno busca su propio interés. Y como es muy difícil que los intereses de unos y otros vengan a ser los mismos, entonces, lo que se hace es echar mano del criterio que, a juicio de casi todo el mundo, resulta ser el más claro y el más razonable. Se trata del criterio que consiste en pagar según el rendimiento de cada cual en su trabajo. De acuerdo con este criterio, se establecen las leyes que determinan lo que cada uno tiene que ganar. Y si no hay leyes, de ese criterio echan mano los que contratan trabajadores a la hora de pagarles.

Todo esto parece tan natural, que, de acuerdo con lo que acabo de decir, se ha establecido que la mejor manera de entenderse las personas, y el único camino para que las cosas funcionen, es que a cada uno le paguen según sus méritos. El que trabaja más, rinde más. Y el que rinde más en su tarea, tiene más méritos. Por lo tanto, ése es el que tiene derecho a ganar más.

Hasta aquí, todo nos parece completamente normal. De forma que estamos seguros de que las cosas no van bien precisamente porque en este momento hay demasiada gente que no se ajusta fielmente al criterio del rendimiento en el trabajo. Por eso hay tantos desgraciados, que se matan trabajando, y sin embargo ganan una miseria, mientras que por ahí vemos a individuos, que no dan golpe, y el hecho es que ganan millones, a veces muchos millones. Y eso, naturalmente, nos irrita y nos parece, con toda la razón del mundo, que es una injusticia que clama al cielo.

Sin embargo, todo lo que acabo de decir –que es tan razonable– tiene un inconveniente. Un inconveniente muy serio. El criterio según el cual la mejor manera de entenderse las personas es que a cada uno le paguen según sus méritos y de acuerdo con el rendimiento en el trabajo, es válido y funciona bien cuando se aplica a las relaciones laborales, es decir, las relaciones entre empresarios y trabajadores, entre patronos y obreros, entre dueños y empleados. Pero ese criterio no sirve, ni puede servir, para que funcionen debidamente las relaciones entre personas cuando se trata de relaciones que no se basan en el interés y la ganancia, sino en el amor y el cariño. Por eso, sería un disparate que un padre o una madre se pusieran a calcular, cada día (al hacerse de noche), el "rendimiento" y los "beneficios" que su hijo les ha producido ese día, para determinar la cantidad de bondad, de cariño y de ternura que "se ha ganado" ese hijo al acabar la jornada. Si nos enteramos que un padre o una madre se relacionan así con sus hijos, diríamos que ese padre o esa madre han perdido la cabeza. Y, por supuesto, que no tienen corazón.

Bueno, pues eso que es un disparate tan enorme, si se lo aplicamos a un padre de este mundo, resulta que todos los días y a todas horas se lo aplicamos al Padre del cielo, a Dios mismo. De donde resulta que todos los días y a todas horas estamos diciendo que Dios va a premiar a cada uno "según sus méritos". O nos pensamos que hay que hacer tal obra buena o tal sacrificio "para que Dios me lo tenga en cuenta" o "para merecer más gloria en el cielo". Por eso hay gente "piadosa" que reza, que acude a los templos o que hace no sé qué penitencias o cosas parecidas, porque dicen que en tal sitio o ante tal imagen de una Virgen o de un santo "se ganan más méritos" y, por lo tanto, más gloria y más cielo.

Esta manera de hablar no corresponde a lo que se decía, en la Iglesia antigua, cuando se hablaba de la relación de los fieles con Dios. Se sabe que, en los primeros siglos, se prefería hablar de "agradar a Dios" o "ser dignos de Dios"[32]. Además, la palabra latina *meri-*

---

32. FRANSEN, P., "El ser nuevo del hombre en Cristo", en *Myst. Sal.* IV/2, 932.

tum y sus equivalentes en las lenguas occidentales (*mérito, mérite, merit, Verdienst*) tienen un sentido preferentemente jurídico, lo que implica el peligro de falsear el sentido de nuestras relaciones con Dios, al que (de ser así las cosas) convertimos inconscientemente en un juez o en un patrono que pide cuentas a sus súbditos o empleados[33]. Es verdad que el concilio de Trento, en el capítulo 16 del decreto sobre la "justificación", trata del carácter meritorio de nuestras buenas obras. Pero es importante tener en cuenta que el concilio habla de este asunto en el sentido de que nuestras obras meritorias, por más que sean hechos propios nuestros, son un don de Dios. Nadie tiene, por tanto, motivo alguno para enorgullecerse de lo que ha hecho y, menos aún, para andar con exigencias de justicia ante Dios[34]. San Agustín fue, en este punto concreto, sencillamente genial: No tenemos que plantear reclamación jurídica a Dios, puesto que todo lo bueno que hacemos es regalo de la gracia. Dios hizo, de sus dones, méritos nuestros: *qui fecisti tua dona nostra merita*[35]. Como se ha dicho muy bien, en el amor hay también formas de mutua obligación. Pero son de un tipo completamente distinto a una relación de justicia. En la unión amorosa, la persona amada se convierte en el regalo más valioso que cualquier ser humano puede recibir en esta vida[36].

Sin duda alguna, los cristianos tenemos que liquidar al Dios que paga según los "méritos" de cada cual. Porque ese Dios es una de las deformaciones más radicales de la imagen del Dios que nos presentó Jesús. A partir de este criterio, hay que interpretar la parábola de los jornaleros (Mt 20,1-15). Tal como esta historia ha llegado hasta nosotros, el relato empieza y termina con la conocida sentencia: "los últimos serán los primeros y los primeros los últimos" (Mt 19,30 y 20,16). Pero hoy ya casi nadie discute que esa sentencia es un añadido redaccional de la comunidad de Mateo, cosa que está generalmente aceptada por la exégesis[37]. La clave para entender la parábola está en comprender que los trabajadores, que protestaron por la decisión del propietario, no lo hicieron ni por envidia, ni siquiera por egoísmo, sino por "el mantenimiento del principio de correspon-

---

33. Cf. FRANSEN, P., o.c., 931-932.
34. DS 1545-1549.
35. *Epist. 194, Ad Sixtum Praesb.* 5, 19. PL 33, 880.
36. Cf. FRANSEN, P., o.c., 935.
37. Cf. HARNISCH, W., *Las parábolas de Jesús,* Salamanca, 1989, 156, nota 3.

dencia entre el rendimiento y la remuneración"[38]. Pero justamente en este punto es donde se produce, en esta historia, el corte con lo establecido y admitido en nuestras relaciones sociales y, en general, en nuestra vida diaria. Porque, si algo queda claro en la parábola, es que el propietario (Dios) no se relaciona con nosotros según el criterio de *pagar a cada cual según sus méritos*, sino de acuerdo con el principio de *relacionarse con todo ser humano a partir de la generosidad*. Porque así es como termina la parábola: "¿ves tú con malos ojos que yo sea generoso?" (Mt 20,15). Por eso, en esta extraña historia, el dueño empieza a pagar por los últimos que han llegado. Y, sobre todo, les paga exactamente lo mismo que a los que sudaron y dieron el callo desde el amanecer. Desde el punto de vista de la ética empresarial, eso sería una barbaridad y la ruina del mercado y de la justicia que hemos establecido los hombres. Lo que ocurre es que, para suerte nuestra, Dios no es un empresario, ni siquiera es el "divino empresario" que gestiona los asuntos del cielo, entre otras cosas porque el cielo tampoco es un "negocio" sobrenatural que Dios ha puesto, no se sabe dónde ni para qué. Todo eso son majaderías que, sin darnos cuenta, podemos decir los hombres de la religión.

Decididamente, el Padre del cielo no anda calculando lo que cada uno merece. Todo eso no ha servido nada más que para meternos en la cabeza una imagen falsa de Dios. Y hay que acabar con esa imagen. Porque las personas que alimentan su fe desde la idea del Dios-propietario, que paga según los méritos y el rendimiento, no entienden ni pueden entender al Dios-Padre del que nos habla Jesús en el Evangelio. Hay cristianos que van por la vida como "jornaleros", calculando lo que van a "ganar" y "merecer". Es una pena que en la Iglesia queden todavía prácticas antiguas que, sin pretenderlo, favorecen esta mentalidad, por ejemplo cuando a la gente se le predica que, mediante tal peregrinación o tal jubileo, se "ganan" tales "méritos" o no sé qué indulgencias con las que se obtiene más cielo o se va más rápido a la vida eterna. Mal servicio se le hace al pueblo de Dios cuando se le enseñan tales cosas. Y peor servicio se le hace a la causa de Dios cuando, sin pretenderlo, se presentan las prácticas religiosas como sistemas de intercambio, de negocio y de ganancia, como si el Padre de Jesús y Padre nuestro estuviera, a todas

---

38. HARNISCH, W., o.c., 166.

horas, con el libro de cuentas en la mano, para luego pagarle a cada cual lo que se ha ganado. A mí me parece que Dios se merece un respeto que nada tiene que ver con ese tipo de chalaneos humanos, a veces, demasiado humanos.

Dios no castiga a nadie

Cuando digo que Dios no castiga a nadie, estoy afirmando que, si realmente creemos en el Dios y Padre infinitamente bueno y misericordioso que nos enseñó Jesús, ese Dios no castiga, ni puede castigar, a ningún ser humano, a ningún hijo suyo, ni en esta vida ni en la otra. Por supuesto, estamos de acuerdo en que cualquier padre, el mejor padre de este mundo, puede e incluso debe corregir y hasta imponer un castigo a un hijo suyo, para educarle mejor, para conseguir del niño o del muchacho que llegue a ser una persona cabal. Pero es que, cuando hablamos de los "castigos" de Dios o cuando la gente dice que Dios nos "castiga", en realidad se dice otra cosa. Porque, con ese tipo de expresiones, no hablamos ya de un padre que *educa* al hijo que ama, sino que nos referimos al déspota que *maltrata* incomprensiblemente a seres indefensos o, lo que es peor, que *condena* para siempre y rechaza, sin esperanza alguna de solución, al que lo ha rechazado a Él. Ahora bien, es evidente que, si nos empeñamos en defender semejante imagen de Dios, por muchas explicaciones que le busquemos, ese Dios tira por tierra todo lo que hemos dicho o podamos decir sobre el Dios Padre-Madre, que supera indeciblemente en bondad, amor y ternura a todos los padres y a todas las madres que hay o pueda haber en este mundo. Un Dios que maltrata y castiga, con sufrimientos que no podemos ni imaginar, es lógicamente incompatible con el Dios que quiere de verdad para sus hijos la felicidad de vivir. Esto lo entiende cualquiera. Un Dios, que está siempre sobre nosotros *como una amenaza de castigo*, sin que de ese castigo se siga bien alguno, no puede ser fuente de felicidad. Un Dios así, es la mayor desgracia que se les puede venir encima a los seres humanos. Porque semejante Dios es la fuente de toda desgracia y el responsable último de que en este mundo haya tanto dolor, tanta miseria y tanta indignidad. Ese Dios no se merece sino el rechazo. Porque no es creíble. Ni puede pedir, para Sí mismo, credibilidad alguna a las personas normales que andamos por la tierra.

Con esto quiero decir que la pregunta más honda, que los seres humanos se han planteado a lo largo de los tiempos, y se siguen planteando en este momento, es la pregunta sobre el origen del mal. Es la eterna cuestión sobre la razón de ser del sufrimiento. ¿Por qué sufrimos? ¿para qué sufrimos? ¿qué explicación tiene el hecho de que este mundo esté "organizado" de tal manera que en él hay tanto dolor y tanta desgracia? Al intentar responder a estas cuestiones, los hombres han buscado (desde siempre y desde distintos puntos de vista) la mejor solución en el recurso a Dios. A partir de los relatos míticos de las religiones más primitivas, una y otra vez, de mil maneras distintas, las tradiciones religiosas se han esforzado por buscarle una explicación al sufrimiento humano[39]. Pero el hecho es que, con el recurso a Dios, lo único que se ha conseguido es complicar más el problema. Porque, al meter a Dios en el embrollo que representa en sí mismo el problema del mal y del sufrimiento, se han producido dos consecuencias. En primer lugar, el problema del mal ni se ha resuelto, ni se ha explicado satisfactoriamente. En segundo lugar, el tema de Dios se ha complicado hasta el extremo de resultar (lo mismo que ocurre con el mal) un problema sin solución racional. O sea, que si ya el sufrimiento ha sido siempre una realidad brutal que humanamente no ha tenido explicación, ahora resulta que Dios tampoco la tiene. Por eso, parece enteramente lógica la afirmación de Juan A. Estrada cuando termina su excelente estudio diciendo: "En conclusión, la teodicea, en cuanto intento especulativo de justificar el mal existente y hacerlo racionalmente compatible con el postulado de un Dios bueno y omnipotente, es un fracaso. El problema del mal en cuanto a su origen, su entidad y su significación no tiene una respuesta lógica"[40].

Pero el embrollo es aún más complicado. Porque algunas religiones, entre ellas la cristiana, no se han limitado a establecer desagradables y esperpénticas relaciones entre Dios y los sufrimientos de esta vida, sino que, para colmo de males, se ha afirmado (con toda rotundidad) una relación espeluznante entre Dios y los sufrimientos de la otra vida. No teníamos bastante con explicar las desgracias de *este*

---

39. Una excelente presentación del significado y alcance de los mitos religiosos y su intento de explicación del problema del mal, en ESTRADA, J. A., *La imposible teodicea. La crisis de la fe en Dios*, Madrid, 1997, 47-57.

40. O.c., 341.

mundo. Además de eso, hay que explicar también las del *otro mundo*. Con un agravante sobrecogedor: los sufrimientos del "más allá" son eternos. O sea, que no tienen ni solución posible, ni límite alguno. Porque se trata del infierno para siempre y sin remedio posible.

Realmente, la teología cristiana ha puesto difícil el asunto de Dios. Porque si, efectivamente, Dios es el responsable de los males de este mundo, eso termina en la inevitable afirmación del *Dios castigador*. Pues no vale decir que Dios nos "manda" los males o que "consiente" los males, para que así podamos conseguir mayores bienes. Como ya expliqué en la introducción de este libro, decir que Dios permite que nos ocurran desgracias, para sacar de tales desgracias determinados bienes, es como decir que el padre dentista permite el dolor que le causa a su hijo, al sacarle una muela, para así obtener la curación del muchacho. Con lo cual, lo único que se demuestra es que el dentista no es omnipotente. Es decir, con eso no se resuelve nada en el complicado asunto del problema del mal y su relación con Dios. En otras palabras, con el argumento de que Dios "permite" el mal, para que así alcancemos un mayor bien, no vamos a ninguna parte.

Culpar al hombre para exculpar a Dios

Naturalmente, todos los que se han preocupado por este tipo de problemas no tardaron mucho en darse cuenta de que había que buscarle otra solución al asunto. Por eso, desde muy pronto, se dijo: la culpa no la tiene Dios, la tiene el hombre, que es pecador y malo. De ahí que, por ejemplo, en la Biblia se dice que los primeros seres humanos (Adán y Eva) vivían en un paraíso, o sea en un mundo sin mal alguno. Pero fueron expulsados del lugar de la dicha y de la paz por causa del pecado que cometieron. Con lo cual se quiere decir que la causa del mal no está en Dios, sino en el hombre. En definitiva, es la misma idea que se repite en el mito de Job, que presenta una imagen cruel de la divinidad, ya que Dios prueba a Job a costa de la muerte de sus hijos, sin que ni siquiera haya una restitución final para los que son víctimas del perverso designio divino (Job 1,18; 42,13)[41]. El problema de fondo, tal como se presenta en este

---

41. Cf. ESTRADA, J. A., o.c., 80.

relato bíblico, está perfectamente formulado por los amigos de Job. La idea de los amigos de Job es que el sufrimiento es un castigo divino por causa del pecado humano: "¿Puede Dios torcer el derecho o el Todopoderoso pervertir la justicia? Si tus hijos pecaron contra Él, ya los entregó en poder de sus delitos" (Job 8, 3-4). En realidad, esta idea era la concepción popular de aquellos tiempos que veía el sufrimiento como un castigo por el pecado[42]. Y la verdad es que esta manera de pensar sigue viva en la conciencia de mucha gente. Todos hemos oído alguna vez a alguien que se pregunta: "¿Qué habré hecho yo para que me pase esto?".

Pero, en realidad, si la cosa se piensa detenidamente, enseguida se da uno cuenta que el problema del mal y del sufrimiento no se resuelve mediante el simple procedimiento de descargar la responsabilidad de Dios, para cargar semejante responsabilidad en el pecado del hombre. Porque, a fin de cuentas, según la religión, quien ha hecho al hombre ha sido Dios. De donde resulta que, por un camino distinto, terminamos encontrándonos con el Dios de siempre. El problema queda al descubierto inmediatamente: si Dios nos ha hecho libres para pecar, y luego nos castiga porque hemos pecado, con toda razón le podemos preguntar a Dios: "¿por qué nos has hecho así?". Además, en este mundo hay cantidad de sufrimientos que no dependen de la libertad de nadie. Ante una desgracia natural, como puede ser un terremoto espantoso, uno no puede apartar de su cabeza la pregunta: "si efectivamente hay Dios, ¿cómo puede explicarse que ese Dios mande o permita semejante atrocidad?". Ante tal pregunta, resulta muy difícil apartar del pensamiento la idea del Dios de la ira y del castigo. La teología, entonces, se queda sin argumentos. Y la religión aparece, para muchas personas, como una cosa sin sentido. Cualquier escritor, cualquier periodista, con motivo de un desastre, como el que ha ocurrido con los terremotos de El Salvador, puede escribir lo siguiente: "¿Por qué la Iglesia no se apropia de la belleza de la tierra y se decide, por fin, a apacentar sólo nuestros placeres, en vez de aceptar a un Dios tan cruel?"[43].

Empeñarse en seguir diciendo que Dios nos castiga, incluso suavizando la cosa con la maquillada expresión según la cual Dios no

---

42. Cf. ESTRADA, J. A., o.c., 81-82.
43. VICENT, M., "El castigo", *El País*, 18.II.2001.

"castiga", sino que "permite" los males y desgracias que ocurren en este mundo, equivale a echar por un camino que inevitablemente termina en el absurdo y en la contradicción de un Dios que no puede ser bueno, que no puede ser Padre de nadie, y que, desde luego, no tiene que ver nada con la felicidad de vivir, sino que es el mayor peligro y la máxima amenaza para todo lo que sea sentirse bien y disfrutar en este mundo. Yo, por lo menos, no creo, ni puedo creer, en semejante Dios. Y tengo el convencimiento firme de que son muchísimas las personas a las que les pasa (en este asunto) lo mismo que a mí.

No hay explicación a nuestro alcance

La solución a todo este embrollo tiene que ir por otro sitio. Ante todo, hay que desligar el tema de Dios del tema del sufrimiento. Aceptemos, de una vez, que el problema del mal forma parte de lo que el hombre quisiera saber, pero no puede saber. Aceptemos, por tanto, que el mal y el sufrimiento, desde el punto de vista de lo que el pensamiento humano puede dar de sí, no tiene explicación que nos tranquilice y nos deje satisfechos[44]. En cualquier caso, lo que tenemos que tener claro es que Dios no quiere el mal, no quiere el sufrimiento, no soporta el sufrimiento de los seres humanos, por muy malos y por muy pecadores que seamos o podamos ser. Es más, si realmente creemos en un Dios que es Padre, que es Amor y Misericordia, ese Dios no tiene nada que ver, no puede tener nada que ver, con los males de este mundo, con las miserias de este mundo. En este sentido, se puede y se debe decir que Dios no castiga a nadie.

Pero entonces, ¿se puede decir que Dios no "quiere" el mal, pero lo "permite"? ¿se puede decir, por tanto, que Dios no quiere el sufrimiento de los seres humanos, pero permite que sufran? Ante esta pregunta, se puede responder con seguridad que, en cualquier caso, no es posible explicar por qué Dios permite el mal[45]. Pero es claro

---

44. Una excelente presentación de los distintos intentos de la teodicea racionalista, ESTRADA, J. A., o.c., 183-240. Véase también, del mismo autor, *Razones y sinrazones de la creencia religiosa*, Madrid, 2001, 131-138.
45. ESTRADA, J. A., *La imposible teodicea*, 343.

que esa respuesta no resuelve el problema que representa la relación entre Dios y el sufrimiento. Porque si, efectivamente, Dios permite el mal, es que tiene que ver con ese desagradable y terrible asunto. El que "permite" una cosa, en última instancia, es que la "quiere". Si Dios permite el sufrimiento humano, a fin de cuentas, es que quiere que los hombres sufran. Por eso, ni más ni menos, el problema de Dios sigue siendo un problema sin solución para mucha gente.

Un intento de explicación

Así las cosas, a mí me parece que lo más razonable es decir que tanto Dios como el mal son dos realidades que están más allá de nuestra capacidad de entender y de explicar. Esto supuesto, los que creemos en Dios y los que a todas horas palpamos la existencia del mal, tenemos que empezar por reconocer que no sabemos cómo armonizar lo uno y lo otro, la realidad de Dios y la realidad del mal. Ahora bien, si esto es así, ¿qué podemos pensar y qué podemos hacer? Si realmente *no sabemos* cómo se relaciona lo de Dios con lo del mal, vamos a quedarnos con lo que *sabemos* y, a partir de ahí, buscar la explicación que nos resulte más coherente. Esto supuesto, parece que se puede decir lo siguiente:

1. Los que creemos en Dios, no hemos llegado a tener esa creencia porque previamente hemos resuelto el problema del mal, ya sea desde la filosofía, ya sea desde la teología. La fe en Dios no es irracional. Pero tampoco se basa en argumentos racionales. La fe en Dios brota en nosotros como brota el respeto, la estima y el cariño a las personas y a las cosas que dan sentido a nuestra vida. Preguntar las "razones" que nos han llevado a hacernos amigos de tal persona o a enamorarnos de tal otra, es lo mismo que no tener ni idea de lo que es la amistad o lo que es el amor. Los mecanismos más determinantes de la vida humana no van por el camino de las "razones", sino que brotan de otros dinamismos que, en definitiva, no podemos explicar.

2. Quienes hemos sido educados en la tradición cristiana, sabemos que "a Dios nadie lo ha visto jamás" (Jn 1,18). Es decir, sabemos que Dios rebasa nuestra capacidad de comprensión y, por tanto, no está a nuestro alcance. Eso quiere decir, entre otras cosas, que no está a nuestro alcance saber y poder explicar por qué existe

el sufrimiento humano. Y menos aún, saber y poder explicar si Dios puede o no puede cambiar las cosas de manera que en el mundo no haya sufrimiento. Afirmar, por tanto, que Dios "quiere" o "permite" el mal y las desgracias que ocurren en el mundo es lo mismo que afirmar una cosa que, en realidad, no sabemos ni podemos saber. Porque, desde el momento en que sabemos que Dios no está a nuestro alcance, desde ese momento, tendríamos que reconocer humildemente que tampoco podemos saber lo que realmente representa el poder de Dios y hasta dónde llega o no llega ese poder. Es decir, nadie puede afirmar con certeza si Dios quiere o no quiere, permite o no permite, el sufrimiento, los males y las desgracias que nos suceden en esta vida a los mortales.

3. La tradición cristiana nos enseña que a Dios lo hemos conocido en el hombre Jesús de Nazaret. De manera que (con la certeza que nos da la fe) sólo podemos saber de Dios lo que de Él nos ha enseñado Jesús. Esto ya quedó explicado en el capítulo primero de este libro. Ahora bien, lo más claro y lo más evidente, que hay en la persona y en la historia de Jesús, es que "pasó haciendo el bien y curando a los oprimidos por el diablo, porque Dios estaba con él" (Hech 10,38). Jesús no castigó a nadie. Todo lo contrario. Su afán y su proyecto fue, desde el primer momento, aliviar el sufrimiento humano, liberar a los cautivos, dar la buena noticia a los pobres, curar a los enfermos, devolver la vida a los que no tienen vida, recuperar a los excluidos, acoger a los pecadores y personas mal vistas en la sociedad, invitar al banquete del Reino a los perdidos por los caminos de la vida (Lc 4,18; Mt 11,5; Lc 15,1-2; Mt 22,1-10 par). Y sabemos que Jesús hizo todo esto aun a costa de enfrentamientos y conflictos en los que se jugó su propia seguridad, su nombre y su prestigio y hasta su misma vida. Pues bien, lo más seguro que hay en el Nuevo Testamento es que, en la vida y en la historia de este hombre, Jesús de Nazaret, es donde podemos aprender cómo es el Dios en el que creemos.

4. Según esto, lo más seguro que podemos saber y decir es que Dios no es agente de sufrimiento, sino el que anuncia y promete la felicidad y la esperanza a cuantos sufren en esta vida (Lc 6,20-26; Mt 5,1-12). Por supuesto, con decir esto, no resolvemos todas nuestras dudas ni damos respuesta a todas nuestras preguntas. Porque, entre otras cosas, es evidente que Jesús no curó a todos los enfermos

que había en la Palestina de su tiempo. Ni resucitó a todos los muertos. Ni sanó a todos los leprosos. Ni hizo ricos a todos los pobres que vivían allí. Jesús no reveló a un Dios que es la solución de todos los males y el alivio de todos los sufrimientos. Como tampoco se reveló en Jesús un Dios que necesita del sufrimiento humano o que exige el dolor y la muerte, para aplacarse en su ira contra los pecadores. Jesús no murió crucificado porque a Dios le guste el sufrimiento y le aplaque la sangre de su Hijo. Jesús acabó sus días como sabemos que acabó porque vivió y habló de tal manera que aquello resultó insoportable para los dirigentes de Israel. A Jesús no lo mató un decreto divino. A Jesús lo mataron los romanos y los sumos sacerdotes porque unos y otros, en una alianza implícita, no soportaron el mensaje del Evangelio[46].

5. Lo único seguro, por tanto, es que el Dios en el que creemos no es un tirano que castiga, ni una amenaza para nadie, ni un déspota cruel que a unos les manda desgracias y otros los premia con la suerte de la lotería o con la conquista del cargo que ambicionan. En este sentido, hay que desligar a Dios, para siempre, de los bienes o males que ocurren en este mundo. Yo sé que esto plantea preguntas que no tienen una respuesta satisfactoria. Pero igualmente sé que, cuando asociamos el problema del mal con el problema de Dios, las preguntas que entonces se nos plantean tienen aún menos respuesta, hasta el punto de que esas preguntas, y las dudas que generan, dejan a muchas personas al borde de la desesperación o la blasfemia. En consecuencia, dado que el problema nos deja insatisfechos, tanto cuando ligamos a Dios con el sufrimiento como cuando lo desligamos, parece más razonable optar por la solución que reconoce humildemente nuestra incapacidad para comprender al Dios que nos trasciende a todos. Y que, además, sitúa la razón de ser de nuestros sufrimientos en el hecho de que el mundo es como es, y no como a nosotros nos gustaría que fuese. Y si nos empecinamos en seguir preguntando por qué el mundo es como es, lo más sensato es decir que no lo sabemos, ni lo podemos saber. A partir de ahí, el que

---

46. He analizado esta cuestión en mi libro *El Reino de Dios*, 386-395. Allí explico el significado que tiene, en la teología del Nuevo Testamento y en la Soteriología cristiana, el "sacrificio" y la doctrina de la "expiación", que desarrolló Anselmo de Canterbury.

tenga tiempo y ganas de seguir alambicando sobre estas cuestiones, está en su derecho de hacerlo. Otra cosa es que llegue a una conclusión que a todos nos convenza.

6. Esto no quiere decir que no podamos y no debamos acudir a Dios en la oración, para presentarle nuestras preocupaciones o nuestras angustias. Pero, en este punto concreto, es importante saber que en ninguna parte está garantizada la eficacia de la oración de petición, en el sentido de que Dios nos va a conceder con seguridad lo que le pedimos. Cuando los evangelios hablan de este asunto, se limitan a decir que Dios dará "cosas buenas" (*agathà*) a los que se las piden" (Mt 7,11) o, lo que es lo mismo, que "dará Espíritu Santo a los que se lo piden" (Lc 11,13)[47]. Juan A. Estrada, que ha dialogado lúcidamente con la postura crítica de Andrés Torres Queiruga en lo referente a la la oración de súplica, ha escrito: "La petición brota de la indigencia, tanto moral como física. Por eso se puede pedir a Dios protección y ayuda ante una catástrofe natural, ya que la carencia y la ansiedad se convierten aquí en expresión dirigida a Dios. Al dirigirnos a Él, rompemos el círculo cerrado del diálogo con nosotros mismos y abrimos nuestra inmanencia a lo trascendente"[48]. En eso radica el sentido y el alcance de la oración de petición.

¿Qué decir del Infierno?

Pero queda una pregunta por responder. Dije antes que Dios no castiga a nadie ni en esta vida ni en la otra. ¿Significa eso negar la existencia del infierno? Es un hecho que el castigo eterno del infierno, imaginado angustiosamente por tantas generaciones de creyentes, viene siendo, sobre todo a partir de la segunda mitad del s. XX, motivo de controversias, sin que falten teólogos de la talla de H. Urs von Balthasar o santos tan eminentes como Teresa de Lisieux, que han defendido una esperanza sin límites a la que tendría derecho todo ser humano[49]. Para ir derechamente al centro del problema, la cuestión está en saber, según la acertada formulación de Andrés Tornos,

---

47. Cf. S. Schulz, *Q. Die Spruchquelle der evangelisten*, Zürich 1972, 162.

48. "La oración de petición bajo sospecha", *Cuadernos Fe y Secularidad* 38, Madrid, 1997, 29.

49. Una buena presentación de esta controversia, en el estudio de ELLUIN, J., *Quel Enfer?*, París, 1994.

"cómo un Dios bueno puede actuar creando a un hombre destinado al infierno, produciendo ese mismo infierno que no tiene más finalidad que hacer sufrir y empleándose luego en un castigar que no conduce a solución ninguna"[50]. Si afirmamos en serio que Dios es infinitamente bueno y si añadimos, también en serio, que ese Dios es el mejor Padre que podamos imaginar, ¿es que resulta coherente (o incluso posible) que semejante Padre pueda hacer que exista un hijo suyo al que luego va a mandar a un castigo tan espantoso, tan sin remedio y tan sin finalidad alguna de solución en ningún sentido?

Sabemos que a todo esto se puede, y se suele, responder diciendo que la responsabilidad del castigo infernal no está en Dios, sino en la libertad humana. El que se va al infierno es porque libremente se enfrenta a Dios y se resiste a convertirse de su mala vida. Por tanto –dicen algunos teólogos–, Dios no castiga a nadie, sino que es el hombre el que libremente se aparta de Dios y, en ese sentido, se auto-castiga a sí mismo. Pero la verdad es que, si todo este asunto se piensa despacio, enseguida se da uno cuenta de que eso de echarle la culpa al hombre, para quitarle la culpa a Dios, en realidad no resuelve el problema. Por la sencilla razón de que, con semejante respuesta, Dios no queda mejor parado, pues resulta enormemente incoherente que Dios hubiera creado a los hombres con una libertad tan condicionada y tan pobre como para que dependa de esa desgraciada libertad un riesgo tan tremendo como es el hecho de un infierno eterno[51].

Finalmente, si recurrimos a decir que la libertad humana no está tan desarmada ante la decisión definitiva de la salvación o la condenación, porque se nos ha revelado que Dios está empeñado (por su amor) en salvarnos, entonces, ¿para qué hablar de la perdición y sus consecuencias? Si Dios quiere, de verdad, salvarnos a todos, ¿a qué viene tanto sermoneo sobre el infierno y sus tormentos? Y si es que el empeño de Dios por salvarnos puede fallar, en ese caso es que semejante empeño divino no es tan serio ni tan firme como se suele decir.

Al plantear estas cuestiones, no podemos olvidar, como es lógico, que en los evangelios se afirma la amenaza de juicio y condenación para aquellos que rechazan el mensaje de Jesús. Como se ha

---

50. TORNOS, A., *Escatología*, vol. II, Madrid, 1991, 214-215.
51. Cf. TORNOS, A., o.c., 215.

dicho muy bien, la idea del juicio, al ser asumida por Jesús, elimina las connotaciones nacionalistas del Antiguo Testamento y acentúa el aspecto personal (Mt 10,25; 11,21-24) y universal (Mt 25,31-46)[52]. Pero, cuando los cristianos pensamos en el tema del infierno, nunca deberíamos olvidar lo que acertadamente ha escrito un gran experto (H. Bietenhard) en las enseñanzas del Nuevo Testamento sobre esta cuestión: "Al ocuparse la Biblia sobre la suerte de los difuntos, habla echando mano de diversas concepciones recogidas, en parte, simplemente de religiones extrañas y, otras veces, dando a esas mismas ideas una forma propia. No se llega a conseguir una imagen unificada ni una doctrina claramente definida, sino que, más bien, queda todo en insinuaciones de diverso tipo, difícilmente armonizables entre sí"[53].

En efecto, los autores del Nuevo Testamento utilizan diversos términos para referirse a lo que nosotros denominamos genéricamente con la palabra *infierno*. Así, se utiliza *ábyssos* (abismo), *hádês* (mundo subterráneo), *géenna* (infierno) y *katóteros* (más bajo, inferior). Los límites que deslindan estos diversos conceptos son muy imprecisos en el Nuevo Testamento, de manera que, con frecuencia, resulta difícil concretar lo que cada una de esas expresiones quiere decir con toda exactitud[54]. A esto hay que añadir que los términos *aiôn* y *pyr*, que se suelen traducir por "eterno" y "fuego", no indican jamás en el Nuevo Testamento la eternidad de un mal existente, ni eso se puede demostrar en modo alguno[55]. Más en concreto, la expresión *aiôn* resulta tan imprecisa que, mientras ha habido teólogos importantes, como O. Cullmann, que de ese término han deducido la temporalidad del futuro escatológico, otros especialistas, como es el caso de J. Barr, están en contra de semejante temporalidad, basándose en razones lingüísticas[56]. Por lo que se refiere al "fuego" (*pyr*), se puede interpretar como un instrumento del poder del juicio divino o simplemente como el concepto opuesto a entrar

---

52. ESTRADA, J. A., *La imposible teodicea*, 362.
53. BIETENHARD, H., "Infierno", en COENEN, L., BEYREUTHER, E. y BIETENHARD, H., *Diccionario Teológico del Nuevo Tesdtamento*, vol. II, Salamanca,1980, 347.
54. Cf. BÖCHER, O., "Hadês", en BALZ, H. y SCHNEIDER, G., *Diccionario Exegético del Nuevo Testamento*, vol. I, Salamanca, 1996, 91.
55. ELLUIN, J., *Quel Enfer?*, 94-100.
56. Cf. HOTZ, T., "Aiôn", en Balz, H. y SCHNEIDER, G., o.c., 134.

en la "vida"[57]. Más de eso, no parece que se pueda deducir nada seguro.

En cualquier caso, lo que sin duda se destaca con todo vigor en el Nuevo Testamento es el señorío universal y el triunfo de la gracia de Cristo. Y de eso depende que, en los primeros escritos del cristianismo, no se encuentre concepción alguna sobre el más allá, ni existe ninguna "geografía del mundo del más allá". En este sentido, el Nuevo Testamento se diferencia enteramente de ciertos escritos del judaísmo tardío y también de algunos escritos cristianos, por ejemplo la *Divina Comedia* de Dante. Precisamente el silencio del Nuevo Testamento sobre detalles del más allá es lo que quizá excitó la curiosidad, piadosa en apariencia, que llevó a no conformarse con depositar la esperanza sólo en Cristo, sino a pensar que se podían y debían completar las sentencias de la Escritura a base de la fantasía humana, lo que muestra una falta de fe. Además, no conviene olvidar que la doctrina griega de la inmortalidad del alma reemplazó la fe neotestamentaria en la resurrección de los muertos (1 Cor 15). Y, como se ha dicho muy bien, la doctrina helenista del alma eterna "ha seguido siendo hasta hoy el modo corriente de pensar del cristiano, el cual no se para a reflexionar en que, siguiendo esta línea de pensamiento, no cree y espera bíblicamente y de acuerdo con el Nuevo Testamento, sino que su esquema mental es griego-gentil"[58].

Finalmente, del conjunto de las enseñanzas del Nuevo Testamento, lo que se desprende con seguridad es que Dios quiere a los seres humanos indeciblemente más de lo que cualquier persona puede imaginar o calcular. Como es igualmente seguro que Dios no castiga a nadie. La pregunta que siempre nos queda y nos quedará pendiente es cómo reacciona Dios ante tanta injusticia y tanto atropello de unas personas a otras en este mundo. Es decir, cómo se comporta Dios con los que somos responsables de que en esta vida haya tanto dolor y tantos sufrimientos que se podrían evitar o, al menos, disminuir. Ahora bien, si somos sinceros con nosotros y con los demás, lo único sensato y seguro que podemos decir, a ese respecto, es que realmente no sabemos, ni podemos saber, si la "justicia" de Dios puede ser pensada según nuestros esquemas humanos de

---

57. LICHTENBERGER, H., "Pyr", en BALZ, H. y SCHNEIDER, G., o.c., vol. II, 1279-1280.
58. BIETENHARD, H., *Infierno*, 349.

justicia, de juicio y de amenaza. Si Dios es Dios, es seguro que actúa de manera que nosotros, los que no podemos conocer a Dios, seguramente ni podemos imaginar. Decir otra cosa, sería proyectar nuestros miedos, nuestros sentimientos de culpa y nuestros confusos deseos sobre lo que en realidad desconocemos.

Dios es siempre bueno

En el sermón del monte, dice Jesús: "Amad a vuestros enemigos y rezad por los que os persiguen, para ser hijos de vuestro Padre del cielo, que hace salir su sol sobre malos y buenos y manda la lluvia sobre justos e injustos. Porque si amáis a los que os aman, ¿qué recompensa tendréis? ¿no hacen lo mismo los publicanos? Y si saludáis sólo a vuestros hermanos, ¿qué hacéis de extraordinario? ¿no hacen eso mismo los que no tienen fe? Por consiguiente, sed perfectos como vuestro Padre del cielo es perfecto" (Mt 5,44-48).

Estas palabras son, como se ve claramente, la exigente exhortación que hace Jesús para que los cristianos amemos, no sólo a los que nos aman y, en general, a los que coinciden con nosotros (nuestros "hermanos"), sino también a nuestros enemigos. Por eso, los numerosos estudios, que se han hecho sobre este texto[59], se han fijado en el sentido *moral* y las duras exigencias de carácter ético que implican las palabras de Jesús. Pero, seguramente debido a lo fuerte que es este texto, se ha puesto menos atención en algo, que es previo a lo moral, pero que sin duda es mucho más determinante y, por supuesto, más serio. Me refiero al sentido *teológico* que tienen las palabras de Jesús. Quiero decir: Jesús no hace sólo una afirmación muy exigente *sobre la conducta* de los cristianos, sino que, además de eso y antes que eso, hace otra afirmación mucho más grave *sobre Dios.* Concretamente, Jesús explica, no sólo *cómo se comporta* Dios, sino también *cómo es Dios.* De manera que, precisamente porque Dios es como es, exactamente por eso los cristianos tenemos que parecernos a Él, para poder ser hijos suyos.

Para empezar a explicar lo que acabo de decir, me voy a fijar, ante todo, en las palabras finales del texto que he citado. La traduc-

---

59. La abundante bibliografía sobre este punto, se puede ver en el estudio de LUZ, U., *El evangelio según san Mateo*, vol. I, Salamanca 1993, 426.

ción literal de esas palabras dice así: "Sed perfectos (*téleioi*) como vuestro Padre celestial es perfecto" (*téleios*) (Mt 5,48). Aquí el evangelio de Mateo no se refiere ya solamente a *cómo se comporta* Dios (Mt 5, 45), sino que llega más lejos, haciendo una afirmación fundamental sobre *cómo es* (*éstin*) Dios. Ahora bien, lo que Jesús afirma sobre Dios no es sólo su *perfección*, sino sobre todo su *bondad*. Es verdad que el texto de Mateo utiliza el adjetivo *téleios*, que literalmente significa el que llega al fin (*télos*), a la consumación, es decir, a lo más perfecto. Pero aquí es determinante tener en cuenta dos cosas. Primero, que Jesús dijo eso sobre Dios, para justificar el comportamiento bueno con todos y hasta el amor a los enemigos, lo que indica claramente que Jesús no estaba hablando (directamente) de la "perfección" de la Divinidad, sino (antes que nada) de su "bondad" y del amor del Padre. Segundo, que en el texto paralelo del evangelio de Lucas (6,35)[60] no se dice que Dios es "perfecto", sino que Dios es "bueno" o bondadoso (*jrestós*). Se trata del adjetivo que utiliza el mismo evangelio de Mateo para calificar lo "suave" y llevadero que es el yugo de Jesús (Mt 11,30)[61], que alivia a todos los que van por la vida "rendidos y abrumados" (Mt 11,28). De la misma manera, san Pablo elogia, con este mismo adjetivo, la bondad de Dios (Rom 2,4; cf. 1 Cor 15,33).

Por lo tanto, no parece acertada la explicación que dan algunos autores cuando dicen que el evangelio de Mateo se refiere aquí a la "perfección" que deben alcanzar los creyentes mediante el exacto cumplimiento de la Ley[62]. Por supuesto, eso se puede entender incluido en las palabras de Jesús. Pero Jesús no pretende insistir en la observancia legal, sino en la superación de la "observancia" mediante la "bondad" que no tiene límites. En este sentido, parece correcto decir que, con el término *téleios* (perfecto), Mateo destaca la relevancia fundamental del amor, que no es un precepto más entre

---

60. ROBINSON, J. M., HOFFMANN, P. y KLOPPENBORG, J. S., *The Critical Edition of Q*, Leuven, 2000, 72-73; cf. SCHULZ, S., *Q. Die Spruchquelle der evangelisten*, Zürich, 1972, 128.

61. Se trata de la contraposición del yugo de Jesús en relación al pesado yugo de la Ley que los fariseos imponían a la gente. Cf. Castillo, J. M., *El Reino de Dios*, Desclée De Brouwer, Bilbao, 55-61.

62. En este sentido, por ejemplo, Luz U., *El evangelio según san Mateo*, vol. I, 437-438.

otros, sino que es el centro y la cima de todo lo que Dios quiere de nosotros[63].

Ahora bien, si Dios quiere que los seres humanos *actuemos* con tanta bondad (hasta llegar a amar incluso a nuestros enemigos), la razón última de tal exigencia radica en que Dios, no sólo *actúa* con esa bondad, sino que *es* la bondad más incondicional que cualquiera se pueda imaginar. Porque lo más claro que hay en las palabras de Jesús, que he recordado al comienzo de este apartado, es que Dios *es bueno*. Y es *siempre bueno*. Además, es bueno *con todos*, lo mismo con los buenos que con los malos. Eso exactamente es lo que quiere decir el evangelio cuando afirma que Dios "hace salir su sol sobre malos y buenos y manda la lluvia sobre justos e injustos" (Mt 5,45). Al decir esto, Jesús echa mano de una cosa evidente: cada mañana, cuando sale el sol, ese sol le da luz, calor y vida lo mismo a la gente mala que a la gente buena, lo mismo al sinvergüenza que la honrado, lo mismo al que se porta mal que al que se porta bien. Y de la misma manera, cuando vienen las lluvias, el agua que cae del cielo riega lo mismo la finca del ladrón que ha robado un terreno que la tierra que trabaja honradamente el hombre que se gana cada día el pan con el sudor de su frente. Sin duda alguna, el evangelio de Mateo pone en boca de Jesús este razonamiento tan elemental, y hasta tan simplista, para que nos convenzamos, de una vez para siempre, de que el cariño que Dios nos tiene, seamos buenos o seamos malos, es tan fuerte y tan seguro, que dudar de eso nos debería resultar tan estrambótico como el que se pusiera a pensar que, si se porta mal, a la mañana siguiente el sol no le va a dar a su casa o a su finca. Como a nadie se le pasa por la cabeza que, si comete una barbaridad (por muy grande que sea semejante barbaridad), cuando se ponga a llover, el agua no va a caer en su jardín o en sus tierras.

La cosa, por tanto, está clara. *Dios no reacciona ante el mal o ante el bien como reaccionamos nosotros.* Dios es bueno siempre. *Porque está por encima del bien y del mal.* Naturalmente, esto significa que *Dios nos quiere siempre.* Es decir, siempre tenemos asegurado el cariño de Dios, sea cual sea nuestro comportamiento. En este sentido, es evidente que lo primero y lo más elemental, para comprender a Dios, es modificar radicalmente la imagen usual que se suele tener de *cómo*

---

63. Luz, U., *El evangelio según san Mateo*, vol. I, 438.

es Dios y de *cómo se comporta Dios.* Porque parece bastante claro que, con demasiada frecuencia, cuando los hombres pensamos en Dios o hablamos de Él, incurrimos (de alguna manera) en lo que tantas veces se le ha reprochado a Feuerbach: Dios es el resultado de una proyección subjetiva que hacemos nosotros los mortales. O dicho de otra manera, Dios es la imagen del hombre que se proyecta en una entelequia, una cosa que nosotros nos imaginamos[64]. Feurbach no tiene razón al decir que Dios es un invento del hombre. Pero sí tiene razón cuando indica que nuestras experiencias profundas se proyectan en nuestra manera de entender a Dios. Porque, como se ha dicho con razón, no hay que caer en la trampa de pretender superar las ideas de Feuerbach postulando una revelación "pura" de Dios, que se contrapondría al conocimiento humano en cuanto mediación inevitable, para salir al paso de ese pretendido Dios que no es sino proyección de nuestras ideas o de nuestras carencias[65]. Lo queramos o no, lo pensemos o no, en el conocimiento que nosotros tenemos de Dios, se mezclan inevitablemente nuestras experiencias y nuestras maneras de reaccionar ante lo que nos ocurre cada día y en cada situación concreta. Pero entonces, como nosotros reaccionamos bien cuando se nos hace algo bueno y reaccionamos mal cuando se nos ofende, inevitablemente proyectamos sobre Dios esa experiencia tan connatural en cualquier persona. De donde resulta el Dios que se indigna ante la ofensa y que premia al que se porta bien con Él.

Por eso nos es tan difícil aceptar, sin titubeos, la idea de un Dios que siempre es bueno. Y que es bueno con todos. De la misma manera que nosotros no siempre somos buenos con todos, el Dios que nos imaginamos no es, no puede ser, bueno con todos. Nos resistimos instintivamente (y sin darnos cuenta) a aceptar semejante Dios. Por la sencilla razón de que, al igual que yo no estoy dispuesto a aceptar las diferencias de los otros con respecto a mí, tampoco puedo tolerar a un Dios que es siempre bueno con cualquier persona, por muy degradada que sea esa persona. El Dios que es bueno y reacciona con bondad, a prueba de cualquier ofensa, nos

---

64. Cf. Estrada, J. A., *Dios en las tradiciones filosóficas, 2. De la muerte de Dios a la crisis del sujeto,* Madrid, 1996, 157.
65. Cf. Estrada, J. A., o.c., 163.

resulta intolerable. No nos damos cuenta de esto. Pero, de hecho, nos resulta intolerable. Porque, de la misma manera que no soportamos al que es de otro color, de otra tendencia ideológica, política o religiosa, y menos aún al que es contrario a mis ideas y a mis proyectos, igualmente se nos hace una carga insoportable el Dios que no hace diferencias, que comprende a todos y que quiere a cualquier persona, sea quien sea y sea como sea. Parece como que necesitamos a un Dios que hace diferencias porque nosotros las hacemos. Como necesitamos a Dios que castiga porque nosotros castigamos. Estas oscuras conductas nuestras necesitan una "justificación" o, si se quiere, una "legitimación". Los que nos pasamos la vida juzgando, acusando y condenando a todo el que no coincide con nuestra manera de ser o de pensar, con nuestros gustos y nuestros rechazos, tenemos la inconsciente y apremiante necesidad del Dios que juzga, acusa y condena. Con semejante Dios, parece que nos quedamos más tranquilos. Y en cualquier caso, ese Dios hace que tengamos la impresión de ser "como hay que ser". Exactamente, como Dios.

Y sin embargo, el texto evangélico que antes he recordado nos deja desarmados en este ámbito oscuro de nuestra intimidad secreta. Jesús lo dice sin titubeos: "Porque si amáis a los que os aman, ¿qué recompensa tendréis? ¿no hacen lo mismo los publicanos? Y si saludáis sólo a vuestros hermanos, ¿qué hacéis de particular? ¿no hacen lo mismo los paganos?" (Mt 5,46-47). Es decir, portarse bien con los que coinciden conmigo, eso es tan normal, tan connatural con la condición humana, que el que no haga eso es que se ha convertido en un ser desnaturalizado. El problema está en aceptar las diferencias y, sobre todo, en portarse bien y amar al que es, no sólo distinto a mí, sino incluso contrario a mis ideas y sentimientos y hasta enemigo mío. Ahí está el gran problema de la convivencia humana.

Pero, si al analizar este texto, nos quedamos en lo dicho, por eso mismo nos quedamos a medio camino. Porque las palabras del evangelio van mucho más lejos. En cuanto que Jesús afirma que, "para ser hijos del Padre del cielo" (Mt 5,45), lo que hay que hacer es comportarse como se comporta el Padre del cielo. Por tanto, la relación de los hijos con el Padre, según Jesús, no es una relación de *sometimiento* y menos aún de *temor*, sino de *imitación*, precisamente en lo mejor que tiene el Padre. Porque es bueno con todos. Y es bueno con todos siempre. Por consiguiente, es hijo de Dios el que se porta con cualquier persona exactamente como Dios se porta con cualquier persona. Jesús desmonta el "fantasma del padre", que pesa y oprime en la intimidad de tantas personas. La "complicada" relación con el padre, al tratarse del Dios de Jesús, se convierte en "exigente" y "pacificante" relación con el Padre de todos. El Padre que sólo quiere la felicidad de todos.

Conclusión

El *lenguaje humano*, con sus muchas e inevitables limitaciones, le ha puesto a Dios el nombre de *Padre*. Sabemos que ese nombre implica complicaciones y carencias. Porque, antes que el lenguaje humano, está la *experiencia humana*, que ahonda sus raíces en el inconsciente de las personas y que, con mucha frecuencia, no se puede traducir en palabras. En cualquier caso, al ponerle a Dios el nombre de *Padre*, el Nuevo Testamento ha querido expresar que Dios es, para los seres humanos, lo mejor, lo más noble y lo más pleno, que cualquier ser humano puede apetecer, lo más grande que puede esperar, y la fuente de la felicidad plena a la que todos aspiramos. Dios no es indiferente a nuestra felicidad y a cuanto nos hace felices. Menos aún, es el obstáculo insalvable para el logro de nuestros deseos de felicidad. Todo lo contrario. Lo único que Dios quiere de verdad es que sus hijos, todos los seres humanos, seamos plenamente felices. En esta vida. Y en la otra vida. Un Dios que no sea así, no puede ser el verdadero Dios.

Pero todo esto –lo sabemos muy bien– nos resulta un sueño inalcanzable. Porque, de la misma manera que en la condición humana está la aspiración a ser felices, está también la maldita inclinación a conseguir esa felicidad a costa de hacer sufrir a otros seres humanos. Y ante eso, Dios no se puede quedar indiferente. Si Dios es Dios, a cualquiera se le ocurre pensar que ese Dios tiene que tomar partido en favor de las víctimas y en contra de los verdugos. Dios no puede dejar impune la maldad humana que es la causa de tanto dolor, de tanta humillación y de tanto exterminio. Así es como piensa el común de la gente. ¿Qué decir de todo esto?

En el Nuevo Testamento hay una amplia familia de palabras, derivadas del sustantivo *kríma* (juicio) y del verbo *krinô* (juzgar), que nos remiten a la idea según la cual Cristo, en nombre de Dios, "ha de venir a juzgar a los vivos y a los muertos", la fórmula del Credo, tomada de 2 Tim 4,1[66]. Esta idea se aplica a Dios y a Cristo, de distintas maneras, en los escritos del Nuevo Testamento. Los textos más claros son Hech 10,42 y Apoc 19,11 (cf. Jn 5,22.29; Hech 6,10; 1 Pe 4,5 s; Rom 2,16; 1 Pe 1,17; Apoc 20,12 s; 2 Cor 5,10). Pero, a la hora de interpretar esta documentación de textos bíblicos, es imprescindible tener en cuenta que, cuando hablamos del juicio de Dios (o de Cristo), no podemos explicar ese juicio a partir de los criterios de la justicia humana, tal como el juicio y la justicia han sido definidos y aplicados en la cultura occidental, desde el helenismo y desde el derecho romano. Hacer eso, sería tanto como echarle a Dios encima toda la parcialidad, la injusticia y hasta la injuria que, con frecuencia, entraña la "justicia" de los hombres. En este sentido, se ha dicho con razón que la incomprensibilidad de los juicios de Dios (Rom 11,33) destruye la rígida estructura que lleva consigo el dogma de la retribución; la grosera mentalidad humana basada sobre la máxima "haced bien a quien os hace bien" no puede aplicarse, pues, al juicio divino (Lc 6,32; 13,1-5; Jn 9,2 s). Así pues, el "sólo Dios puede juzgar" se convierte en una máxima central del Nuevo Testamento. Y esto, no sólo por la frecuencia con que se alude a ello, sino también por su contenido concreto, de tal manera que esta idea se relaciona con los conceptos fundamentales de la predicación de la Iglesia primitiva, conceptos tales como "gloria", "gracia", "amor", "perdón", etc. Ciertamente, los conceptos de *juicio* y *juzgar*, tomados de la esfera jurídica, encuentran sus límites a la hora de aplicarlos a Dios, ya que los juicios de Dios son insondables, sobre todo cuando en la incomprensibilidad de sus designios se revela su amor[67].

Además, a lo que acabo de decir, hay que añadir el atinado punto de vista de A. Tornos cuando nos recuerda que, en el evangelio de Juan, viene a decirse que no hay que contar con un juicio más allá

---

66. Para este amplio tema, cf. RISSI, M., "Krinô", en BALZ y H., SCHNEIDER, G., *Diccionario Exegético del Nuevo Testamento*, vol. I, 2407-2416, con amplia bibliografía, en la que cabe destacar el estudio de REISER, M., *Die Gerichtspredigt Jesu. Eine Untersuchung zur eschatologischen Verkündigung Jesu und ihrem frühjüd. Hintergrund*, Münster, 1990.

67. SCHNEIDER, W., "Juicio", en COENEN, L., BEYREUTHER, E., BIETENHARD, H., *Diccionario Teológico del Nuevo Testamento*, vol. II, 393.

de la historia o más allá de la vida (juicio de trans-historia o de trans-vida). Es lo que se deduce de Jn 3,18 s. Porque, según ese texto, el juicio ocurriría en la confrontación de cada cual con Jesús, cosa que ocurre en esta vida. De forma que los aspectos más determinantes de ese juicio pertenecerían a lo ya ocurrido en el desenlace de la vida de Jesús (cf. Jn 12,31; 16,8-11)[68]. Teniendo en cuenta tres cosas que están bastante claras en el evangelio de Juan. Primera, que lo principal en Jesús no es que da una enseñanza moral, sino que da la vida (según Jn 5). Segunda, que Jesús no "presiona" en orden a ciertas conductas, sino que la vida del propio Jesús define cómo tiene que ser toda vida, y cada uno verá lo que hace (cf. Jn 3,17; 12,47). Tercera, lo más importante del destino humano ocurre en este mundo, no en la otra vida, puesto que lo que importa son las decisiones que uno toma en el tiempo que le toca vivir (cf. Jn 12,31)[69].

Por supuesto, estas enseñanzas, que Juan pone en boca de Jesús, son una innovación con respecto a lo que se dice en otros textos del Nuevo Testamento. Pero hay fundadas razones para pensar que Juan intentó corregir posibles malentendidos que seguramente se estaban produciendo en la manera de entender a Jesús. Deformamos a Jesús cuando lo entendemos de manera que viene a "presionar emocionalmente" a las personas, para que se sometan a las exigencias que impone la moral que con frecuencia se presenta como exigencia de la fe[70].

Por lo demás, nunca deberíamos olvidar que la justicia, que nosotros no somos capaces de hacer en este mundo, pedimos que la haga Dios en el otro mundo. Tampoco deberíamos olvidar que la justicia de Dios en el otro mundo, pensada como castigo eterno de los malos, no alivia ni suprime el sufrimiento de las víctimas de este mundo. ¿De qué les sirve a los oprimidos de la tierra que sus opresores sean castigados en la otra vida? ¿No puede suceder que, para muchas personas, la idea de que Dios va a castigar a los malos en el infierno, exime a esas personas de tomar las responsabilidades que tendrían que asumir para que en este mundo haya menos injusticias? ¿No es, entonces, el "juicio de Dios" un falso tranquilizante de nues-

---

68. TORNOS, A.,, *Escatología*, vol. II, Madrid 1991, 118.
69. TORNOS, A.,, o.c., 118.
70. Cf. TORNOS, A., o.c., 119.

tra falta de libertad y de nuestra falta de audacia para tomar partido por los oprimidos de este mundo?

En cualquier caso, quede claro que el mensaje central de Jesús no se refiere al castigo y la amenaza, sino a la vida y la esperanza. Porque el Dios que nos enseñó Jesús no es el Dios que nos complica la vida, sino el Dios que se humanizó para humanizar nuestra vida. Y así nos enseñó que sólo en la medida en que nos hacemos más humanos, en esa misma medida nos hacemos más semejantes a aquel Jesús que, para aliviar el sufrimiento humano, se comprometió con los que sufren, hasta identificarse con ellos en la muerte. Sabiendo, por la fe, que la muerte no es ni el final ni el fracaso, sino el tránsito a la plenitud de la vida.

EL DIOS DE LA IGLESIA

Dios y la religión

Para mucha gente, la relación entre Dios y la religión es una cosa tan clara, tan obvia, que no se ve en eso problema alguno. Quienes piensan de esta manera, se imaginan que creer en Dios y relacionarse bien con la religión son dos cosas inseparables e incluso equivalentes. Hasta el punto de que hay personas a quienes les da lo mismo decir "yo creo en Dios" que decir "yo soy muy religioso".

La cosa, sin embargo, no está tan clara. Y menos ahora. Porque uno de los fenómenos más curiosos que están ocurriendo, en los últimos tiempos, es el hecho de que cada día abunda más la gente que se interesa vivamente por la religión (al menos, en algunas de sus manifestaciones), por ejemplo, pertenecer a una cofradía o participar en determinadas fiestas religiosas, pero curiosamente se trata de personas que no tienen claro el tema de Dios o incluso que afirman ser agnósticos y hasta ateos. Dicen los entendidos en estas cosas que esto es un fenómeno típico de la modernidad. Me refiero al fenómeno que consiste en que la religión sustituye a Dios[1]. Hasta el punto de que puede darse un auge floreciente de la religiosidad, y sus múltiples prácticas, juntamente con una crisis muy profunda de la fe en Dios. Esto exactamente es lo que viene sucediendo en los últimos años. Seguramente, nunca la religiosidad popular (cofradías,

---

1.Cf. ESTRADA, J. A., *Razones y sinrazones de la creencia religiosa*, Madrid, 2001, 213-221.

peregrinaciones, veneración a imágenes y santuarios, etc.) tuvo tanto poder de convocatoria como tiene ahora. Pero, al mismo tiempo, sabemos que aumenta, por días, el número de personas que no ven clara su relación con Dios o incluso que tienen tantas y tales dificultades, en ese sentido, que prescinden de la fe en un ser Transcendente y hasta niegan sin más que Dios pueda existir. En este sentido, no deja de ser significativo el hecho de que, para bastantes personas, una imagen de la Virgen tiene más poder de convocatoria que Dios. Los ejemplos, en este sentido, se podrían multiplicar sin demasiado esfuerzo.

Y resulta comprensible que ocurra todo esto, si la cosa se piensa con cierta atención. Prescindiendo de explicaciones más especulativas o filosóficas, que sin duda se pueden dar sobre esta cuestión, es un hecho que la religión, en sus diversas manifestaciones, tiene mucho de folklore y fiesta, cosas que a la gente le gustan y, por eso mismo, atraen y seducen a determinados sectores de la población. Por otra parte, la religión es siempre un factor de "identidad", como pueden serlo otras costumbres, tradiciones o incluso el mismo lenguaje. Quiero decir: para muchas personas, la semana santa, por poner un ejemplo, con sus cofradías, desfiles y tradiciones, es un componente indispensable de la "identidad" andaluza, como la devoción a la Virgen de Guadalupe es un elemento muy claro de la "identidad" de un buen mejicano[2]. Esto supuesto, bien puede ocurrir –y de hecho ocurre– que mucha gente no está dispuesta a renunciar a sus fiestas y tradiciones, como tampoco está dispuesta a renunciar a cosas que les hacen sentirse ciudadanos de tal país o hasta de tal pueblo, por pequeño que sea. Pero eso no quiere decir que Dios sea Alguien importante y decisivo en su vida.

Por todo esto, he dicho que la relación entre Dios y la religión no está tan clara como algunos se imaginan. Incluso la religión se puede separar de Dios, hasta prescindir de Él, como acabo de indicar. Y sin embargo, por muy cierto que sea lo que acabo de apuntar, más cierto es todavía que uno de los problemas más fuertes, que tiene que resolver quien se quiere relacionar con Dios, es que esa relación está condicionada por la religión de tal manera, que, para muchas per-

---

2. Para este punto, cf. GÓMEZ GARCÍA, P. (ed.), *Las ilusiones de la identidad*, Valencia, 2000.

sonas, representa un obstáculo difícil de superar y, para determinados individuos, un auténtico conflicto, que nunca acaban de resolver.

Dios y el Poder

El problema está en la relación que la religión establece entre Dios y el poder. No me refiero aquí a la esencia del fenómeno religioso, que, como se ha dicho muy bien, se debe entender a partir del "misterio", que es la realidad que determina el ámbito de lo sagrado[3]. Yo hablo aquí de algo mucho más concreto. Normalmente, las religiones son representadas y gestionadas por los dirigentes oficiales de la institución religiosa. No hablo aquí, por tanto, de los "líderes religiosos" en general, que, según la antigua enumeración de Joachim Wach, se pueden clasificar hasta en nueve tipos diferentes, desde el "fundador" hasta el "religioso" (un hombre cualquiera que vive intensamente una vida piadosa)[4]. Cuando hablo de los "dirigentes oficiales" de la institución religiosa, me refiero a los hombres que ocupan un cargo de poder en el grupo religioso y, en cuanto tales, ejercen una determinada "dominación", es decir, la "posibilidad de imponer la propia voluntad sobre la conducta ajena"[5]. En el caso de la religión, se trata de la "dominación carismática" (Max Weber), concretamente la dominación que se obtiene en virtud de la objetivación ritual del carisma: la creencia de que se trata de una cualidad transferible o que se produce por medio de una determinada acción sagrada o litúrgica, como puede ser una unción, una imposición de manos o algún otro tipo de acto sacramental[6].

El problema que se plantea, en este caso, consiste en que el poder "religioso", y la consiguiente dominación que conlleva ese tipo de poder, precisamente porque representa y actualiza, en la tierra, el poder divino del cielo, por eso mismo es un poder al que, en una cultu-

3. VELASCO, J. Martín, "Religión (Fenomenología)", en FLORISTÁN, C.y TAMAYO, J. J., *Conceptos fundamentales del Cristianismo*, Madrid, 1993, 1157-1160.
4. WACH, J., *Sociology of Religion*, Chicago, 1944, 331-383. Cf. MILTON YINGER, J., *Religión, Persona, Sociedad*, Madrid, 1968, 403.
5. WEBER, M., *Economía y sociedad*, México, 1969, 696.
6. WEBER, M., o.c., 715.

ra y en una sociedad marcadas por la religión, resulta muy difícil ponerle límites. Cuando la religión entiende a Dios a partir del poder,
los representantes oficiales de la religión se presentan normalmente
como hombres investidos de un poder que tiene mucho que ver con
el poder de Dios. Y si afirmamos que el poder de Dios es infinito, difícilmente los representantes de Dios en este mundo se sustraen a la
tentación de actuar ante los fieles como hombres que manejan un
tipo de dominación ante la que los súbditos no pueden opinar por su
cuenta, no pueden decidir lo que crean más conveniente y no pueden disentir de las verdades y normas que, por tener su origen en
Dios, no admiten discusión y, menos aún, desobediencia.

El poder en la Iglesia

En el caso concreto de la Iglesia, tal como está organizada en la
actualidad, la relación entre Dios y el poder se acentúa más que en
otras instituciones religiosas. Porque, en la actual organización eclesiástica, el poder está concentrado en el estamento dirigente, es
decir, en los clérigos. Y, dentro de los clérigos, el poder está centra-
lizado hasta el extremo de que un solo hombre en la tierra, el Romano Pontífice, acumula en sí una potestad que es "suprema, plena,
inmediata y universal en la Iglesia, y que puede ejercer siempre libremente" (canon 331). Esta potestad se entiende de tal manera que
"no cabe apelación ni recurso contra una sentencia o un decreto del
Romano Pontífice" (canon 333, 3). Más aún, el que ejerce semejante poder de dominación en la Iglesia, "no puede ser juzgado por
nadie" (canon 1404). Es decir, se trata de un poder que no tiene que
rendir cuentas ante nadie en este mundo y que, además, considera
que nadie está capacitado para juzgarle en esta vida. Esto es lo que
dice la legislación oficial de la Iglesia, recogida en el vigente *Código
de Derecho Canónico*.

Por supuesto, esta manera de entender y practicar el poder se
sustenta en una determinada teología, que, como saben los expertos
en el tema, es discutible desde algunos puntos de vista. Por ejemplo,
cualquiera que lea el número 22 de la constitución *Lumen gentium*,
del concilio Vaticano II, se encuentra allí con la afirmación según la
cual, no sólo el Romano Pontífice es sujeto de "suprema potestad"
en la Iglesia, sino que también lo es el Colegio Episcopal, junto con

su cabeza, el papa. Lo cual quiere decir que el Derecho Canónico ha resuelto *jurídicamente* una cuestión fundamental (quién tiene el supremo poder en el Iglesia) que *teológicamente* no está resuelta. Pero el problema teológico más serio, que se plantea a partir de la concentración del poder en la Iglesia, no está en lo que acabo de indicar. El problema más grave consiste en que esa práctica del poder *se sustenta y se legitima a partir de una determinada forma de entender a Dios.* Si un hombre en la tierra concentra tanto poder, en nombre de Dios, es que ese Dios tiene que ser comprendido a partir del poder y, en ese sentido, como el Omnipotente. Y, en general, cuando los representantes oficiales de la religión ejercen un poder doctrinal y normativo, que se presenta como intocable e indiscutible, por eso mismo están diciendo que el Dios, al que ellos representan, es un Dios que se entiende esencialmente desde el poder y la dominación. Esto, tal como yo lo acabo de decir, no está escrito en ningún documento oficial de la religión. Ni seguramente aparece por ninguna parte en la teología oficial de la Iglesia. Pero, en la medida en que los dirigentes eclesiásticos actúan de esa manera, en esa misma medida, aunque no pronuncien el nombre de Dios, en realidad están presentando el discurso más elocuente, que se puede pronunciar, sobre el poder absoluto y la dominación incuestionable de Dios sobre los seres humanos y sobre lo más íntimo que hay en cada persona, su conciencia y su libertad para decidir en esta vida.

Pero entonces, el problema de Dios se complica bastante más para muchas personas. Porque ya no se trata sólo de resolver las dudas filosóficas y religiosas que un Dios así le plantea a cualquiera, sino que, encima de eso, con frecuencia nos encontramos con imposiciones doctrinales y normativas que nos presentan (quienes pueden presentar eso) como "verdades divinas" y como manifestaciones indiscutibles de la "voluntad de Dios". Pero, claro está, la confusión, en tales circunstancias, puede llegar a ser angustiosa. Porque uno no sabe, a ciencia cierta, si Dios es o no es así. Y menos aún puede saber si Dios dice o no dice eso, quiere o no quiere lo que, en definitiva, no sabemos si proviene de Dios o es decisión de una persona a quien le conviene decir o hacer, en nombre de Dios, lo que dice o hace.

La relación entre Dios y la felicidad, si se piensa desde la pura especulación filosófica, ya es un problema sin solución. Pero, por si era poco, cuando todo ese asunto se piensa y se vive desde la religión, y más en concreto desde la actual organización eclesiástica, ocurre con frecuencia que no pocas personas se ven metidas en situaciones que pueden acabar, o en el abandono de toda fe religiosa, o en conflictos y problemas de conciencia que le amargan la vida a cualquiera. Esto explica por qué hay tanta gente que no ve, ni puede ver, relación alguna entre Dios y la felicidad de vivir. Y lo peor es que esto empuja a muchos individuos a no querer saber nada de Dios.

El Omnipotente

Nadie pone en duda que la Iglesia, a lo largo de toda la tradición cristiana, ha enseñado siempre que Dios es el Padre de la bondad y de la misericordia. La Iglesia ha transmitido siempre eso con la mayor generosidad del mundo. Porque siempre ha estado convencida de ello. Y porque no tenía más remedio que hacerlo, ya que la paternidad, la bondad y la misericordia de Dios es un dato tan fundamental de la revelación cristiana, que no insistir en este punto, habría sido una traición muy grave contra uno de los datos más básicos de la fe. Sabemos, por ejemplo, que Gregorio Magno († 604) (con Isidoro de Sevilla) fue el autor que marcó de manera más decisiva las ideas morales de la Alta Edad Media, hasta el extremo de que su influencia fue, en este punto, mayor que la de san Agustín[7]. Gregorio, de hecho, recogió la tradición de los Padres de la Iglesia y, desde ahí, determinó con fuerza la espiritualidad de los siglos siguientes. Pues bien, leyendo las homilías de Gregorio, uno se encuentra con la afirmación insistente en la bondad y en la misericordia de Dios. Porque no se trata solamente de que Dios es misericordioso, sino que es la misma misericordia[8]. Esta idea sobre Dios, expuesta de diversas maneras, se encuentra en toda la tradición cristiana, de forma que ya, en el siglo segundo, Ireneo de Lyón afirma la "bondad indecible (de Dios) por la que, al hacerse visible, da la vida a los que le ven"[9]. En ese mismo tiempo, Clemente de Alejandría insiste en que "todos coinciden en afirmar que Dios es bueno y

---

7. Cf. CONGAR, Y., *L'Eglise de saint Augustin à l'époque moderne*, París, 1970, 36.

8. "*Noluit Deum misericordem dicere, sed hunc ipsam misericordiam vocavit, dicens: Deus meus misericordia mea*". *Hom. in Ev.* I, XIX, 7. PL 76, 1159 B. Cf. II, XXXIV, 6. PL 76, 1240 C; II, XXVI, 10. PL 76, 1196 B.

9. *Adv. Haer.*, V, XXIV, 6. Harvey, t. II, 216-217.

benéfico"[10]. Y es bien sabido que estas ideas se repiten, desde el siglo segundo hasta la reciente encíclica *Dives in misericordia* de Juan Pablo II. Esto es tan evidente que no necesita más argumentación.

Y sin embargo, desde muy pronto, el convencimiento que tenían los cristianos de que Dios es esencialmente bondad y misericordia, cercanía y ternura, para con los seres humanos, se empezó a complicar. Esto ocurrió desde el momento en que los pensadores eclesiásticos se persuadieron de que lo esencial y determinante en Dios, *no es la bondad, sino el poder.* Isidoro de Sevilla († 636), que en sus *Etimologías* recogió el significado que los primeros siglos dieron a los conceptos clave de la cultura cristiana antigua, cuando explica lo que se debe entender cuando hablamos de Dios, dice que lo primero es que Dios es "fuerte"[11]. De donde resulta que el nombre griego *Theós* equivale a "temor". Y eso significa que lo propio de los que adoran a Dios es temerle[12], tener miedo ante Él. Pero lo que más llama la atención, en la explicación que Isidoro da de Dios, es que le atribuye hasta veinticinco cualidades[13], de las que sólo una hace alusión a la bondad, con la escueta explicación de que Dios es "sumamente bueno, porque es inconmutable"[14]. Es decir, lo que Isidoro destaca es la inmutabilidad divina, por contraposición a lo cambiable que es el hombre. Dios, por tanto, ya no es el Padre misericordioso y bueno, sino el Trascendente que se comprende a partir del poder, la inmensidad, la eternidad y todo lo que supera infinitamente al ser humano. En consecuencia, la relación con Dios ya no se entendía (en tiempos de Isidoro de Sevilla) a partir de la bondad y del amor, sino de la fuerza y del miedo. ¿Por qué se llegó a este convencimiento?

¿Por qué se impuso el Dios del miedo?

Hay dos causas que dan la respuesta a esta cuestión. Es posible que influyeran otros condicionantes en este cambio tan profundo

---

10. *Pedag.* I, VIII, 63, 1. P. Rossano, 274.
11. "*Primum apud Hebraeos Dei nomen... fortem interpretati sunt*". *Etym.* VII, I, 3. PL 82, 259 C.
12. "*Bam Deus Graece Theós dicitur, quasi théos, id est, timor; unde tractum est nomen Deus, quos eum colentibus sit timori*". *Etym.* VII, I, 5. PL 82, 259-260 C.
13. *Etym.* VII, I, 3-31. PL 82, 259-263.
14. "*Summe bonus, quia incommutabilis est*". *Etym.* VII, I, 28. PL 82, 262 D.

que se produjo, en la tradición cristiana, desde el Dios que anunció Jesús al Dios que se fue imponiendo en la cultura occidental a partir de los primeros siglos del cristianismo. En cualquier caso, dos causas que influyeron decisivamente en este asunto fueron, en primer lugar, la *helenización del mensaje cristiano*, en segundo lugar, *la progresiva concentración del poder en la organización eclesiástica*.

1. La *helenización del mensaje cristiano*. Es un hecho que (se explique como se explique) hoy nadie discute. El cristianismo nació en una cultura, el judaísmo, y pronto se encarno en otra cultura, el helenismo. La presencia del helenismo en la cultura judía ya se advierte en los últimos escritos del Antiguo Testamento, por ejemplo en el libro de la Sabiduría[15]. Pero, como es lógico, la helenización del mensaje cristiano resultó inevitable desde el momento en que los predicadores del Evangelio salieron del pequeño ámbito de la Palestina del tiempo de Jesús y se pusieron a dialogar con la cultura dominante en el Imperio, la cultura helenista. Además (y esto es decisivo), muchos de aquellos predicadores fueron hombres nacidos y educados en la cultura del helenismo, como es el caso de san Pablo[16]. Y, más tarde, el caso de los grandes pensadores que forjaron la teología cristiana, cosa que es evidente en hombres como Orígenes[17].

Ahora bien, en lo primero que se hizo notar la helenización del cristianismo fue, como es lógico, en la idea de Dios. En este sentido, como ha dicho acertadamente J. I. González Faus, *"el Dios de una determinada filosofía había acabo sustituyendo al Dios de Jesús"*[18]. La consecuencia inevitable de este desplazamiento, tan fundamental, fue que la primacía del "poder del ser" se sobrepuso a la primacía del "poder del amor"[19]. Lo cual lleva consigo, entre otras cosas, que, al hablar de Dios, se impuso la idea de la "omnipotencia", inherente a la noción del Ser Absoluto[20]. El Dios que se reveló en el hombre Jesús, el que nació en debilidad y pobreza, vivió entre débiles y

---

15. Cf. Vilchez, J., *Sabiduría*, Estella, 1990, 74.
16. Cf. Castillo, J. M., *El Reino de Dios*, 247-266; Küng, H., *El cristianismo. Esencia e historia*, 126-131.
17. Cf. Chadwick, H., *Early Christian Thought and the Classical Tradition. Studies in Justin, Clement and Origen*, Oxford, 1966.
18. González Faus, J. I., "Des-helenizar el cristianismo", *Revista Latinoamericana de Teología* 17 (2000) 237.
19. González Faus, J. I., o.c., 240.
20. González Faus, J. I., o.c., 242.

pobres, y murió ajusticiado entre malhechores, ese Dios fue sustitui-do por el *Pantrokratôr* de la cultura helenista.

En efecto, sabemos que el *Pantokratôr,* el Todopoderoso o Sobe-rano universal, es una traducción del *sadday* judío, un concepto grie-go que se introdujo en la traducción de los LXX[21]. En el Nuevo Tes-tamento, la designación de Dios como "todopoderoso" (*pantokratôr*) aparece en 2 Cor 6,18 y en nueve textos del Apocalipsis. Pero es en el siglo segundo cuando esta manera de entender a Dios empieza a imponerse, con toda su fuerza, en los autores cristianos. Por ejem-plo, Clemente Romano designa a Dios como el "todopoderoso" (*pantokrátora Theón*) al que los cristianos elevan sus manos "para que sea misericordioso" (*éleon genésthai*)[22]. Aquí ya la inversión del con-cepto del Dios de Jesús es evidente. Se trata del Dios que se entien-de como el "omnipotente" y al que se le suplica que sea bueno y tenga compasión de los seres humanos. Según Clemente Romano, los cristianos ya no se las tienen que ver con el Dios que es bueno con todos, lo mismo con los buenos que con los malos (Mt 5,45 par), sino con el Dios que es omnipotente, al que hay que suplicar-le que sea bueno.

Pero, sin duda alguna, donde la influencia de las ideas griegas sobre Dios alcanza su expresión más fuerte, entre los autores del siglo segundo, es en Clemente de Alejandría, que habla de Dios citando un himno al Zeus órfico, de carácter politeísta y que, en nin-gún caso, se puede situar en el mismo plano del Dios del judaísmo[23] y, menos aún, del Dios de Jesús. En este caso, Clemente califica a Dios, no sólo como "todopoderoso" (*pantokrátora Theón*), sino ade-más como "imperecedero, inmortal, al que los inmortales sólo pue-den nombrar"[24]. Como se ha dicho muy bien, aquí Clemente presio-na en las representaciones paganas de los argumentos en favor del Dios "todopoderoso" y señor de los fenómenos naturales[25].

---

21. LANGKAMMER, H., "Patokratôr", en BALZ, H. y SCHNEIDER, G., *Diccionario Exe-gético del Nuevo Testamento,* vol. II, 700.
22. *Clem.Ep.,* 2, 3. SC 167, 102. El concepto de Dios como *pantokratôr* se repite en la Carta de Clemente: 32, 4. SC 167, 152; 60, 4. SC 167, 198; 62, 2. SC 167, 200.
23. Cf. WALTER, N., *Der Thoraausleger Aristobulos. Untersuchungen zu seinen Fragmenten und zu pseudepigraphen Resten der jüdisch-helenistischen Literatur* (TU 86), Berlín 1984, 111. Cf. LE BOULLUEC, A., *Clément d'Alexandrie. Les Stromates,* SC 279, 350.
24. *Strom.* V, XIV, 26, 1. SC 278, 227.
25. LE BOULLUEC, A., o.c., 350.

Sin embargo, la desviación del Dios de Jesús hacia el Dios de los griegos no había alcanzado aún su expresión más fuerte. Es a partir de Orígenes, en el siglo tercero, cuando llega a su apogeo, entre los autores cristianos, esta manera de pensar y hablar sobre Dios. Según el *Contra Celsum* de Orígenes, tanto Celso como el propio Orígenes compartían la creencia de que Dios es incorpóreo, impasible, inmortal, inmutable y situado más allá del alcance de la inteligencia humana. Por eso, lo mismo Celso que Orígenes atacaban las ideas antropomórficas del pueblo vulgar[26]. La diferencia fundamental entre Celso y Orígenes, en cuanto se refiere a Dios, estaba en que Celso (y los autores helenistas en general) no podían admitir que Dios se hubiera abajado hasta presentarse en figura humana, es decir, hasta humanizarse, como de hecho ocurrió con Jesús[27]. Ahora bien, al encontrarse con esta dificultad, Orígenes y los apologistas cristianos de aquel tiempo pensaron que era mejor presentar a Jesús como un "segundo Dios" helenístico, el *Logos* intemporal, el agente divino en la creación y gobierno del universo. Lo cual tuvo una consecuencia fatal para el cristianismo: las cualidades y sufrimientos humanos de Jesús, su entrañable humanidad y cercanía al dolor de los mortales, pasaron a segundo término, tuvieron muy escasa importancia en la predicación de aquel periodo, pues todo lo que fuera hablar de la "humanidad de Dios" (o del *Logos*) era un tema sumamente embarazoso frente a las críticas paganas[28]. De esta manera, Orígenes, el creador de una primera teología científica[29], fue incapaz de ver la sorprendente novedad que representó el hecho de que Dios se diera a conocer en la humanidad y en la debilidad de Jesús. Todo lo contrario, para Orígenes, Dios es el "Todopoderoso", el *Pantokratôr*[30], el *Adonai*, el *Sabaóth*, el "Señor de los poderes" (*kyrios tôn dynámeon*), "Señor de los ejércitos", el Omnipotente[31].

---

26. *C.Cels.* I, 24. SC 132, 134-140; V, 41. SC 147, 120-122. Cf. DODDS, E. R., *Paganos y cristianos en una época de angustia*, Madrid, 1975, 156.
27. Según Celso, "ningún Dios o Hijo de Dios ha venido o podría venir" a este mundo. *C.Cels.* V, 2. SC 147, 16.
28. DODDS E. R., o.c., 157.
29. KÜNG, H., *El Cristianismo. Esencia e historia*, 177.
30. *C.Cels.* VII, 10. SC 150, 36.
31. *C.Cels.* V, 45. SC 147, 132. Cf. *In Gen.* III, 2. SC 7, 114.

Que estas ideas sobre Dios estaban ya difundidas en el siglo tercero, lo demuestra la amplia acogida que tiene la denominación de "Omnipotente" (*Pantokratôr*) en la *Didaskalía*, un escrito canónico y litúrgico que encontró una gran acogida en las iglesias de Oriente y de Occidente[32]. En este amplio escrito, en el que sin duda se expresaban las creencias de la Iglesia en el siglo tercero, se designa normalmente a Dios como el Omnipotente[33]. Sin duda alguna, la denominación más familiar para los cristianos, al referirse a Dios, era designarle, no como el Dios de Jesús y que se reveló en Jesús, cosa a la que nunca se hace referencia, sino como el "Omnipotente". Las ideas religiosas de los griegos, que se refieren siempre a fuerza y poder, cosas que no están en modo alguno al alcance del pueblo y siempre por encima de lo humano[34], terminaron por imponerse entre los cristianos como algo esencialmente constitutivo de lo que se debe entender cuando pensamos o hablamos de Dios.

Por esto se comprende sin dificultad que los "Símbolos de la Fe", en los que los autores cristianos expresaron, desde los orígenes de la Iglesia, la idea fundamental que los creyentes tenían que aceptar, en cuanto se refiere a Dios, dicen ante todo que Dios es el *Pantokratôr*, el *Omnipotens*, el "Todopoderoso". Así aparece ya en el *Papyrus liturgicus Dèr-Balyzeh* (DS 2). Lo mismo en las *Constitutiones Ecclesiae Aegyptiacae* (DS 3-5). Igualmente en la *Traditio apostolica* de Hipólito (DS 10), en el *Psalterium Aethestani regis* (DS 11) y en las explicaciones de los "credos" de la Iglesia que nos dejaron los autores de los siglos III-VII (DS 13; 14; 15; 16; 17; 19; 21; 22; 23; 25; 27; 28; 29; 30; 40; 41; 42; 44; 46; 48; 50; 51; 55; 60; 61; 64; 71, etc.). Y, sobre todo, está la afirmación de la fe en "Dios todopoderoso", que es lo primero que se dice de Dios en los Símbolos oficiales de la Iglesia, concretamente en el "credo" del concilio de Nicea (año 325) (DS 125) y en el del concilio primero de Constantinopla (año 381) (DS 150).

---

32. Cf. QUASTEN, J., *Patrología*, I, Madrid 1968, 453-457.
33. La denominación corriente de Dios es el *Pantokratôr*. *Didask*. Inscrip. 8, 1. Funk 3; II, 22, 12. Funk 85; 28, 6. Funk 111; IV, 5, 4. Funk 225; V, 7, 1. Funk 249; VI, 10, 1. Funk 323; 11, 1. Funk 325; 14, 2. Funk 335; 26, 1. Funk 367; 30, 9. Funk 385; VII, 25. Funk 410; 26, 3. Funk 412; 30, 2. Funk 418; 33, 2. Funk 424; 35, 1. Funk 428; 36, 1. Funk 432; 38, 1. Funk 438; 41, 4. Funk 446; 43, 2. Funk 448; 45, 3. Funk 452; 47, 2. Funk 456; VIII, 5, 1. Funk 474; 5, 7. Funk 476; 6, 11. Funk 480; 9, 7. Funk 486, etc.
34. Cf. E. Zeller, *Die Philosophie der Griechen*, II/1, Leipzig, 1922, 926-934.

Es el *omnipotens sempiterne Deus* que suele encabezar las oraciones litúrgicas de la Iglesia[35].

En definitiva, se trata de comprender que el Dios de los griegos sustituyó al Dios de Jesús, el Omnipotente al Dios que, en su Palabra, se revela como *sarx* (Jn 1,14), como "debilidad". La debilidad del judío, Jesús de Nazaret, que nació, vivió y murió en la extrema carencia de los más débiles de este mundo.

Pero aquí debo hacer todavía una observación. Si la sustitución del Dios de Jesús no la hubiera hecho la cultura helenista, la habría hecho quien quiera que sea, pero se habría hecho. Y además, pronto. Quizá muy pronto, en cualquier caso. Porque, si la cosa se piensa despacio, hay razones serias para pensar que el Dios de la debilidad y la impotencia nos resulta insoportable a los mortales. Ese Dios entra en conflicto con nuestros deseos de omnipotencia, el "deseo" de ser todo, o de no ser mortal, o también de la negativa a asumir la propia condición humana. El Dios de Jesús no corresponde ya a la ilusión que el "yo" construye para ocultar su vacío, su fragilidad, su mortalidad en una palabra, su "fallo"[36]. No quiero decir con esto que el Dios de Jesús sea el mayor impedimento para alcanzar el logro de nuestra felicidad. Precisamente se trata de todo lo contrario. Pero de esta cuestión hablaré más tarde.

2. *La progresiva concentración del poder en la organización eclesiástica.* Aquí ya no se trata solamente de los deseos de omnipotencia propios de todo ser humano. Además de eso, los cristianos tenemos que contar con el hecho de que los dirigentes de la Iglesia concentraron en sí de tal manera el poder religioso, que resultó inevitable el cambio en la manera de entender a Dios y de hablar de Dios. Unos hombres, como es el caso de los obispos, que pronto empezaron a presentarse ante los fieles como personajes investidos de un poder incuestionable, no tenían más remedio que explicar esa forma de proceder basándose en que ellos representan a un Dios que se define, antes que nada, por el poder. Y, por cierto, un poder que, para ser incuestionable, tiene que ser absoluto.

---

35. Por ejemplo, en el *Sacramentarium Veronense* (s. VII), que recoge las oraciones de la Iglesia Latina de los siglos anteriores, la mayor parte de dichas oraciones empiezan con esta invocación. *Sacramentarium Veronense*, ed. L. Cuinibert Mohlberg, Roma, 1956, 352.

36. Duquoc, Ch., *Dios diferente*, Salamanca, 1982, 81.

De acuerdo con lo que acabo de decir, no puede ser casual que precisamente, en el mismo tiempo en que se impone en la Iglesia el episcopado monárquico (finales del siglo II y comienzos del III)[37], justamente entonces es cuando más se afianza la fe en el Dios Omnipotente. El testimonio de la *Didaskalía* resulta sorprendente en este sentido. Ya he recordado la cantidad de veces que este escrito habla de Dios como el *Pantokratôr*. Pues bien, en ese contexto de una fe que se centra en el poder absoluto de Dios, las afirmaciones de la *Didaskalía* sobre el obispo, precisamente en relación a Dios, llaman poderosamente la atención. Por ejemplo: "El primer sacerdote y levita para vosotros es el obispo; él es el que os imparte la palabra y es vuestro mediador...; él reina en lugar de Dios y ha de ser venerado como Dios"[38]. Más adelante añade: "Estimad al obispo como la boca de Dios" (*stóma Theoú einai*)[39]. Es más: "Amad al obispo como padre, temadlo como rey, honradlo como Señor" (*timân te òs Kyrion*)[40]. Como se advierte fácilmente, el autor de este escrito no duda en equiparar al obispo con el mismo Dios. Pero no se piense que es cuestión de arrogancia o soberbia. Lo que está en juego, en toda esta manera de hablar, es la autoridad, la potestad del obispo. Porque el motivo que legitima y justifica tal potestad es precisamente Dios. En este punto, la *Didaskalía* es muy clara cuando le ordena al obispo: "Juzga, obispo, con potestad como Dios" (*Krine oún, epískope, meta exousías os Theós*)[41]. Y es que la "potestad" (*exousía*) es privilegio propio del obispo[42]. Pero, si el obispo posee una potestad que está sobre todos, es porque, en último término, el Dios que justifica tal potestad es el Dios que se entiende como el Omnipotente. La concentración del poder en la Iglesia necesita, para poder dar cuenta de ese poder, un Dios que se define como poder sin límite alguno.

37. ESTRADA, J.A., *Para comprender cómo surgió la Iglesia*, Estella, 1999, 1877; KÜNG, H., *El Cristianismo. Esencia e historia*, 140-142.
38. *Didask.* II, 26, 4. Funk 104. Como indica acertadamente el comentario de F. X. Funk, al llamar al obispo *epígeios Theòs*, se viene a decir que el obispo ocupa el lugar de Dios y ha de ser venerado como Dios. L.c., nota 4.
39. *Didask.* II, 28, 9. Funk 111.
40. *Didask.* II, 35, 5. Funk 119.
41. *Didask.* II, 12, 1. Funk 49.
42. *Didask.* II, 11, 2. Funk 477; II, 13, 5. Funk 51; II, 14, 12. Funk 55; II, 18, 3. Funk 65, etc.

La mística del poder papal

Como es lógico, la manera de pensar que acabo de apuntar no se quedó en meras ideas. Con el paso del tiempo, y precisamente en la medida en que el poder se fue concentrando más y más en el gobierno eclesiástico, la ideología que ya se afirmaba en el siglo tercero, se concretó en formas de gobernar y, más concretamente, en modos de ejercer el poder en la Iglesia. Naturalmente, si esto sucedió en el gobierno de los obispos en general, en el caso concreto del papa la cosa adquirió proporciones mucho más fuertes. La "mística del poder papal", que ya había apuntado en el papa León Magno, alcanza su apogeo y también sus expresiones más degradadas (durante la Alta Edad Media) en Nicolás I y Juan VIII (s. IX)[43]. En el caso de Nicolás I, la fusión del poder de "Dios omnipotente" y de su "propia autoridad" es un argumento que este papa utiliza para imponer sus decisiones[44]. O, lo que es peor, a cualquiera que se opusiera a su voluntad lo expulsaba del Reino de Dios y lo condenaba al fuego eterno[45]. Lo que impresiona, en estos textos de Nicolás I, es hasta qué punto identifica *sus decisiones* con *la voluntad de Dios*, de manera que quien se opone a lo que manda el papa, se verá condenado al anatema, y a las penas que sufren el diablo y el traidor Judas con el castigo del fuego eterno[46]. Y la cosa llama la atención tanto más cuanto que, en los documentos que acabo de citar, lo que estaba en juego no eran verdades dogmáticas, sino simples medidas administrativas sobre la organización de determinados monasterios. La misma manera de pensar se evidencia en Juan VIII[47].

---

43. CONGAR Y., *L'écclésiologie du haut Moyen-Age*, París 1968, 139.
44. "*Quamobrem omnipotentis Dei, et beatorum apostolorum... et hoc nostro decernimus decreto...*". *Bull.Rom.* I, 310.
45. "*Si quis autem temerario ausu magna, parvaque persona contra hoc nostrum apostolicum decretum agere praesumpserit, sciat se anathematis vinculo esse innodatum, et a regno Dei alienum, et cum omnibus impiis aeterni incendii supplicio condemnatum*". *Bull.Rom.* I, 312. La misma amenaza se repite: "*Si quis... cuiusque sit potestatis... huius privilegii decreta in aliquo violaverit... Dei et beatorum apostolorum Petri et Pauli auctoritate, ac nostra sententia anathematis vinculo innodatus... ac in aeterno examine districtae ultioni subiaceat*". *Bull.Rom.* I, 315.
46. El que se opone a la decisión papal, "*sciat se Domini nostri Iesu Christi... anathematis vinculis innodatum, et cum diabolo, et eius atrocissimis poenis, atque cum Iuda proditore... in aeterno igne concremandum...*". *Bull.Rom.* I, 320.

Pero, como es bien sabido, fue en el siglo once, concretamente con el pontificado de Gregorio VII, cuando la exaltación del poder papal inició un proceso de engrandecimiento y acumulación de autoridad, que representó el giro más decisivo que se ha producido en toda la historia de la eclesiología católica[48]. A partir de entonces, como dijo el mismo Congar, "obedecer a Dios significa obedecer a la Iglesia, y esto, a su vez, significa obedecer al papa y viceversa"[49]. Los cambios que todo esto supuso, *para la Iglesia*, han sido ampliamente analizados por los especialistas en historia de la eclesiología[50]. Pero lo que seguramente está aún por estudiar, con cierta detención, se refiere a los cambios que este proceso ocasionó *para nuestra manera de entender a Dios*. Porque si, efectivamente, a partir de entonces y según la expresión de Walter Ullmann, la Iglesia romana fue, a veces, "una madre dura; y el papa, como monarca, un padre severo"[51], inevitablemente de una madre y un padre así, no sólo resulta un Dios que tiene que ser también duro y severo, sino que, además, semejante forma de entender y poner en práctica el poder religioso no tiene más remedio que fundamentarse en un Dios, que se tiene que entender como poder, y que hace sentir su poder como una carga demasiado pesada.

Por eso, sin duda, cuando Gregorio VII menciona a Dios, el calificativo constante que le pone es el de "omnipotente"[52]. Un hombre

47. Por ejemplo, cuando afirma sin rodeos: "*Si quis... contra hoc nostrum privilegium... in toto vel in parte ire praesumpserit..., auctoritate Dei omnipotentis atque nostra, sciat se propria communicatione privatum, et...perpetuo condemnatum*". Bul.Rom. I, 338.
48. CONGAR, Y., *L'Eglise de saint Augustin à l'époque moderne*, 103.
49. CONGAR, Y., "Der Platz des Papsttums in der Kirchenfrömmigkeit der Reformer des 11. Jahrhunderts", en DANIÉLOU, J. y VORGRIMLER, H. (eds.), *Sentire Ecclesiam. Das Bewusstsein von der Kirche als gestaltende Kraft der Frömmigkeit*, Freiburgo, 1961, 215.
50. La mejor bibliografía sigue siendo la recopilada por CONGAR, Y., *L'Eglise de saint Augustin à l'époque moderne*, 89-90. Cf. también KÜNG, H., *El Cristianismo. Esencia e historia*, 386-399.
51. ULLMANN, W., *Kurze Geschichte des Papsttums*, 131, citado por KÜNG, H., *El Cristianismo. Esencia e historia*, 391.
52. No se trata de una afirmación retórica. Por más pesado que resulte, vale la pena recordar los textos: *Gregorii VII Registrum*. MGH, *Epistolae selectae* II, I, ed. CASPAR, E., I, 2.25; I, 3.5; I, 10.1; I, 15.20; I, 15.30; I, 23.10; I, 28.1; I, 40.20; I, 50.15; I, 62.15; I, 75.20; I, 77.15; I, 77.1 (pg. 111); I, 83.20; II, 3.1; II, 4.20; II, 7.30; II, 8.1; II, 30.5; II, 31.1 (pg. 168); II, 377.25; II, 44.5; II, 70.25; II, 71.1; ii, 74.15; II, 76.5; III, 4.10; III, 7.1 (pg. 259); III, 8.25; III, 8, 1 (pg. 261); III, 10.10; III, 10.15;

que concentró en el papado todo el poder que en aquel momento pudo concentrar, necesitaba un Dios todopoderoso, para dar razón del poder que ejercía. Esto explica que Gregorio VII, no sólo designe casi siempre a Dios como el omnipotente, sino que además justifique sus decisiones afirmando que están tomadas *desde Dios*. De ahí la sorprendente cantidad y variedad de expresiones que utiliza en este sentido. Lo que el papa manda, se hace porque "el autor es Dios" (*Deo auctore*)[53], con "el auxilio de Dios" (*auxiliante Deo*)[54], con "la ayuda de Dios" (*Deo adiuvante*)[55], por "donación de Dios" (*Deo donante*)[56], como "providencia de Dios" (*Deo providente*)[57], por "inspiración de Dios" (*Deo inspirante*)[58], con "la protección de Dios" (*Deo custodiente*)[59], por "voluntad de Dios" (*Deo volente*)[60], con "el consentimiento de Dios" (*Deo consentiente*)[61], con "el asentimiento de Dios" (*Deo annuente*)[62], por "concesión de Dios" (*Deo concedente*)[63], por "la misericordia de Dios" (*Deo miserante*)[64], por "donación de Dios" (*Deo dante*)[65], con "el auxilio de Dios" (*Deo opitulante*)[66], con "el favor de

III, 15.30; IV, 1.25; IV, 1.20; IV, 1.10; IV, 2.30; IV, 2.15; IV, 5.5; IV, 177.25; IV, 23.25; IV, 28.25; V, 1.5; V, 5.30; V, 10.15; V, 15.25; V, 21.30; V, 21.20; VI, 1.1 (pg. 391); VI, 3.1; VI, 5.10; VI, 11.20; VI, 13.35; VI, 14.5; VI, 15.10; VI, 15.25; VI, 29.30; VI, 31.5; VI, 35.5; VI, 37.20; VII, 6.30; VII, 6.15; VII, 10.25; VII, 11.30; VII, 12.5; VII, 14 a.15; VII, 19.20; VIII, 1.35; VIII, 21.5; VIII, 21.25; VIII.21.25; VIII, 22.20; IX, 2.20; IX, 12 a.20; IX, 23.5; IX, 28.15; IX, 35.20.

53. *Gregorii VII Registrum*, ed. CASPAR, E., I, 3.20; I, 7.20; IV, 17.10; V, 21.20; VI, 12.25; VI, 21.30; VII, 1.20; VII, 1.10; VII, 6.10; VII, 9.10; VIII, 1.1; VIII, 13.25.

54. I, 6.15; I, 19.5; I, 56.1; I, 79.20; II, 18.10; II, 19.5; II, 36.25; III, 15.1; IV, 9.25; V, 23.5; VI, 21.20; VI, 24.35; VIII, 5.20; IX, 32.5.

55. I, 6.25; I, 55.5; I, 60.1; I, 65, 10; I, 73.10; II, 1.25; II, 8.35; II, 13.20; II, 48.25; II, 69.15; IV, 25.15; IV, 26.10; V, 7.1; VI, 15.10; VII, 6.26; cf. *Deo iuvante*. V, 14.15; IX, 6.10.

56. I, 9.25; I, 69.25.

57. I, 9.15; I, 38.25; IV, 13.5; V, 7.20.

58. I, 11.5; I, 61.25.

59. I, 11.10; II, 41.30.

60. I, 12.30; I, 29 a.20; IV, 13.25; VI, 28.15.

61. I, 19.15; I, 36.20.

62. I, 20.30; I, 29 a.10; I, 31.30; I, 39.15; I, 43.10; II, 23.20; II, 35.20; II, 42.15; II, 50.5; II, 60.1; III, 8.15; III, 12.5; VI, 27.25; IX, 5.30; IX, 26.25.

63. I, 24.15; III, 14.10.

64. I, 25.5; I, 82.30; II, 3.15; II, 3.5; II, 13.20; IV, 25.10; V, 5.15; V, 16.10; VII, 15.20; VIII, 21.15.

65. I, 29 a.25.

66. I, 40.10; II, 52.20; III, 3.20; V, 16.30; VII, 14.15.

Dios" (*Deo favente*)[67], porque "Dios es el autor" de lo que se manda (*Deo auctore*)[68], y "es testigo" (*Deo teste*)[69], "el donante" (*Deo donante*)[70], "el que coopera" (*Deo cooperante*)[71] con las decisiones del papa, "el que gobierna" (*Deo gubernante*)[72] juntamente con el Pontífice, "el que favorece" (*Deo aspirante*)[73], "reconforta" (*Deo solaciante*)[74], "decide" (*Deo disponente*)[75] y "guía" (*Deo duce*)[76] al "sucesor de Pedro", en las determinaciones que toma. Naturalmente, un hombre que tenía el firme convencimiento de que sus decisiones tenían semejante respaldo divino, no veía el menor inconveniente en afirmar que "Dios le había concedido la potestad protectora (y vengadora) que no sin causa llevaba consigo la espada"[77]. Y es que Gregorio VII estaba seguro de que podía incluso "reclamar a Dios omnipotente que le aconsejara lo que debía hacer ante la soberbia y la inmoderada arrogancia" del que le contradecía[78]. Sin exageración alguna, se puede afirmar que, con este papa, se consolida la marcha progresiva, no sólo de sacralización, sino incluso de divinización de decisiones humanas. Las decisiones de quienes se veían a sí mismos investidos de un poder divino. También cuando ese presunto poder divino se esgrimía para exigir obediencia en cualquier caso[79] o imponer anatemas[80].

La personalidad de Gregorio VII se ha analizado ampliamente desde el punto de vista de lo que este papa representó para la Iglesia. Pero lo que no se ha estudiado, como merece, es lo que este papa

---

67. I, 63.20; II, 4.5; II, 31.15; III, 7.1; III, 15.30; IV, 1.1; IV, 23.15; VI, 23.15; VII, 8.15; VIII, 12.5; VIII, 19.30; IX, 2, 20.
68. II, 30.25; II, 43.5; II, 76.10; III, 1.5; V, 11.30; V, 13.30.
69. II, 49.30; V, 10.10; V, 13.5.
70. II, 51, 25; II, 67.15.
71. III, 19.20; V, 15.10; VII, 23.30.
72. IV, 2.10; VII, 3.5.
73. IV, 3.5; IV, 5.30; VII, 14 a.15.
74. V, 6.20.
75. V, 22.25.
76. VI, 14.20.
77. *Quippe nobis a Deo date potestatis vindicem non sine causa gladium portavimus.* I. 29 a.15.
78. *Ad Deum omnipotentem nos reclamabimus... quod dabit nobis consilium , quid in tantam arrogantiam et inmoderatam superbiam tuam facere debeamus.* VI, 37.20.
79. I, 20.20; I, 25.15; I, 43.5; I, 81.30; II, 1.20; II, 45.1; II, 56.35; II, 66.15; II, 66.1; II, 67.20; II, 68.5; III, 9.15; IV, 11.10; VI, 11.10, etc.
80. IV, 18.30; V, 14 a.5; V, 15.1; IX, 36.15.

ha significado, en la historia de la teología, para la forma de entender a Dios. Por supuesto, la idea del Dios omnipotente estaba sólidamente establecida, entre los cristianos, como la comprensión predominante sobre Dios, desde varios siglos antes de Gregorio VII. Pero lo que los cristianos no sabían es que la omnipotencia divina se hiciera presente en este mundo como, de hecho, la representaron los hombres de Iglesia a partir de Gregorio VII. No sólo por *la idea* que se hizo la gente de cómo es Dios, sino, sobre todo, por *las consecuencias prácticas* que se dedujeron de semejante Dios.

El Dios peligroso y sádico

La dificultad no está en que el pueblo cristiano dejara de creer en el Dios bueno que ama y perdona a los seres humanos. Eso se ha dicho siempre en la Iglesia y lo han repetido todos los predicadores eclesiásticos. El problema consiste en que se ha presentado a Dios de tal manera que, junto al amor y la misericordia, hay también en Él rasgos, tendencias o argumentos que, tal como las cosas se entienden en este mundo, resulta inevitablemente un Dios, no sólo justiciero y amenazante, sino incluso peligroso y hasta sádico. Por citar un ejemplo elocuente en este sentido, sabemos que Bernardo de Claraval (algunos años posterior a Gregorio VII, † 1153) afirma que en Dios es más importante el amor que el temor o el honor. Pero, en todo caso, Dios exige temor y honor[81]. Es un tema muy clerical. Se elogia el amor, por supuesto. Pero con tal que no se olvide el miedo. Esto, dicho así sin más, resulta razonable para mucha gente. Lo malo es que el discurso eclesiástico ha llegado hasta donde no podíamos ni imaginar cuando se ha tratado de exaltar la severidad de Dios, los derechos que le corresponden a la divinidad y, más que nada, lo implacable que es Dios con los malos, los pecadores y los impíos. El mismo Bernardo, que dijo cosas tan sublimes sobre el amor divino, no duda en afirmar que "los caballeros de Cristo luchan con seguridad las batallas de su Señor, sin temer jamás que cometen un pecado cuando matan a los enemigos o cuando corren el riesgo de ser ellos mismos asesinados; eso no es ningún crimen, sino que merece una enorme gloria"[82].

---

81. *Exigit ergo Deus timeri ut Dominus, honorari ut pater, et ut sponsus amari. Quid in his praestat, quid eminet? Nempe amor. In Cant.*83, 4. PL 183, 1183 A.

Por más que estas cosas se dijeran en el contexto cultural de las Cruzadas[83], es evidente que Bernardo, el gran maestro de la espiritualidad medieval, lo que en realidad hace es justificar el crimen y la venganza contra los enemigos, asegurando que en eso no hay pecado alguno, sino que, por el contrario, merece una gran gloria de parte de Dios. Y es que, para Bernardo, "el que mata al malhechor, no se comporta como un homicida, sino (valga la expresión) como un malicida"[84]. O sea, lo que quiere Dios es que se acabe con el mal, aunque para eso se vea como necesario acabar también con la vida del que comete el mal. Es legitimar, en nombre de Dios y con la autoridad de Dios, el crimen, el asesinato o cualquier forma de pena de muerte. Más aún, "la muerte que así se provoca es una ganancia para Cristo"[85]. La razón está en que "en la muerte del pagano, el cristiano se gloría, porque Cristo es glorificado"[86]. Ya no se trata de la justificación del asesinato, sino además de el elogio del sadismo, que es la exaltación de la crueldad. A los que hacen eso, "los escogió Dios"[87]. Es decir, Dios elige en esta vida a los que tienen como misión y destino matar a los enemigos de ese Dios. Es un argumento que Bernardo defiende, de diversas maneras, siempre que elogia a la "nueva caballería", en cartas que dirige con este motivo a los grandes de este mundo[88]. Porque, como afirma el mismo Bernardo, cuando llega la hora del combate, dejando de lado su antigua tranquilidad..., "se lanzan sobre sus adversarios, considerando a sus enemigos como si fueran ovejas"[89]. Es el elogio de la agresión, de la violencia, de la revancha, que mira al ser humano como si se tratara de un ani-

---

82. *At vero Christi milites securi praeliantur praelia Domini sui, nequaquam metuentes aut de hostium caede peccatum, aut de sua nece periculum, quandoquidem mors pro Christo vel ferenda, vel inferenda, et nihil habeat criminis, et plurimum gloriae mereatur. Liber ad milites templi,* III, 4. PL 182, 924 A.

83. Cf. EMERY, P.-Y., *Bernard de Clairvaux. Éloge de la nouvelle chevalerie.* SC 367, 30-32.

84. *Sane cum occidit malefactorem, non homicida, sed, ut ita dixerim, malicida. Liber ad milites templi,* III, 4. PL 182, 924 B.

85. *Mors ergo quam irrogat, Christi est lucrum.* O.c., III, 4. PL 182, 924 B.

86. *In morte pagani christianus gloriatur, quia Christus glorificatur.* O.c., III, 4. PL 182, 924 B.

87. *Tales sibi elegit Deus.* O.c., IV, 8. PL 182, 927 B.

88. *Ep. 288.* PL 182, 493-494; *Ep. 175.* PL 182, 336-337; *Ep. 192.* PL 182, 4977-498. *EP. 289.* PL 182, 494-496.

89. *Irruunt in adversarios, hostes velut oves reputant.* O.c., IV, 8. PL 182, 927 A.

mal. Naturalmente, azuzar a los hombres para que maten a otros hombres, *en nombre de Dios y con la bendición divina*, es una perversión, no sólo antropológica (justificar la violencia y el crimen), sino también teológica. Porque un Dios que legitima y bendice al que hace eso, es un Dios que pone su poder y su autoridad al servicio del mal. Más aún, incluso Cristo queda radicalmente distorsionado, representando la deformación del Evangelio. Porque Bernardo llega a decir que "así Cristo, de esa manera ha sabido vengarse de sus enemigos, para que no sólo de ellos, sino que además por medio de ellos, con frecuencia suela triunfar con tanta más gloria cuanto con más poder lo hace"[90]. Esto es, lisa y llanamente, presentar a Jesús como vengador. Cristo, según Bernardo, se sabe vengar de sus enemigos, triunfar frente a ellos, usando para esa repugnante tarea todo su poder. Yo me pregunto si se puede pervertir de manera más radical el mensaje de Jesús.

Hay en todo esto algo que resulta extraño y hasta profundamente misterioso. Sabemos que san Bernardo ha sido, no sólo uno de los autores más importantes en la historia de la espiritualidad cristiana, sino más en concreto el teólogo y el místico que más ha exaltado la necesidad y el valor de la caridad. De manera que, a juicio de uno de los mejores especialistas en este tema, la caridad divina es lo que explica "todo lo que él dice de Dios y del hombre. Porque (según Bernardo) Dios es caridad, la fuente de todo amor; él vive de amor"[91]. Y sin embargo, no se entiende, no se puede entender, cómo un místico que pone en el centro de su vida el amor a Dios y a los demás, puede igualmente afirmar que al Dios del amor se le agrada matando a seres humanos, asesinando personas, y además justificar todo eso desde el esperpento de un Cristo vengativo y sádico. ¿Qué le pasa a la teología? ¿qué nos pasa a los teólogos y a los hombres de la religión con el asunto de Dios? ¿Cómo podemos decir tan tranquilamente que Dios es amor y misericordia y, al mismo tiempo, estar agrediendo con tanta seguridad y con tan buena conciencia, a personas que no se pueden defender ante nuestros argumentos,

---

90. *Sic Christus, sic novit ulcisci in hostes suos, ut non solum de ipsis, sed per ipsos quoque frequenter soleat tanto gloriosius, quanto et potentius triumphare.* O.c., V, 10. PL 182, 928 C.

91. LECLERCQ, J., "De saint Grégoire à saint Bernard", en LECLERCQ, J., VANDENBROUCKE, F. y BOUYER, L., *La spiritualité du Moyen Age*, París 1961, 243.

puesto que hablamos en nombre de Dios y expresando la voluntad de Dios? Todo esto, como es lógico, hace pensar. Como igualmente da que pensar la manipulación que se ha hecho en la Iglesia con el tema del pecado. Cuando al poder eclesiástico le ha venido bien decir, en nombre de Dios, que matar a los hombres no era pecado, se ha dicho efectivamente que matar no era pecado. Se confirma, una vez más, que el interés fundamental del poder es la obediencia, no la vida. Y lo más peligroso es cuando semejante interés se constituye en criterio organizativo de la conducta de las personas.

El culmen del poder eclesiástico

Con todo, se puede decir con seguridad que Gregorio VII y Bernardo de Claraval no son la expresión más dura en cuanto se refiere a la exaltación del poder eclesiástico y su inevitable consecuencia, la perversión del concepto de Dios. Ya en los documentos que publicó Celestino III (1191-1198), el poder papal se presenta como *plenitudo potestatis*[92], poder pleno y, por tanto, sin límites. Un poder al que se tiene que corresponder con una obediencia incondicional[93]. Pero en aquel momento se hablaba todavía nada más que de un poder en el terreno de "lo espiritual". El sucesor de Celestino III fue Inocencio III (1198-1216). Y con este papa, apunta ya la ampliación del poder pontificio al dominio de "lo temporal". Lo cual quería decir, para Inocencio III, que el papa tiene, no sólo el supremo poder religioso, sino además un poder también grande sobre los reyes y emperadores de este mundo. Cosa que tiene su razón de ser en que el papa hace las veces del que es Rey de reyes. O sea, es el "vicario" de Cristo y, en definitiva, de Dios[94]. De nuevo, por tanto, nos encontramos con el argumento de siempre. El poder eclesiástico se fundamenta en el poder de Dios. Más aún, el poder eclesiástico es el "vica-

---

92. PL 206, 1037 C; 1127 D; 1194 D.

93. Es la conclusión que deduce el mismo Celestino III: *Quocirca, universitati vestre per apostolica scripta mandamus quatenus ei debitam in omnibus obedientiam et reverentiam exhibeatis, salubria eius monita et precepta, omni contradictione postposita, suscipiatis et firmiter observetis.* PL 206, 1195 C.

94. *Licet pontificalis auctoritas et imperialis potestas diverse sint dignitates... quia tamen Romanus pontifex illius agit vices in terris, qui est Rex regum... non solum in spiritualibus habet summam, verum etiam in temporalibus magnam ab ipso Domino potestatem.* PL 215, 767 B.

rio" (hace las veces en la tierra) del poder de Dios. Ahora bien, una vez establecido ese principio, la consecuencia era inevitable. Si Dios manda en el mundo entero, su vicario en la tierra debe mandar también en todo el mundo. Es verdad que Inocencio III entendió la *plenitudo potestatis* como poder supremo en el orden propiamente eclesiástico[95]. Pero no tardaron en llegar los que llevaron este modo de entender el poder en la Iglesia hasta sus últimas consecuencias. Esto fue lo que aportaron a la inflación del poder eclesiástico los papas Gregorio IX e Inocencio IV, en el siglo XIII. Con estos hombres se llegó al convencimiento de que el papa es "cabeza" (*caput*) o jefe supremo de la sociedad cristiana, que no se distinguía en la práctica de la Iglesia[96]. Más aún, la convicción de Inocencio IV era que si él tenía la autoridad propia del "Vicario de Cristo" en la tierra, por eso mismo poseía el poder eterno sobre todos los reyes de este mundo. El razonamiento que hace Inocencio IV, para llegar a esta conclusión, es tan impecable como extravagante. Cristo, el Hijo de Dios, poseía desde toda la eternidad el derecho natural de deponer y condenar a cualquier emperador. Por idéntica razón, el vicario de Cristo puede hacer lo mismo[97].

Como es lógico, todo esto suena a megalomanía y parece expresar una ambición desmedida de poder. Pero lo más malo no fue eso. Lo peor fue que unos hombres, que se veían a sí mismos investidos de tanto poder, resultaron por eso mismo un peligro público que desembocó en decisiones muy graves. Ya desde 1179, en los cánones del concilio III de Letrán, se empezó a justificar el castigo corporal (*corporale supplicium*) para defender la "disciplina eclesiástica" que se contenía en la enseñanza de los sacerdotes (*sacerdotali contenta iudicio*)[98]. A partir de este criterio, años más tarde y de acuerdo con los

---

95. Los textos abundan en este sentido. PL 214, 481; 759 C; 763; PL 215, 64; 279; 728 C; 898; 901; 947. Cf. CONGAR, Y., *L'Eglise de saint Augustin à l'époque moderne*, 255.

96. CONGAR, Y., o.c., 258.

97. *Christus Filius Dei dum fuit in hoc saeculo et etiam ab aeterno dominus naturalis fuit et de iure naturali in imperatores et quoscumque alios sententias depositionis ferre potuisset et damnationis.... Eadem ratione et vicarius eius potest hoc.... In III Collectione Novellarum Innocentii IV, De sententia et re iudicata, Ad apostolicae dignitatis* 23. Citado por CARLYLE, R. W. y CARLYLE, A. J., *A History of Medieval Political Theory in the West*, vol. V, Edinburgo-Londres 1928, 319, n. 2.

98. Conc. III de Letrán, can. 27. *Conciliorum Oecumenicorum Decreta*, ed. ALBERIGO, J., Bologna ,1973, 224.

impresionantes documentos *Excommunicamus et anathematizamus* de Gregorio IX (1229 y 1234)[99] se organiza formalmente la *inquisitio haereticae pravitatis*, que no era sino el atropello de la vida y de los derechos de la vida de las personas "para defensa de la verdad". La Inquisición estaba en marcha. Con todas sus consecuencias. Porque estaba en juego, no sólo la vida o la muerte de las personas, sino algo más. El sucesor de Gregorio IX, Inocencio IV, admite y recomienda la tortura corporal de los herejes, "para que el espíritu se salve"[100]. O el "obligarlos de manera conveniente" con plena facultad para imponer a los disidentes la "penitencia competente"[101]. Porque el criterio de Inocencio IV era que "los malos se retraen de hacer el mal por el miedo de los castigos, ya que la pena de uno y el miedo de muchos es ejemplo para los demás"[102].

El Dios que "legitima" los abusos del poder

Como es lógico, uno se pregunta: ¿qué idea de Dios tenían estos hombres que, desde la cumbre del poder religioso, adoptaban tales comportamientos? O dicho de otra manera: ¿qué Dios era el que legitimaba y justificaba semejante manera de proceder?

Ya he dicho antes que el papa Inocencio III, a finales del siglo XII y comienzos del XIII, empezó a difundir la idea de un poder papal tan ilimitado que pronto (con Inocencio IV) se concretó en la teoría de la *plenitudo potestatis*, el poder total del Romano Pontífice, "no sólo sobre los cristianos, sino también sobre todos los infieles"[103]. De acuerdo con esta teoría, el papa tenía poder para quitar y poner reyes,

---

99. MGH, *Epistolae saec. XIII*, t. I, n° 399, p. 318-320; n° 591, p. 479. Cf. KÜNG, H., *El Cristianismo. Esencia e historia*, 416.

100. *Tradentes corpus eius Sathanae in interitum carnis, ut spiritus eius salvus sit.* MGH, *Epistolae saec. XIII*, t. II, n° 69, p. 51.

101. *Cogendi eos districtione qua convenit... penitentiam competentem plenam tibi concedimus facultatem.* MGH, *Epistolae saec. XIII*, t. II, n° 75, p. 54.

102. *Quia mali metu penarum a maleficiis retrahuntur, et quia pena unius, multorum metus, est aliis in exemplum.* MGH, *Epistolae saec. XIII*, t. II, n° 135, p. 102.

103. *Dicimus quod Papa qui est vicarius Christi potestatem habet non tantum super christianos sed etiam super omnes infideles.* Cf. *Apparatus*, ed. Venise 1570, f. 255. Citado por CANTINI, J. A., "De autonomia iudicis saecularis et de Romani Pontificis plenitudine potestatis in temporalisbus secundum Innocentium IV", *Salesianum* 23 (1961) 466.

para excomulgar y condenar a todo el que no estaba de acuerdo con
lo que mandaba la autoridad eclesiástica, incluso para organizar guerras y torturar o matar personas, como ya he explicado. Pues bien,
tanto poder necesitaba otro poder, superior y absoluto, que legitima-
ra las decisiones autoritarias que se tomaban. Es decir, el poder total
del papa no podía ni imaginarse sin un Dios entendido como poder
que abarca la totalidad de la vida. Un poder que impresiona, amenaza, manda y prohibe, castiga y condena. Así, exactamente así, es
como Inocencio III habla de Dios y presenta a Dios. Como es sabido, este papa convocó y presidió el concilio IV de Letrán, en 1215. El
mismo papa, en el discurso de apertura del concilio, expresó claramente los dos proyectos que quería conseguir mediante aquel concilio: la reforma universal de la Iglesia y la liberación de Tierra Santa[104].
Esto significaba, en concreto, condenar a los herejes del tiempo y
organizar una nueva cruzada para acabar con los musulmanes. Es
decir, lo que estaba en juego era, no sólo un doble proyecto religioso, sino además de eso, y juntamente con eso, un doble proyecto de
violencia y agresión contra personas, conciencias, vidas y hacien-
das[105]. Se necesitaba, por tanto, un Dios omnipotente y agresivo. Y un
Dios, además, que pusiera su omnipotencia y su agresividad al servicio del proyecto papal. Por eso se comprende que, en la primera
Constitución del concilio, al formular la fe de la Iglesia, a Dios se le
ponen seis calificativos: el "eterno e inmenso, omnipotente, inconmutable, incomprensible e inefable"[106]. Y el propio Inocencio III, en el
discurso que tuvo cuando terminó el concilio, insiste en que hay que
estar ante Dios "compungidos, humildes y devotos, sin moverse, sin
reír, sin carcajadas... porque maldito el hombre que realiza las cosas
de Dios con negligencia"[107]. El concepto que Inocencio III tenía de

---

104. *Propter reformationem universalis Ecclesiae, ad liberationem potissimum Terrae
Sanctae: propter quae duo principaliter et praecipue hoc sacrum concilium convocavi.*
PL 217, 674 C.
105. En el discurso dirigido al concilio, Inocencio III llama a los prícipes, a los reyes,
a los pueblos y a las naciones "para que se levanten a luchar la guerra del Señor
y para vengar la injuria del Crucificado" (*ut surgant ad Domini praelium prae-
liandum, et vindicandam injuriam Crucifixi*). PL 217, 676 A.
106. Conc. Lateranense IV, const. I. *Concilorum Oecumenicorum Decreta*, ed. ALBE-
RIGO, J., pg. 230.
107. *State coram Domino Deo nostro compuncti, humiles et devoti, sine motu, sine risu, sine
cachinno....: quia maledictus homo qui opus Dei agit negligenter.* PL 217, 682-683.

Dios era terrible. Para este papa, Dios es el Omnipotente[108], que "venga los pecados de los padres en los hijos"[109] y, sobre todo, que se identifica hasta tal punto con las decisiones del Romano Pontífice que quien contradice al papa "incurre en la indignación de Dios omnipotente", una fórmula que Inocencio III repetía con frecuencia[110].

La misma severidad, incluso acrecentada, se advierte en las fórmulas de excomunión que lanza Gregorio IX: "Excomulgamos y anatematizamos de parte de Dios omnipotente, Padre, Hijo y Espíritu Santo, con la autoridad también de los santos apóstoles Pedro y Pablo y con la nuestra..."[111]. La autoridad del papa se identifica con la de los Apóstoles. Y ésta con la de Dios. En definitiva, eso es lo que interesaba. Pero es justo reconocer que, por lo que respecta al concepto de Dios, Gregorio IX no fue un hombre duro y, menos aún, amenazador. En sus cartas, menciona con más frecuencia a Jesús el Cristo que a Dios. Y recuerda la historia y el ejemplo de Jesús, cosa que hoy nos parece tan natural, pero que en aquel tiempo no era un tema frecuente, ni muchos menos, en la documentación pontificia. Por ejemplo, escribiendo al patriarca de Jerusalén, Gregorio IX le recuerda el nacimiento humilde de Jesús, su enseñanza a los ignorantes, su muerte como ejemplo de amor[112].

El culmen, no ya de la severidad, sino del terror en el ejercicio del poder religioso se alcanza en el pontificado de Inocencio IV[113]. Este hombre, que impuso la tortura como procedimiento para extraer de los herejes la confesión de sus errores[114], y que llegó a decir que "el Romano Pontífice tiene todos los derechos en el escri-

---

108. *Bull. Rom.* III, 28, p. 164; 31, p. 174; 32, p. 177; 40, p. 191; 41, p. 193; 46, p. 198; 47, p. 200, etc.
109. *Bull. Rom.* III, 30, p. 173; 33, p. 181.
110. *Epist. 109.* PL 215, 1205 B; *Bull. Rom.* III, 6, p. 121; 17, p. 137; 36, p. 183, etc.
111. MGH, *Epist. Saec. XIII,* t. I, n° 399, p. 318; n° 591, p. 479.
112. *Dum etenim nasceretur, vox angelica pacis ymnum, fedus reconciliationis Dei et hominis, attulit. Dum vixit, rudes erudivit doctrina et informavit exemplo. Dum pateretur, canticum decantavit amoris, quia dilectionis vinculo tractus ad crucem omni ad se traxit, cum vitam mortis invite vite voluntaria mors peremit.* MGH, *Epist. Saec. XIII,* t. I, n° 474, p. 382.
113. Cf. G. Schwaiger, *Innocenz IV,* en *Theologische Realenzyklopädie,* vol. XVI (1987), 182-186, con amplia bibliografía.
114. Constitución *Ad extirpandam* (4.VII.1252). *Bull. Rom.* III, 552-558. Cf. KOLMER, L., *Ad capiendas vulpes. Die Ketzerbekämpfung in Südfrankreich in der ersten Hälfte des 13 Jh. und die Ausbildung des Inquisitionsverfahrens,* Bonn, 1982.

torio de su corazón"[115], se expresa de tal manera que, cuando habla de Dios, no sólo afirma que "todo está sujeto a su majestad", lo que aplica como "privilegio de potestad" para la Iglesia[116], sino que (sobre todo) insiste en destacar la "ira de Dios"[117], la "irritación de Dios"[118], el "desprecio de Dios"[119], el "juicio de Dios para la condenación"[120]. Lo cual es comprensible. Un papa que se consideraba a sí mismo como "el juez de todos" (*Papa iudex est omnium*)[121], no tenía más remedio que justificar su mentalidad y su manera de proceder presentando a un Dios justiciero, autoritario, impositivo y si era necesario terrorífico. Cuando el poder religioso se convierte en un despropósito y más si se erige en despotismo, la primera víctima es Dios. Un Dios que se proyecta como culpa, miedo y terror sobre cuantos se resignan a creer en él.

En el concilio romano del 18 de noviembre de 1302, el papa Bonifacio VIII llegó a formular solemnemente la definición del poder universal del Romano Pontífice en términos de dominio absoluto: "declaramos, afirmamos y definimos que someterse al Romano Pontífice es completamente necesario para la salvación de toda criatura humana"[122]. Pero para comprender exactamente lo que en realidad quería decir Bonifacio VIII, cuando suscribió esta definición doctrinal, es imprescindible tener en cuenta dos cosas. Primero, que el poder que el papa se atribuye a sí mismo es, no sólo el poder espiritual propio de un dirigente religioso, sino además de eso (y juntamente con eso) el poder civil y militar de quien puede manejar las "dos espadas", o sea los dos poderes, el divino y el humano, el espi-

---

115. *Romanus Pontifex, qui iura omnia in scrinio pectoris sui censetur habere.* Así lo dice en su *Apparatus in quinque libros decretalium*, Estrasburgo 1477, Lib. VI. I tit. 2 c. 1. Cf. SCHWEIGER, G., o.c., 185.

116. *Dei virtus et Dei sapientia...., cuius ineffabili subiecta sunt omnia maiestati... suam illustravit ecclesiam et sic insignem reddidit singularis privilegio potestatis.* MGH, *Epist. Saec. XIII*, t. II, nº 78, p. 56-57.

117. MGH, *Epist. Saec. XIII*, t. II, nº 91, p. 65; nº 105, p. 75; nº 121, p. 85; nº 573, p. 405.

118. MGH, *Epist. Saec. XIII*, t. II, nº 551, p. 390.

119. MGH, *Epist. Saec. XIII*, t. II, nº 585, p. 413.

120. MGH, *Epist. Saec. XIII*, t. II, nº 585, p. 416.

121. SCHWEIGER, G., o.c., 185.

122. *Porro subesse Romano Pontifici omni humanae creaturae declaramus, dicimus , diffinimus omnino esse de necessitate salutis.* Bula *Unam sanctam*, ed. LO GRASSO, J. B., *Ecclesia et Satus*, Roma ,1939, nº 438, p. 190. Cf. DS 875.

ritual y el temporal[123]. Segundo, que este absolutismo del poder papal, a juicio de Bonifacio VIII, tiene su razón de ser en la voluntad de Dios. El papa dispone de las dos espadas porque es Dios quien así lo ha dispuesto. De manera que quien se resiste ante el poder pontificio, es a Dios mismo a quien le opone resistencia[124]. La idea de Bonifacio VIII resulta de una claridad tan meridiana como impresionante: el papa posee y maneja un poder tan absoluto *porque es Dios omnipotente el que quiere que así sea*. El absolutismo del poder papal tiene su razón de ser en el absolutismo del poder de Dios. Se ha dicho que la egoísta política familiar de este papa, expresada en un carácter colérico hasta el sarcasmo, se manifestó en su forma de entender la *plenitudo potestatis* del papado[125]. Pero lo peor del caso es que esta exagerada pretensión de poder se manifestó de forma que eso llevó consigo presentar a Dios de una manera prepotente y absolutista hasta el extremo de lo insoportable.

Cuando a Dios lo metemos en política

En efecto, el papa Nicolás V, mediante la bula *Romanus Pontifex* (8.I.1454), hizo donación de todos los reinos de Africa al rey Alfonso de Portugal. El papa justifica su decisión en que, regalándole (?) Africa entera al monarca portugués, los habitantes de ese continente llegarían a conocer al verdadero Dios y además de eso se seguiría gloria y alabanza para el mismo Dios[126]. Más aún, Nicolás V pensaba que de esa manera "se le prestaba a Dios el máximo obsequio"[127]. Pues bien, amparándose en un Dios tan generoso con los reyes de este mundo y tan cruel con los desgraciados de la tierra, Nicolás V concede a Alfonso de Portugal "la plena y libre facultad de apropiarse, para él y sus sucesores, y de aplicar para sus usos e intereses todos los reinos,

---

123. *In hac eiusque potestate duos esse gladios, spiritualem videlicet et temporalem....* *Uterque ergo in potestate ecclesiae , spiritualis scilicet gladius et materialis.* Bula *Unam sancatam*, o.c., n° 433-434, p. 189. Cf. DS 873.
124. *Quicumque igitur huic potestati a Deo sic ordinatae resistit, Dei ordinationi resistit.* Bula *Unam sancatam*, o.c., n° 437. Cf. DS 874.
125. Cf. WOLTER, H., "Bonifatius VIII", en *Theologische Realenzyklopädie*, vol. VII, 66.
126. *Incolae seu habitatores ad veri Dei cognitionem venientes,... ad ipsius Dei laudem et gloriam....* Bull. Rom. V, 111.
127. *Credens se maxime in hoc Deo praestare obsequium.* O.c., 112.

principados, dominios, posesiones muebles e inmuebles de las gentes de Africa, con el derecho de invadir, conquistar y someter a perpetua esclavitud a esas gentes"[128]. Prescindiendo del atropello jurídico y contra todos los derechos de la vida que esto representa, impresiona también la imagen de Dios que de esa manera proyectaba el papa. No cabe duda que el Dios de Nicolás V era un tirano, por más nobles que fueran sus fines o intenciones de "evangelizar" a los infieles y sarracenos de Africa. Por lo demás, esta concesión incomprensible de Nicolás V había tenido ya su primera expresión el 18 de junio de 1452[129]. Y fue reiterada y reconocida por el breve *Dudum pro parte* de León X (1516) y por la bula *Aequum reputamus* de Pablo III (1534)[130]. Desde entonces, estaban puestas las bases doctrinales que más tarde justificarían la dominación de Europa sobre Africa y el comercio de esclavos con el que los europeos acumularon fortunas increíbles durante los siglos XVII y XVIII. Había comenzado, *con la autorización del Dios Omnipotente*, no sólo el genocidio, sino sobre todo el etnocidio del continente que hoy se ve hundido en la mayor miseria.

Algunos años más tarde, el papa Alejandro VI, mediante su bula *Inter caetera* (4.V.1493), hizo donación a los Reyes Católicos de las islas y tierras firmes, que se habían descubierto o se pudieran descubrir, y separó el dominio de la corona de España y de la de Portugal a lo largo de una línea imaginaria que pasaba a cien leguas al este y al sur de las islas Azores y de las de Cabo Verde[131]. El papa, además, concedió a la monarquía española el poder de adueñarse del oro y de todas las riquezas que se pudieran encontrar en las tierras descubiertas o por descubrir. Concediéndoles ser "señores con plena, libre y omnímoda potestad, autoridad y jurisdicción" sobre todo lo que pudieran conquistar[132]. Y lo que más llama la atención es que Alejandro VI tomó esta decisión "con la autoridad de Dios Omnipoten-

---

128. *Sibi et succesoribus suis applicandi... plenam et liberam, inter caetera, concessimus facultatem... invadendi, conquirendi... et subiugandi, illorumque personas in perpetuam servitutem redigendi.* O.c., 113.

129. LO GRASSO, J. B., *Ecclesia et Status*, nº 457, p. 198.

130. Cf. AUBENAS, R. y RICARD, R., "L'Eglise et la Renaissance", en FLICHE y MARTIN, *Histoire de l'Eglise*, vol. 15, que remite a Paiva Manso, *Historia eclesiástica ultramarina*, t. I, Apéndice, doc. 12, 19, 20.

131. LO GRASSO, J. B., *Ecclesia et Status*, nº 464, p. 201.

132. *Dominos cum plena, libera et omnimoda potestate, auctoritate et iurisdictione facimus, constituimus et deputamus.* LO GRASSO, J. B., O.c., nº 464, p. 202.

te"[133]. Era el Dios Todopoderoso quien estaba, a juicio del papa, justificando el dominio del imperio español sobre las indefensas gentes
de América. Por más que esto se hiciera con la buena intención de
evangelizar a aquellas gentes, no se ve en virtud de qué argumento,
para evangelizar a los pueblos de América, fuera necesario someter-
los y despojarlos de su libertad y de sus bienes.

Es evidente que la ambición de poder de unos hombres sobre
otros ha causado millones de víctimas en este mundo. Es una historia de dolor, de humillación y de sufrimiento que resulta prácticamente imposible evaluar con exactitud. Esto ya es bien sabido y se
ha dicho muchas veces. Lo que seguramente no se ha tenido debidamente en cuenta es que de los atropellados por el poder no se ha
escapado ni Dios. Es más, probablemente Dios ha sido una de las
víctimas mayores del holocausto que el poder ha causado (y sigue
causando) en la historia de la humanidad. Porque cuando el tema de
Dios es gestionado y representado en este mundo por una institución que no tiene claro lo destructivo que puede ser el ejercicio de
la *plenitudo potestatis*, el poder pleno en la tierra, hay argumentos
serios para pensar que Dios se verá expuesto a la sospecha de unos,
a la duda y a la oscuridad de otros, e incluso a la negación y al desprecio de muchas gentes que no se sienten con fuerzas para soportar a un Dios en cuyo nombre y con cuya autoridad se han cometido y seguramente se siguen cometiendo tantas agresiones contra la
vida humana.

O simplemente no pueden aceptar a un Dios al que hacemos responsable de que el mundo no sea como a nosotros nos gustaría que
fuese. El Dios que manda o permite los desastres naturales, las desgracias de la vida, el sufrimiento de los inocentes, es el Dios que cada
día se hace más insoportable para mayor número de personas.

La Ilustración y la reacción eclesiástica

Como es sabido, la crisis de la fe en Dios, como fenómeno social
y cultural, no es de ahora. La explosión de este fenómeno sucedió en
la segunda mitad del s. XVIII, exactamente a partir de la Ilustración.

---

133. *Auctoritate Omnipotentis Dei, nobis in beato Petro concessa*. LO GRASSO, J. B., O.c.,
nº 464, p. 202.

Las razones filosóficas de la crisis han sido analizadas con toda precisión en el excelente estudio de Juan A. Estrada, *La imposible teodicea* (1997). No voy a repetir aquí lo que ya ha sido perfectamente estudiado. Sólo quiero añadir algo que me parece determinante en todo este proceso. Mientras la religión ocupó el centro de la cultura en Europa y en los importantes imperios coloniales a los que los europeos exportaron su cultura, el tema de Dios lógicamente no entró, ni podía entrar, en crisis. Si la religión era el centro de la cultura, la autoridad religiosa y, en general, los "hombres de la religión" imponían, no sólo su poder en la sociedad, sino que además de eso imponían igualmente el presupuesto necesario que sustentaba tal poder. Me refiero, como es lógico, al poder último, absoluto y sobrenatural que "legitimaba" el poder que la jerarquía eclesiástica pretendía ejercer en el mundo entero. Pero, desde el momento en que aquel modelo cultural entró en crisis, con él se derrumbó también, no sólo el poder indiscutible (hasta entonces) de los dirigentes religiosos, sino igualmente el Dios que, en último término, actuaba de soporte y fundamento de todo aquel montaje ideológico y cultural. El Dios omnipotente de los papas medievales no se podía sustentar ya por más tiempo. No sólo por las contradicciones que los pensadores de la Ilustración encontraron en ese Dios. Sino, además de eso, porque los supremos representantes de Dios en la tierra vieron cuestionado radicalmente el poder que ellos habían ejercido hasta entonces. Desde el momento en que la Ilustración situó a la religión en el ámbito de lo privado, desplazándola del centro de la sociedad, el poder de los hombres que en la tierra representan oficialmente a Dios se sintió tocado de muerte. De ahí, la obsesión de los escritores eclesiásticos del s. XIX por afirmar el poder del papa, no sólo como poder religioso, sino además como fundamento de estabilidad y seguridad para la sociedad en general. En este sentido, resulta programática la afirmación de J. de Maistre: "No hay moral pública ni carácter nacional sin religión, no hay religión europea sin cristianismo, no hay cristianismo sin catolicismo, no hay catolicismo sin papa, no hay papa sin la soberanía que le corresponde"[134]. Y de manera más tajante, F. Lamennais: "Sin papa, no hay Iglesia; sin Iglesia, no hay cristianismo; sin cristianismo, no hay sociedad: de suerte que la vida de las naciones europeas tiene, como ya lo hemos dicho, su fuente, su única fuente, en el poder pontificio"[135].

---

134. MAISTRE, J. de, *Correspondence*, edit. por E. Daudet, París, 1908, t. IV, 428.

Esto explica la obsesión que papas, obispos y teólogos tuvieron durante todo el s. XIX por afirmar y defender, no sólo la "autoridad de Dios", sino igualmente la "autoridad de la Iglesia". En la conciencia de aquellos hombres, lo uno estaba inseparablemente unido a lo otro. Esto se puso de manifiesto especialmente en el concilio Vaticano I (1870). En este sentido, Congar escribió con su precisión característica: "El punto de vista de la autoridad como elemento decisivo de la relación religiosa dominó las preocupaciones del concilio. No sólo en el capítulo *De Ecclesia*, sino en el otro capítulo que se declaró dogmáticamente, el *De fide*. El deber de creer se formuló en términos de autoridad de Dios sobre la creatura, de magisterio divino respecto a la razón humana; el motivo mismo de la fe se expresó en términos de "Auctoritas Dei Revelantis", y no simplemente, como ocurre en Tomás de Aquino, en términos de "Veritas Prima"[136]. Por eso, en el Proemio de la constitución dogmática *de fide catholica*, el concilio afirma su decisión de defender la fe religiosa apoyándose "en la potestad que Dios nos ha entregado"[137]. El papa y los obispos sabían muy bien que potestad de Dios y potestad eclesiástica son dos argumentos que tienen que ir paralelamente vinculados el uno al otro, de manera que si el uno se pone en cuestión, el otro se ve cuestionado igualmente.

Por eso se comprende que cuando el papado se vio desplazado del centro de la sociedad europea por causa de la Ilustración y la Revolución, y además, cuando más tarde se vio también desplazado del poder político (que había ocupado durante siglos) a causa de la pérdida de los Estados Pontificios, el empeño de obispos y teólogos se centró en afirmar la autoridad pontificia con nuevos argumentos. De ahí, el interés dominante, durante el s. XIX, por exaltar el poder magisterial del papa[138], cuya expresión más fuerte fue la definición de la infalibilidad pontificia. A partir de la crisis modernista, especial-

---

135. LAMENNAIS F., *De la religion considerée dans ses rapports avec l'ordre politique et civil*, París, 1825, 181.

136. CONGAR, Y., *L'ecclésiologie de la révolution française au concile du Vatican II, sous le signe de l'affirmation de l'auctorité*, en la obra en colaboración *L'ecclésiologie au XIX siècle*, París, 1960, 111-112.

137. *potestate nobis a Deo tradita*. Cfr. *Conciliorum Oecumenicorum Decreta*, ed. ALBERIGO, J., Bolonia 1973, 805.

138. Cf. CASTILLO, J. M., *La exaltación del poder magisterial en el siglo XIX*, en la obra en colaboración *Teología y Magisterio*, Salamanca, 1987, 139-160.

mente desde el pontificado de Pio X, se acrecentó la preocupación
de los papas por exigir obediencia incondicional[139]. Sin duda, se veía
claro, en las altas esferas de la Iglesia, que el poder social y político
que el papado había perdido tenía que ser compensado a base de un
poder creciente sobre las conciencias y de un mayor control sobre
la libertad de pensar y de hablar en la Iglesia. Ha sido el empeño
constante de los papas y de la Curia Romana durante el s. XX. De
manera que incluso el intento de apertura y liberalización que representó el pontificado de Juan XXIII, con el concilio Vaticano II, ha venido a quedar prácticamente en el olvido, puesto que hoy el poder de
la Curia Romana y el control que se ejerce en la Iglesia sobre obispos, teólogos, sacerdotes y fieles en general es seguramente mayor
que el que se ejercía en los pontificados anteriores a Juan XXIII [140].

No sé si valdría la pena analizar aquí por qué en otras tradiciones
religiosas, por ejemplo en el Islam, el Dios todopoderoso no se ha
visto sometido a la crisis creciente que la fe en Dios sufre en la cultura cristiana y, más en concreto, en el interior de la Iglesia católica.
Entre otras razones, en esto ha tenido que influir de manera muy
determinante el hecho de que el Islam no se ha visto obligada a
pasar por el juicio crítico de la Ilustración. Seguramente, algo parecido se puede afirmar de las religiones orientales. En todo caso, es
evidente que el Dios del poder, la imposición, la censura, la amenaza y el castigo resulta aceptable cuando los hombres, que representan a ese Dios en la tierra, y la institución que dirigen esos hombres,
gozan de la aceptación social y cultural que necesitan para mantenerse en su posición privilegiada. El día que la institución religiosa y
sus dirigentes son cuestionados por la cultura y por amplios sectores de la opinión pública, ese día el Dios omnipotente se ve igualmente cuestionado hasta convertirse en un problema sin solución
para muchas personas. El poder religioso, en su expresión de poder
supremo, es un privilegio único del que gozan contados hombres en
este mundo. Pero es también un peligro, no tanto para quien ejerce
ese poder, sino sobre todo para la creencia en Dios. La crisis de la

---

139. Este punto ha sido analizado y destacado por GUASCO, M., *El Modernismo. Los
     hechos, las ideas, los personajes,* Bilbao, 2000, 149-154.
140. He analizado las causas que han provocado el olvido práctico de las grandes
     intuiciones del Vaticano II en mi libro *La Iglesia que quiso el Concilio,* Madrid,
     2001.

fe en Dios, que hoy se hace tan patente en la cultura occidental, está motivada por causas muy variadas y complejas. En todo caso, no cabe duda que, entre esas causas, hay que enumerar la pretensión de poder que, con demasiada frecuencia y bajo formas variadas y disimuladas, siguen ejerciendo (hasta donde les es posible) los representantes oficiales, en la tierra, del Dios del poder absoluto.

Los evangelios cuentan que los discípulos de Jesús dieron muestras patentes, en diversas ocasiones, de apetencias de poder. Unas veces, porque los discípulos discutían quién de ellos era "el más grande" (Mc 9,34; Mt 18,1; Lc 9,46; 22,24). En otros casos, porque algunos pretendían los primeros puestos (Mc 10,37; Mt 20,21). Pero Jesús, que fue tan permisivo y tolerante con aquellos hombres en otras cosas, en este punto fue tajante: "el que quiera ser el más grande entre vosotros, tiene que situarse el último". Mucha gente piensa que Jesús fue exigente en esta cuestión por el daño que hace la soberbia y por el bien que hace la humildad. Y eso es cierto, no cabe duda. Pero el problema de fondo no estaba ni en la soberbia ni en la humildad. Es decir, el problema capital no era un asunto de espiritualidad o una cuestión moral simplemente. Jesús vio, sin duda, que en esto se jugaba algo mucho más serio. Lo que estaba en juego era nada menos que el problema de Dios y la fe en Dios. El Dios que nos reveló Jesús es el Dios que se hace presente en lo pequeño, en la gente sencilla, en los que nada tienen que decir en este mundo. No es el Dios del poder absoluto. Ni por tanto, el Dios que tienen que mostrar los que a toda costa exigen obediencia y sometimiento amparándose en el argumento de que ellos son la voz del Dios omnipotente. El Dios de Jesús es el Dios que se funde con lo humano. Y es, por tanto, no el Dios que somete, amenaza y castiga, sino el Dios que responde y corresponde a las apetencias de respeto, dignidad y felicidad que todos llevamos inscritas en la sangre de nuestras ideas más queridas y en los sentimientos más auténticos y nobles de cualquier ser humano.

Dios y nosotros

Yo no sé (y seguramente nadie lo puede saber) si las personas que creen en Dios son más felices que las que no tienen creencias religiosas de ningún tipo. La felicidad de los seres humanos está condicionada por factores muy diversos. Y uno de esos factores puede ser la creencia en Dios. Lo que pasa es que, al tocar este punto, nos enfrentamos inevitablemente a un problema sumamente complejo. Porque es un hecho que las creencias religiosas contribuyen poderosamente a la felicidad de unas personas, mientras que, en otros casos, esas mismas creencias producen el efecto contrario. De hecho, hay individuos que ven en Dios un auténtico rival de la propia felicidad. Porque Dios es, para tales personas, lo mismo que prohibición, censura y amenaza. Además, mucha gente ve en Dios la imposición de verdades que no entiende, la limitación de la propia libertad, la necesidad de someterse a poderes y autoridades que le repugnan, etc. Y para colmo, son muchos los creyentes que viven sus creencias de forma que tales creencias actúan de manera muy negativa sobre la conciencia, acentuando los sentimientos de culpa, fomentando divisiones y enfrentamientos, comportamientos de carácter obsesivo y otras patologías que no pretendo enumerar. Por todo esto, resulta difícil responder a la pregunta de si, efectivamente, la fe en Dios hace que la gente viva más feliz.

En cualquier caso, algo tiene que tener la creencia religiosa que, de hecho, ejerce una profunda y misteriosa seducción sobre grandes sectores de la población. Porque es un hecho que, no obstante las muchas y muy serias dificultades que tal creencia representa, a pesar de todo, ni Dios ha muerto, como anunció Nietzsche, hace más de un siglo, ni la religión desaparece, como decían aquellos teólogos radicales que, en los años sesenta del siglo pasado, aseguraban que estábamos entrando en una era post-religiosa.

Y es que hay hechos que, si las cosas se ven desapasionadamente, resultan evidentes o, por lo menos, son difíciles de negar. No cabe duda que la fe en Dios puede proporcionar a muchas personas una especial profundidad, un horizonte global de sentido, incluso ante el dolor, la injusticia, la culpa y el sinsentido que mucha veces tiene la vida. Así como también puede aportar un sentido último de la vida frente al destino fatal de la muerte. Por supuesto, hay personas que no están de acuerdo con nada de esto. Pero, tan cierto como eso, es que igualmente hay también mucha gente a quien la fe en Dios le salva del desastre total que puede llevar el hundimiento de una vida.

De la misma manera se puede afirmar que la fe en Dios puede garantizar valores supremos, normas incondicionales, motivaciones profundas e ideales últimos que potencian la vida, el rendimiento y la actividad de mucha gente.

También es cierto que la fe en Dios y las prácticas religiosas que la acompañan normalmente pueden crear, mediante símbolos comunes, rituales, experiencias y objetivos, un hogar para la convivencia, la fe, la seguridad, la fortaleza y la esperanza. Como es igualmente verdad que la fe en Dios puede impulsar, y de hecho ha impulsado, a mujeres y hombres de gran calidad a manifestar la protesta y la resistencia contra las situaciones injustas, contra la opresión y el atropello de los débiles y por la defensa de los derechos humanos. Los incontables mártires que, por estos motivos, han dado su vida a lo largo del s. XX son la prueba más evidente de lo que estoy diciendo[141].

¿Es posible fundamentar una ética para todos?

Pero hay algo que seguramente es aún más importante que todo lo que acabo de decir. Desde los últimos años del siglo pasado, se viene insistiendo en la urgente necesidad de fundamentar un proyecto de "ética mundial" o, como otros dicen, de una "ética planetaria"[142]. Cuando miramos atrás y pensamos en lo que ha ocurrido en el s. XX, nos damos cuenta que hemos salido del siglo más violento que ha conocido la historia de la humanidad. Por otra parte, es un hecho que tanta destrucción, tanta muerte, tanta miseria y tanta hambre, se han venido a producir precisamente cuando los progresos de la ciencia y de la tecnología han logrado los avances más espectaculares que se podían imaginar. Lo cual nos viene a demostrar que el progreso de la ciencia y el progreso de la felicidad humana no son dos cosas que van necesariamente unidas. Más bien, se puede decir todo lo contrario, sea cual sea la explicación que se intente dar a este hecho sorprendente. Porque efectivamente es un

---

141. Para todo este asunto, cf. KÜNG, H., "Ecumene abrahámica entre judíos, cristianos y musulmanes. Fundamentación teológica y consecuencias prácticas", en TAMAYO, J. J. (ed.), *Cristianismo y liberación. Homenaje a Casiano Floristán*, Madrid, 1996, 50.
142. En este sentido, son conocidos los importantes estudios de KÜNG, H., *Proyecto de una ética mundial*, Madrid 1992. Y de BOFF, L., *Ética planetaria desde el Gran Sur*, Madrid 2001.

hecho que cuando la ciencia ha progresado más es cuando se ha producido mayor sufrimiento en el mundo. Con dos agravantes que son los que ahora más nos preocupan. Me refiero, ante todo, a la *crisis social,* es decir, la progresiva concentración de la riqueza mundial en pocos países y, cada día, en menos personas, con la consiguiente exclusión, el hambre y la muerte prematura de millones de seres humanos inocentes y víctimas de un sistema alocadamente injusto. Y me refiero, en segundo lugar, a la *crisis ecológica,* es decir, la construcción, en las últimas décadas, del "principio de autodestrucción", que no es ni más ni menos que el siguiente hecho brutal: "la actividad humana, irresponsable ante la máquina de muerte que ha creado, puede ocasionar daños irreparables en la biosfera y destruir las condiciones de vida de los seres humanos"[143]. Por todo esto, ahora nos damos cuenta de la urgencia apremiante de fundamentar una ética mundial, unos principios mínimos morales, aceptados por todos los habitantes del planeta, que nos puedan sacar de la doble crisis que acabo de apuntar.

Pero, ¿es realmente posible que todos nos pongamos de acuerdo para aceptar esos principios mínimos básicos para la común subsistencia de la humanidad entera? Este es el problema. No es mi intención analizar aquí cómo se podría fundamentar una ética mundial[144]. Sólo quiero indicar dos cosas que me parecen importantes para lo que estoy explicando en este libro. *En primer lugar,* como ha dicho (a mi juicio) acertadamente H. Küng, es claro que "una persona sin religión puede llevar una vida verdaderamente humana y, en este sentido, una vida moral, lo cual no es sino expresión de la autonomía intramundana del ser humano. Pero una cosa no puede conseguir el ser humano sin religión, aun en el caso de que haya de asumir para sí normas morales absolutas: *fundar la incondicionalidad y universalidad* de una obligación ética. Sigue siendo dudoso por qué he de atenerme incondicionalmente, es decir, en todo caso y siempre, a determinadas normas, incluso cuando se oponen frontalmente a mis intereses"[145]. *En segundo lugar,* dado que muchos hombres no tienen creencias religiosas ni encuentran razones para tenerlas, es

143. Boff, L., *Ética Planetaria desde el Gran Sur,* 15.

144. Un buen análisis de este asunto, expuesto de manera sumaria, en Boff, L., o.c., 25-37.

145. Küng, H., *Ecuméne abrahámica entre judíos, cristianos y musulmanes,* 48-49.

necesario recurrir a algo que se encuentre cimentado, anclado, en la misma condición humana.

Me refiero a lo que L. Boff ha sabido formular acertadamente al hablar de la "espiritualidad" y de la "mística" como fundamento de una ética mundial. Porque es "en el ámbito del *pathos* (experiencia, pasión, sentimiento) donde puede emerger la dimensión espiritual, como la profundidad del ser humano y del mismo universo, y, junto con ella, la perspectiva mística. Tanto la espiritualidad como la mística tienen que ver con experiencias profundas y con grandes emociones vinculadas a la percepción de la totalidad en la que nos sentimos integrados como parte y parcela del Fundamento que la origina y la sustenta. Son estas experiencias seminales las que mueven la vida humana y dan fuerza a los imperativos éticos"[146]. Y es que los imperativos éticos, por muy importantes y urgentes que sean, *si no hay una espiritualidad y una mística que los sustenten y los impulsen,* por sí solos no se sustentan ni perduran. Hay exigencias éticas que contradicen los intereses inmediatos de personas, clases y naciones. Entonces, ¿por qué tengo que yo que atenerme a lo que va en contra de mis propios intereses y, por tanto, de lo que veo como indispensable para dar sentido a mi vida y, en consecuencia, ser feliz? Como ha dicho el mismo L. Boff, "la dimensión *demens* de los seres humanos da razón de las opciones por lo absurdo"[147]. Y estamos ya hartos de tanto absurdo, sobre todo cuando lo absurdo se traduce en lo irracional, lo violento, que no es sino agresión, humillación, sufrimiento y muerte.

El problema que aquí se plantea es que, después de lo que he explicado en este mismo capítulo, a cualquiera se le ocurre que, incluso con mucha espiritualidad y con mucha mística, también se puede desembocar en lo absurdo, que se traduce en agresión, violencia y muerte. Ya he dicho que san Bernardo fue maestro de espiritualidad y místico eminente, como es bien sabido. Y sin embargo, Bernardo se dedicó a predicar que no es pecado matar a los infieles. Lo cual es comprensible. Porque, para Bernardo, el punto de partida de la comprensión de Dios y de la búsqueda de Dios es tomar conciencia de que nosotros, los humanos, estamos situados en "la región de la diferencia" (*Regio dissimilitudinis*), no la semejanza, sino exactamen-

---

146. BOFF, L., *Ética planetaria desde el Gran Sur,* 90.
147. O.c., 89.

te todo lo contrario, con respecto a Dios[148]. Es la tierra, la vida sensible, animal, por oposición al cielo y a la vida angélica[149]. Bernardo es espiritual y místico. Pero su espiritualidad y su mística arrancan, no de la fusión de lo divino y lo humano, sino de la radical diferencia entre Dios y el hombre. Es un ejemplo, entre tantos otros que se podrían aducir en el mismo sentido.

Por eso, yo estoy completamente de acuerdo con la acertada formulación de Leonardo Boff: "sólo lo Incondicionado puede exigir algo incondicionado. Sólo la Suprema Realidad puede fundar algo supremo"[150]. La *cuestión decisiva* está en saber lo que queremos decir cuando hablamos de "lo Incondicionado" o de "la Suprema Realidad". Ahora bien, mientras lo Incondicionado y la Suprema Realidad no coincida con la felicidad de la vida y, por tanto, con la dignidad de la vida y el derecho a la vida de cualquier persona, sea quien sea y como sea, no podremos fundamentar ninguna ética mundial. Por eso, según yo creo, es tan decisivo comprender, de una vez por todas, que el Dios (o lo Incondicionado) en el que creemos los cristianos es el Dios que se funde y se confunde con el ser humano, con todo ser humano. Por tanto, hablar de Dios es hablar, de una vez y al mismo tiempo, del Trascendente y de la vida que hay en mí. Es hablar del Absolutamente-Otro y de la vida que hay en cada ser humano. Lo que es tanto como decir que respetar a Dios es respetar la vida que hay en cada persona. Y respetar la dignidad de Dios es respetar la dignidad de la vida de cualquier mujer o de cualquier hombre. Y es que, mientras el punto de partida para entender a Dios sea situarlo en la "región de la diferencia", es decir, la no-semejanza entre lo divino y lo humano, podemos hacer (con la mejor conciencia del mundo) lo que hizo san Bernardo: montar una imagen de la Suprema Realidad, del Incondicionado y del Absoluto, desde la que sea perfectamente legítimo predicar la violencia, la agresión y la muerte que "merecen" (?) los infieles.

Sin embargo, cuando a Dios se le entiende como el Trascendente que se funde con el ser humano, con la vida y los derechos de la vida

---

148. *Super Cant.*IV, 6.
149. Cf. DÉCHANET, J. M., *Aux sources de la pensée philosophique de saint Bernard.* Analecta sacri ordinis cisterciensis 9 (1953) 70, nota 32. Cf. BERNARD, Ch.-A., *Le Dieu des mystiques,* vol. II, París 1998, 47-55.
150. BOFF, L., *Ética planetaria desde el Gran Sur,* 89.

de cualquier persona, resulta enteramente acertado afirmar que la espiritualidad y la mística son las dos grandes experiencias que pueden fundar una ética mundial. Lo que es lo mismo que decir que sólo la espiritualidad y la mística pueden hacer que este mundo se humanice de manera que la convivencia en él resulte digna, soportable, feliz y fuente de esperanza. Con tal que espiritualidad y mística se entiendan correctamente. Por "espiritualidad", se suele entender, entre los cristianos, la vida según el espíritu, es decir, la forma de vida que se inspira en el Espíritu de Jesús y se deja guiar por ese Espíritu[151]. Por su parte, la "mística" es aquella forma de ser y de sentir que acoge e interioriza experiencialmente ese Misterio sin nombre y permite que impregne toda la existencia. No es el saber sobre Dios, sino el sentir a Dios lo que funda la experiencia mística[152]. Como se ha dicho muy bien, "el místico, por eso, recuerda al teólogo, y al creyente en general, que el Dios en el que cree, por ser amor más que poder, es un Dios fuente de un gozo no ansiosamente buscado, pero sí agradecidamente acogido. No es, por tanto, el Dios que se muestra celoso y rival del *juego y de la fiesta* que, según Juan de la Cruz, el *Espíritu Santo hace en el alma*[153]. ¿Es de extrañar, entonces, que el místico cayera siempre bajo la sospecha de una Institución, que necesita como soporte un Dios hecho de fuerza y poder y que, por ello, ve en el contento y gozo una amenaza intolerable?"[154].

Decididamente, sólo con razones y argumentos, por muy bien fundamentados que estén, nunca podremos fundar una ética mundial. Ni, por tanto, tampoco podremos fundar una convivencia, un respeto a la vida, ni siquiera una defensa eficaz de los derechos humanos. La espantosa historia del s. XX es el argumento más eficaz para probar lo que acabo de decir. Nunca se había hablado tanto de los derechos humanos. Y nunca se habían atropellado tanto los derechos humanos de la vida. Sólo con razones y argumentos no nos humanizamos. Porque es un hecho que hombres cargados de razones se han cargado a millones de seres humanos en el s. XX. La historia nos enseña que los tres grandes motivos, perfectamente "razo-

151. Cf. ESTRADA, J. A., *La espiritualidad de los laicos*, Madrid, 1992, 14.
152. BOFF, L., *Ética planetaria desde el Gran Sur*, 90.
153. *Llama de amor viva*, Canc. 3, 10.
154. DOMÍNGUEZ, C., "Experiencia mística y Psicoanálisis", *Cuadernos Fe y Secularidad*, nº 45, Madrid, 1999, 42-43.

nados" desde los más sólidos argumentos, que más sufrimiento han causado en este mundo han sido, en primer lugar, *la política* con sus incontables guerras y violencias de todo tipo; en segundo lugar, *la lucha social* con sus revoluciones y contra-revoluciones frecuentemente brutales y sangrientas; en tercer lugar, *la religión* con todo lo que ha representado (y sigue representando) de agresión a la conciencia, a la dignidad e incluso a la vida de las personas.

En definitiva, se trata de comprender que Dios, la Religión, el Evangelio, la Ética, todo eso nos resulta incomprensible y hasta enormemente problemático, si pretendemos acercarnos a esas realidades desprovistos de una espiritualidad coherente y de una mística profunda. Más aún, por mucha espiritualidad y mucha mística que le echemos al asunto, si la espiritualidad y la mística no se viven desde el Dios que se funde con lo humano, también podemos acabar (como acabó san Bernardo) predicando la muerte de los infieles.

La conclusión es clara. El punto de encuentro entre Dios y nosotros es la aceptación de lo humano. Más aún, es la encarnación de lo divino en lo humano y, por tanto, la fusión de Dios en lo humano, del Trascendente en lo inmanente. El Dios que muestra su trascendencia, no en el poder que tanto apetecemos los humanos, sino en la humanidad de la que queremos constantemente escapar porque queremos que se nos abran los ojos para "ser como Dios" (Gen 2, 5). La eterna tentación del ser humano es huir de su condición, para llegar a ser como el Trascendente. Mientras que el Dios de Jesús representa el movimiento radicalmente opuesto: Dios muestra su trascendencia humanizándose hasta donde nosotros somos incapaces de llegar. De donde resulta que a Dios lo encontramos, no el empeño de divinización que tanto nos seduce, sino humanizándonos hasta fundirnos, nosotros también, con la humanidad. Y todo esto, con un solo objetivo: luchar en la vida contra la brutal deshumanización que a todos nos deforma y que amenaza con liquidar definitivamente a la especie humana.

Lo humano y lo divino

En la ya larga historia de la tradición cristiana, la relación entre lo humano (lo propio del hombre) y lo divino (lo propio de Dios) no ha sido precisamente fácil. Más bien se puede decir todo lo contrario.

Porque es un hecho que, para una notable mayoría de los teólogos y autores espirituales en general, lo humano, lo creado, lo natural, por más que estas expresiones nos remitan a conceptos que necesitan matizaciones teológicas importantes, la verdad es que han sido vistas, en la tradición de la Iglesia, como realidades que con demasiada frecuencia (según parece) han vivido en conflicto con lo divino, los increado, lo sobrenatural. Lo cual, aparte de otros inconvenientes, ha llevado a muchos cristianos a pensar que, *para acercarse a Dios,* lo primero que hay que hacer es *alejarse de los humano.* Y de todo lo que lleva consigo lo humano, empezando por el cuerpo y sus inclinaciones naturales, siguiendo por los deseos de gozo y felicidad que, como es natural, cualquier persona normal experimenta, y terminando por rechazar todo lo que significa dejarse llevar por lo agradable, lo que nos proporciona libertad, éxito o simplemente bienestar.

Por supuesto, estamos de acuerdo en que. cuando el disfrute de la vida y el bienestar o el éxito se consiguen a base de pasar por encima de los demás o a costa de dejar a otros tirados en la cuneta del camino, entonces, es evidente que eso no le puede gustar a Dios. Es más, estamos de acuerdo en que eso es lo que más deshumaniza a las personas y, por tanto, lo que más aleja del Dios que se ha fundido con lo humano. Por eso, la tradición cristiana y concretamente la enseñanza de la Iglesia ha insistido, con razón, en la necesidad de la ascética. Pero con tal que la ascética se entienda correctamente. No limitándola, como es lógico, al sentido que le dio la filosofía popular estoica, es decir, la ascética como liberación de toda atadura terrena en orden a conseguir la libre imperturbabilidad del sabio[155]. Ni tampoco reduciendo la ascética cristiana a una simple ascesis moral, como lucha contra las fuerzas naturales que ascetas y moralistas han considerado peligrosas para que el hombre consiga una armonía ejemplar en el dominio del cuerpo y en el desprecio de lo terreno. Es evidente que si esto se entiende como condición necesaria para que unas personas no causen sufrimiento a otras, entonces estamos de acuerdo en que tal ascética es enteramente necesaria en la vida.

Pero lo malo es que, con bastante frecuencia, la ascética se ha entendido y se ha practicado entre los cristianos como tensión y conflicto entre lo natural y lo sobrenatural, llegando muchas veces

---

155. Cf. RAHNER, K. y VORGRIMLER, H., *Diccionario Teológico,* Barcelona, 1966, 48.

al menosprecio o incluso al desprecio de cosas que no son sino realidades, fuerzas y dinamismos que Dios ha creado y que, por eso
mismo, tienen un origen divino. La dificultad que uno encuentra, al
estudiar este punto en la tradición cristiana, está en que muchas
veces los escritores eclesiásticos han propuesto como ideal, para los
creyentes en Jesucristo, el *despojo de las pasiones* que presentó la tradición cultural helenista[156]. Es decir, mezclaban el mensaje específicamente cristiano con ideas y valores propios del helenismo. De
donde resulta que, para muchos de los autores cristianos antiguos (y
seguramente también no pocos modernos), por más que hablasen
del Evangelio, en realidad ya no se trataba de vivir lo que enseña el
Evangelio, sino de aceptar y someterse al ideal de la filosofía helenista, fuertemente marcada por la contraposición entre el espíritu y
la materia, el alma y el cuerpo, lo divino y lo humano.

En este sentido, Clemente de Alejandría afirmaba ya en el s. II
que "es completamente imposible ser al mismo tiempo un sabio y
no avergonzarse de los placeres del cuerpo; no se puede decir a la
vez que el bien es el placer y que el bien es lo bello"[157]. Y el problema se complica si tenemos en cuenta que Clemente mezcla el tema
de las "pasiones" y el "placer", propio del estoicismo[158], con las ideas
filosóficas del gnosticismo. Por eso, Clemente afirma que "es necesario despojar al alma gnóstica de su envoltorio corporal, arrancarla
de las frivolidades materiales y de todas las pasiones que engendran
las opiniones vanas y engañosas, elevarla sobre los deseos carnales y
purificarla por medio de la luz"[159]. A partir de entonces (estamos a
finales del siglo II y comienzos del s. III), estas ideas se hicieron enteramente familiares entre los autores eclesiásticos. Para Orígenes, por

156. Cf. CASTILLO, J. M., *El Reino de Dios. Por la vida y la dignidad de los seres humanos*, Bilbao 1999, 271-272. La clasificación de las cuatro pasiones fundamentales que desarrolló el estoicismo y de las otras 76 pasiones que se derivan de las fundamentales ha sido analizada por DARAKI, M., *Une religiosité sans Dieu. Essai sur les stoïciens d'Athènes et saint Augustin*, París 1989, 79-92.
157. *Strom.* III, 5, 43. GCS 2, ed. STÄHLIN, O., 216. A este respecto, G. Bardy ya hacía notar que "lo que nos desconcierta es encontrar a la vez en la pluma de Clemente las lecciones de san Pablo y las de la sabiduría profana". *Dépouillement*, en *Dict. de Spiritualité*, vol. III, 459.
158. Sobre la perversión del "placer" (*hedonè*), en el pensamiento estoico, cf. CASTILLO, J. M., *El Reino de Dios*, 288-291.
159. *Strom.* V, 11, 67-68. GCS 2, 371.

ejemplo, "Dios es amado totalmente por aquellos que, llenos de deseos de entrar en comunión con Él, separan y alejan su alma no sólo del cuerpo de carne, sino incluso de todo cuerpo"[160].

Este ideal o, si se quiere, este proyecto espiritual pasó a la tradición de los monjes desde sus comienzos en el s. IV. Así, san Efrén, muerto el año 373, resume exactamente esta tradición cuando exhorta a los monjes: "Crucificad vuestro cuerpo toda la noche en la oración... Si el sueño ha vencido al cuerpo, haceos el testigo de sus vigilias; haced un pacto con vuestros miembros a partir de la tarde"[161].

De acuerdo con este criterio, las exageraciones y hasta las extravagancias que se practicaban en los monasterios, se vieron como la cosas más natural del mundo. Todo esto quedó reflejado, entre otros escritos, en los *Apopthegmata Patrum*, una recopilación de dichos y sentencias de los primeros monjes, que expresan una teología subyacente y, por tanto, una manera extraña y hasta incomprensible de entender la relación del hombre con Dios[162]. Entre los dichos y sentencias de los monjes, se encuentran cosas como éstas: "El Señor tiene como abominación todo reposo del cuerpo"[163]. "El alma no se humilla en absoluto si no se priva de pan"[164]. "Al monje le basta dormir una sola hora, si es que quiere ser un luchador"[165]. Como se advierte fácilmente, se trata de una espiritualidad centrada en el combate contra el propio cuerpo y sus apetencias más naturales, la comida, el descanso, etc. Por no hablar de la visión enteramente negativa de la sexualidad, de la mujer y de cuanto dice relación al amor humano, al matrimonio y a la familia. Para los monjes del desierto, hablar con una mujer, aun cuando se tratase de una persona de la propia familia, era lo mismo que caer en la "fornicación" (*porneía*)[166]. Y es que, lo que estaba en juego, en esta forma de entender la relación del ser humano con Dios, era el despojo total de uno mismo. En la *Carta Magna* del Seudo-Macario, un documento ampliamente utilizado por

---

160. *Exhort. ad mart.* 3. GCS 1, ed. KOETSCHAU, P., 4.
161. *S. Ephraem Syri hymni et sermones*, ed. LAMY, T. J., t. I, Malines, 1902, 214. Cf. BARDY, G., o.c., 461.
162. Excelente introducción a estos documentos, en GUY, J. C., *Les Apopthegmes des Pères*, SC nº 387, 13-90.
163. *Apog. Pat.* IV, 34 b. SC nº 387, 203.
164. *Apog. Pat.* IV, 35. SC nº 387, 203.
165. *Apog. Pat.* IV, 3. SC nº 387, 187.
166. *Apog. Pat.* V, 28. SC nº 387. 264-266.

los monjes en el tiempo de los Padres y en la Alta Edad Media, se resume este ideal: "Renunciar a la propia alma es no buscar jamás la voluntad propia"[167]. Y su *Homilía II*, llega a decir: "Cuando el Apóstol afirma: Despojaos del hombre viejo, quiere decir el hombre entero, no teniendo los ojos propios, ni la propia cabeza, ni oídos, ni manos, ni pies; porque el Maligno ha manchado y arruinado al hombre entero, al cuerpo y al alma, lo ha sometido, al hombre manchado, impuro, enemigo de Dios, en rebelión contra la ley de Dios"[168].

Como es evidente, esta manera de hablar expresa una mentalidad, que, de hecho, es una agresión, no sólo contra el ser humano, sino también contra Dios. Porque, en definitiva, lo que con todo esto se viene a decir es que Dios está en contra, no sólo del pecado y del mal que se hace en este mundo, sino en contra también del ser humano. Es decir, sin afirmarlo expresamente, en realidad se viene a afirmar que Dios está en contra de nosotros mismos. Y de lo más humano que hay en nosotros: nuestro cuerpo, nuestra voluntad, nuestros deseos e inclinaciones naturales, todo aquello que, según se nos ha dicho, lo tenemos porque Dios nos ha hecho así. O sea, que Dios odia y detesta lo que Él mismo ha creado y ha querido que sea el ser humano. Es la expresión más fuerte y más dura de la contraposición y hasta de la contradicción que (si es que Dios es así) existe entre lo divino y lo humano. Porque para acercarse a lo divino hay que despojarse de lo humano. Y, por supuesto, lo primero que hay que abandonar, según esta mentalidad, es lo más humano que hay en nosotros: la aspiración a ser felices y el deseo de poner los medios que conducen a la felicidad.

El pecado original

Como es lógico, a cualquiera se le ocurre pensar que todo esto resulta sumamente extraño. ¿Cómo se explica que Dios deteste lo que Él mismo ha creado y ha puesto en nosotros? Si Dios ha puesto en el los seres humanos el deseo apremiante de ser felices y disfrutar de la vida y si, además, nos ha concedido medios para conseguir todo eso, ¿cómo se explica que luego ese mismo Dios nos pida

---

167. PG 34, 421 D - 424 A.
168. *Hom. II*, 2. PG 34, 464 C.

y nos exija que renunciemos a lo que Él nos ha dado? Los teólogos han encontrado una respuesta a estas cuestiones. Se trata del pecado original. Dios hizo al hombre bueno, inocente, perfecto. Pero el hombre desobedeció a Dios y pecó. Y eso fue su ruina y su perdición. En el fondo, se trataba de explicar por qué en el mundo hay tanto mal y tanto sufrimiento. La explicación tenía que estar o en Dios (que hizo mal las cosas) o en el hombre (que hizo mal uso de su libertad y se apartó del plan de Dios). La solución fue culpar al hombre. Para exculpar a Dios. Y el resultado, ya lo sabemos: una lectura del relato de Adán y Eva, del paraíso, de la serpiente y del pecado, que terminó en la terrible conclusión según la cual la humanidad entera es una "masa condenada", la *massa damnata*, de la que san Agustín llega a decir que es una "masa de pecado"[169]. Lo determinante aquí está en comprender que, cuando Agustín habla de este asunto, no se limita a decir que fue el hombre el que pecó, ni siquiera la humanidad. El sujeto que pecó fue "la naturaleza humana"[170]. Y la consecuencia de ese pecado fue que, a partir de entonces, "somos formados, por la divina providencia, no según el cielo, sino según la tierra, es decir, no según el espíritu, sino según la carne, y así somos formados como una masa de lodo, que es la masa del pecado"[171]. Para Agustín, por lo tanto, es la divina providencia misma la que nos hace "masa de pecado", una "masa de lodo", en definitiva, corrupción y perdición. Eso es la naturaleza humana caída. Y, por tanto, eso es "lo natural" en nosotros los mortales. Los resultados de esta *massa damnata* son, no sólo la corrupción y la mortalidad[172], sino además el debilitamiento de la libertad[173], la lucha entre el hombre interior y la ley del pecado[174], todo ello en un estado de auténtico pecado[175].

---

169. *De div quaest.* 83, q. 68, s. PL 40, 71.

170. *Ex quo ergo in paradiso natura nostra peccavit. De div.quaest.* 83, q. 68, 3. PL 40, 71.

171. *Ab eadem divina providentia, non secundum coelum , sed secundum terram, id est, non secundum spiritum, sed secundum carnem mortali generatione formamur , et omnes una massa luti facti sumus, quod est massa peccati. De div.quaest.* 83, q. 68, 3. PL 40, 71.

172. *Ad Simplicianum* I, q. 1, 10. PL 40, 106.

173. *Ad Simplicianum* I, q. 1, 11. PL 40, 107.

174. *Ad Simplicianum* I, q. 1, 13. PL 40, 107.

175. Cf. GAUDEL, A., *Péché originel.* en DTC XII, 378.

Las consecuencias que la tradición posterior llegó a deducir de esta doctrina fueron de un pesimismo tal que, por ejemplo, en un sermón atribuido al papa Inocencio III (s. XII-XIII), se llega a decir que "nuestro cuerpo corrupto es concebido por un semen igualmente corrupto y manchado, con lo cual el alma finalmente se mancha y se corrompe"[176]. Se trata de la corrupción total del hombre, que afecta, ante todo, a su cuerpo. Pero que del cuerpo se trasmite al alma, al espíritu, como de un vaso manchado se mancha y corrompe el líquido que hay en él[177]. Por eso se comprende que, en las oraciones de la Liturgia cristiana y en las diversas expresiones de la espiritualidad, se haya insistido constantemente en la importancia del "desprecio del mundo", el *contemptus mundi*, el ideal propuesto a las personas de fe intensa que han querido tomar en serio el acercamiento a Dios. El libro de espiritualidad más difundido entre los cristianos (desde el s. XV al s. XX), *La imitación de Cristo*, de Tomás de Kempis, lo dice con toda claridad: "Gran honor, gran gloria, es servirte a Ti (Señor) y despreciar todas las cosas por ti"[178]. El discurso implícito es el de siempre: para acercarse al Señor hay que alejarse y hasta despreciar lo terreno, lo mundano e incluso lo simplemente humano. Especialmente, todo lo que se relaciona con el cuerpo y, más en concreto, con la sexualidad, de manera que el "placer", desde los griegos hasta nuestros días, ha siso sistemáticamente condenado como la cosa que Dios más rechaza y castiga[179].Esto explica que, incluso en la actualidad, haya muchas personas que se indignan más por historias, que dan que hablar en materia de sexo, que por la ambición, el orgullo o el abuso de poder de individuos que son los responsables de que haya pobres gentes que tienen que sufrir más de lo que humanamente se puede soportar.

---

176. *Ex seminibus ergo foedatis atque corruptis concipitur corpus corruptum partiter et foedatum, cui anima tandem infusa corrumpitur et foedatur. Com. in VII Psalm. Poenit.* IV. PL 217, 1059 A.

177. L. c.

178. *Magnus honor, magna gloria, tibi servire, et omnia propter te contemnere.* L. III, cap. X, 5.

179. La historia de este asunto, con abundante documentación, ha sido recogida por RANKE-HEINEMANN, U., *Eunucos por el reino de los cielos. Iglesia católica y sexualidad*, Madrid, 1994.

El problema del "sobre-natural"

En el terreno de la teología más estrictamente técnica, estas ideas fueron el caldo de cultivo que dio pie al planteamiento del famoso problema de "lo natural" y "lo sobrenatural". Los teólogos han considerado que la distinción entre lo propio del hombre como "creatura", es decir, "lo natural", y lo que en el hombre sobrepasa esta condición natural o sea "lo sobrenatural" era, y sigue siendo, una distinción necesaria, teológicamente hablando, para mantener y explicar que Dios nos concede su gracia divina de una manera enteramente gratuita, por pura benevolencia y como don, sin derecho alguno por nuestra parte. El planteamiento del problema arranca de santo Tomás, que distingue claramente entre aquellas perfecciones que son debidas a la naturaleza y aquellas que son completamente gratuitas, es decir, que no se nos deben ni por naturaleza ni por mérito alguno de nuestra parte[180].

Este problema, como es bien sabido, ha sido tema de un amplio debate en la teología del s. XX. No se trata aquí de analizar esta cuestión que, por lo demás, se encuentra suficientemente expuesta en cualquier manual de Antropología Teológica. Sólo quiero recordar, antes que nada, que en la teología actual esta problemática está prácticamente resuelta. Lo que pasa es que todavía quedan teólogos y circulan por ahí no pocos libros de espiritualidad en los que, de una manera o de otra, sigue viva la vieja cuestión de "lo natural" y "lo sobrenatural", con la consiguiente contraposición entre "lo divino" y "lo humano", "lo religioso" y "lo profano". De donde resulta que esos teólogos y esos libros de espiritualidad le dan una importancia a lo divino y sobrenatural que, de una manera o de otra, le quita su valor a lo que es sencillamente humano, lo natural, lo que Dios nos ha dado a todos los seres humanos desde el primer momento de nuestra existencia.

Lo que pasa es que "lo natural" *a secas*, tal como Dios nos ha hecho, no ha existido nunca ni existe en nadie. Porque, según explica la teología mejor documentada en este momento, Dios nos ha hecho de tal manera que nuestra condición humana ha estado siempre y sigue estando *elevada al orden sobrenatural o divino*. Por eso

---

180. *Sum.Theol.* I-II, q. 111, a. 1. Cf. ALFARO, J., *Lo natural y lo sobrenatural. Estudio histórico desde santo Tomás hasta Cayetano (1274-1534)*, Madrid, 1952.

vendrá bien recordar aquí dos cosas. En primer lugar, como acertadamente hizo notar K. Rahner, la dificultad mayor con que uno tropieza en todo este problema es que el punto de partida está en la presunta existencia de un "orden natural" (la *naturaleza pura*) que en realidad ni existe ni ha existido nunca[181]. O sea "lo natural", en estado puro, es un invento teológico que no corresponde a nada en concreto. Porque todos los hombres que conocemos han sido "elevados" al orden de la gracia[182]. En segundo lugar, las consecuencias concretas y prácticas que entraña esta manera de ver nuestra relación con Dios son mucho más importantes de lo que algunos pueden pensar. Porque si, efectivamente, "lo natural" como tal no existe, entonces eso quiere decir que todo ser humano, por el solo hecho de serlo, vive, realiza y experimenta su relación con Dios *en todo lo humano que hace*, por más que no sea consciente de lo que realmente está viviendo. En este sentido, el mismo Rahner dijo con toda razón: "La experiencia a la que aquí se apela no es primera y últimamente la experiencia que hace un hombre cuando en forma voluntaria y responsable se decide a una *acción* religiosa, por ej., a la oración, a un acto de culto, o a una ocupación teorética con una temática religiosa, sino la experiencia que se envía a cada hombre previamente a tales acciones y decisiones religiosas reflejas y que se le envía además tal vez bajo forma y conceptos que en apariencia nada tienen de religiosos"[183].

Conclusión

La conclusión que se sigue de lo dicho es clara: entender "lo sagrado", "lo religioso", "lo sobrenatural" de manera que, para acercarse a Dios, sea necesario desentenderse de "lo humano", de "lo natural", de "lo profano" y, sobre todo, si se trata de entrar en conflicto con "lo humano", eso es lo mismo que no entender en absoluto al Dios cristiano, el Dios y Padre de Nuestro Señor Jesucristo. Por eso mismo, pensar que cuando nos entregamos a nuestras tare-

---

181. RAHNER, K., *Sobre la relación entre la naturaleza y la gracia*, en *Escritos de Teología*, vol. I, Madrid 1963, 325-347. También en *Curso fundamental sobre la fe. Introducción al concepto de cristianismo*, Barcelona, 1978, 159-167.
182. LADARIA, L. F., *Antropología teológica*, Madrid-Roma, 1983, 150.
183. RAHNER, K., *Curso fundamental sobre la fe*, 165.

EL DIOS DE LA IGLESIA

as humanas, ya sea el trabajo, el descanso o incluso el disfrute de la vida, por eso mismo ya no estamos en relación con Dios, es tanto como desconocer e incluso negar lo más original y lo más específico del Dios que se nos ha revelado en Jesús, el Dios al que encontramos y con el que nos relacionamos en todo lo que es verdaderamente humano. Porque, en definitiva, el punto de encuentro entre Dios y el hombre no es la evasión de lo humano y, menos aún, el conflicto con lo humano, sino el logro de tal grado de humanización que se concrete, de hecho, en la superación y aniquilación de todo lo inhumano que hay en cada uno de nosotros. Pero teniendo muy en cuenta que alcanzar una humanización tan radical es tarea que supera las posibilidades concretas de nuestra limitada condición terrena. De ahí, la necesidad de la fuerza y la gracia que nos concede Dios. Fuerza y gracia que se traduce en *ética* y en *experiencia mística*. Ambas cosas. Porque una ética sin mística no sirve sino para canalizar nuestros sentimientos de omnipotencia. Y, al mismo tiempo, una mística sin ética no sirve sino para que haya personas que, con buena conciencia, se evaden de sus compromisos como ciudadanos de este mundo y, en definitiva, para entontecer a la gente.

REFLEXIÓN FINAL:
¿EN QUÉ DIOS CREO YO?

La pregunta que inevitablemente se hace cualquier persona, que haya soportado la lectura de este libro hasta llegar a este final, es la pregunta que se refiere a Dios en su sentido más radical. Si es que se trata de una persona que tiene creencias religiosas, no tendrá más remedio que cuestionarse: ¿en qué Dios creo yo?

He dicho muchas veces, en este libro, que la cuestión de Dios se decide en la relación que cada cual establece entre *Dios y la felicidad* de los seres humanos. Lo cual es otra manera de decir que la cuestión de Dios se decide en la relación que establecemos entre *Dios y el sufrimiento* humano. Ahora bien, a estas alturas de la historia, nos damos cuenta de que han fracaso los que han querido remediar el sufrimiento del mundo prescindiendo de un Referente último, Trascendente a todo lo meramente humano, en definitiva, los que han prescindido de Dios. Porque quienes han procedido así, en realidad, en vez de remediar el sufrimiento, lo que han hecho, con demasiada frecuencia, ha sido aumentarlo. La historia de los movimientos de izquierdas, en la segunda mitad del s. XIX y sobre todo en el XX, es elocuente en este sentido. Es la historia de las revoluciones violentas, las guerras, los genocidios de los últimos 150 años, que, en nombre del sufrimiento del pueblo, han dejado detrás de sí una historia en la que ya resulta imposible calcular el número de muertos, torturados, exiliados e incluso de pueblos enteros destrozados hasta los límites del exterminio.

Pero, si verdad es lo que acabo de decir, tan cierto como eso es que han fracasado también los que se han aferrado a Dios y a la

Religión de tal manera que, en realidad, el sufrimiento humano les ha importado un bledo. Son personas y hasta colectivos enteros que, por supuesto, no se atreven a decir esto como yo lo acabo de decir. Pero el hecho es que muchas gentes, que se confiesan creyentes, así se han comportado, así siguen actuando, y así van por la vida. Y, lo que es peor, se trata muchas veces de gentes que han utilizado (y siguen utilizando) el santísimo nombre de Dios y su autoridad divina para causar más sufrimiento, diciéndole a la pobre gente que los males que sufre son castigo de Dios por los pecados que cometen los que no se someten al Dios que ellos predican o los que no agradan a ese Dios como ellos piensan que hay que agradarle. Y no digamos nada de los que se sirven del recurso a Dios para desentenderse del sufrimiento humano. Porque dicen que su misión en este mundo es "específicamente religiosa", "divina" o vaya Vd. a saber. Por no hablar de los individuos, instituciones y partidos políticos que, confesándose creyentes y adictos a la Iglesia, han sido (y son) protagonistas de dictaduras opresoras de casi todos los derechos humanos o gestores eficaces del capitalismo puro y duro, con las aterradoras consecuencias de hambre, destrucción del equilibrio ecológico y otras cosas que todos sabemos.

Sin duda alguna, el ser humano *sin Dios,* sin un Referente último que pueda trascender los deseos humanos de omnipotencia que todos llevamos dentro, tiene la constante tentación de deshumanizarse y, con frecuencia, se deshumaniza. Pero tan cierto como lo que acabo de decir es que el ser humano *con solo Dios* se entontece o asume el cinismo más descarado como forma de vida. O quizá algo que es peor, el que se aferra sólo a Dios, muchas veces cae en el fanatismo, probablemente en el fundamentalismo más agresivo y peligroso o bien puede llegar a autodivinizarse pensando que él, y sólo él, sabe quién es Dios, cómo es Dios y lo que Dios dice y quiere. Por un lado y por otro, se termina en la esterilidad y en la frustración. Pero, sobre todo, se termina en la complicidad con el mal del mundo y, por tanto, con el sufrimiento de las víctimas.

El problema de fondo, que tenemos los cristianos en todo este asunto, es que no nos atrevemos a aceptar (*con todas sus consecuencias*) que, según el relato de los evangelios tal como ha llegado hasta nosotros, a Jesús lo mataron por blasfemo (Mt 26,65-66; Mc 14,64; cf. Jn 10,33). Pero su blasfemia no consistió en que negó a Dios o insultó a Dios. La blasfemia de Jesús estuvo en que *cambió nuestra manera de entender la trascendencia divina*. Cuando Jesús dijo que él (aquel judío de Nazaret) era y es "el Hijo de Dios" (Mt 26,63-64; Mc 14,61-62), el sumo sacerdote y todos los asistentes oyeron aquello como una blasfemia y, en consecuencia, se rasgaron las vestiduras (Mt 26,65). En la cabeza de los máximos representantes de Dios no cabía que el Trascendente estuviera allí, delante de ellos, por debajo de ellos, como un delincuente y un blasfemo. Es la misma historia que, de otra manera, relata el evangelio de Juan cuando dice que los dirigentes judíos querían matar a Jesús porque "diciendo que Dios era su Padre, se hacía igual a Dios" (Jn 5,18). Y más aún cuando los mismos dirigentes lo acusan de blasfemo porque, "siendo hombre", se hacía igual a Dios (Jn 10,33).

Es evidente que el Judaísmo y el Islam han entendido la trascendencia divina de una manera mucho más radical que el Cristianismo. La tradición cristiana, a partir del misterio de la encarnación, no ha tenido y no tiene más remedio que replantearse el problema de la trascendencia divina de otra manera. En el gran relato del Evangelio (la Buena Noticia que Jesús aporta a la humanidad), el Trascendente no nos remite primordialmente a "Aquel por encima del cual no se puede imaginar nada mayor"[1]. El Trascendente, según los evangelios, es ante todo el Desconocido, es decir, el que no está al alcance de nuestro entendimiento. Es lo que Jesús afirma cuando, según los relatos de Mateo y de Lucas, dice que "al Padre (Dios) lo conoce sólo el Hijo y aquel a quien el Hijo se lo quiere revelar" (Mt 11,27 par). Lo propio de Dios, según Jesús, es que trasciende nuestro conocimiento. Por eso, según el evangelio de Juan, Jesús es el que revela o da a conocer a Dios (Jn 1,18). De ahí que el "conocimiento" de Jesús es lo que lleva al "conocimiento" de Dios (Jn 14,7-9).

Ahora bien, si efectivamente Dios es el Trascendente, en cuanto que trasciende nuestra capacidad de conocer, eso quiere decir, por lo pronto, que a Dios se le puede entender como el que "trasciende" la condición humana *en línea ascendente*, como equivalente de *divinización*, el Omnipotente, el Infinito, el Absoluto, el que lo explica todo y da razón de todo. Pero, en ese supuesto, desembocamos ine-

---

1. BREUNING, W., "Dios-Trinidad", en EICHER, P., *Diccionario de conceptos teológicos*, vol. I, Barcelona, 1989, 242.

vitablemente en el Dios al que llegamos racionalmente como principio explicativo de todo el mal existente en este mundo, o sea el Dios al que Heidegger denuncia (con razón) como clave de bóveda de la "ontoteología", que aprisiona a Dios en el sistema de nuestro mundo y de nuestras contradicciones[2]. Dicho de otra manera, por el camino de la "ontoteología", acabamos no sólo creyendo en Dios, sino incluso justificando racionalmente este mundo desconcertante y desconcertado en el que vivimos y hasta divinizando la limitada razón humana.

Pero la trascendencia divina se puede entender no sólo hacia arriba, como divinización. También se puede decir que Dios "trasciende" la condición humana *en línea descendente*, como una *humanización tan radical* que llega a donde ningún ser humano ha llegado, ni puede llegar. Se trata, entonces, de la humanización que el ser humano, por sí solo y por sí mismo, no puede alcanzar. De manera que se trata de una hondura de humanidad que no se puede lograr sin un Referente Último, sin Dios. Es la humanización que supera la deshumanización que conlleva nuestra condición humana. Porque humano es amar y sufrir. Pero también es humano odiar y hacer sufrir. La humanización que trasciende lo humano es el logro de un amor y de una solidaridad con el sufrimiento, que supera y destierra todo odio, toda agresión y toda manifestación de la inhumanidad que ensombrece a este mundo.

Ahora bien, de estas dos formas de entender la "trascendencia", ¿cuál de ellas encaja mejor con el Dios que se nos revela en Jesús? Parece lo más razonable decir que es la "trascendencia" *en línea descendente* la que mejor cuadra con lo que, de hecho, fue aquel judío que se llamó Jesús el Nazareno. Es verdad que se pueden aducir, como argumento en contra, los milagros y curaciones que hizo Jesús. ¿No son esos milagros la prueba más clara de que en Jesús se hizo presente la omnipotencia de Dios o sea la "trascendencia" *en línea ascendente?*

No creo que eso se pueda decir de ninguna manera. Por una razón muy sencilla. Si en Jesús se hubiera hecho presente, de verdad, el Omnipotente que nos enseñaron en la metafísica tradicional, Jesús habría curado a todos los enfermos que había en Palestina, habría

2. Cf. ESTRADA, J. A., *La imposible teodicea*, 339.

resucitado a todos los muertos, habría limpiado a todos los leprosos, habría remediado el hambre de todos los pobres de la tierra. Pero sabemos muy bien que eso no sucedió. Y no podemos argumentar diciendo que a Jesús le faltaban entrañas de misericordia para hacer desaparecer (si hubiera estado en sus manos) tanta miseria y tanto sufrimiento como había cuando él andaba por la tierra. Sin duda alguna, el Dios que se nos dio a conocer en Jesús no fue el Omnipotente tradicional (el Dios de la "ontoteología"), sino el Dios cuya omnipotencia estriba en su amor sin fin, y en su capacidad de sacar bien del mal. Es el Dios que se identifica con el dolor del mundo, con la marginación de los marginados y con la desgracia de todos los miserables de la tierra.

En el fondo, se trata de la "trascendencia" entendida a partir del Evangelio y no a partir de la filosofía platónica. En efecto, el platonismo entiende la "realidad suprema" como "Idea de las Ideas", punto culminante de todo el conjunto, que lo contiene todo en su universalidad absoluta. En el lenguaje platónico, es el límite (*peras*) supremo[3]. Es decir, se entiende al Ser supremo, al Trascendente, como una extensión indefinida e infinita *hacia arriba* de todo lo que nosotros, los seres humanos, deseamos, apetecemos y anhelamos, que es poder, saber, gloria, honor, existencia ilimitada, grandeza, dominio, majestad, etc. Y con esos ingredientes, llevados hasta tal extremo de grandeza que no es posible ni pensar nada mayor, con eso y según ese modelo, nos fabricamos y nos imaginamos a Dios. Y así resulta el Todopoderoso, el Absoluto, el Ser Supremo, causa de todo y origen de todo lo que existe. Se trata, por tanto, de una proyección, en línea ascendente, de nuestras apetencias humanas de omnipotencia. O sea, es el "seréis como dioses" de la serpiente satánica, la aspiración suprema de ser el origen supremo de todo y de tenerlo todo bajo control y dominio. El problema está en que, si Dios es efectivamente así, ese Dios es el origen de todo lo bueno que hay en el mundo. Pero también es inevitablemente el origen de todo lo malo que tenemos que soportar los mortales. No hay escapatoria. Ese "punto culminante", que imaginó la filosofía platónica, tiene la enorme ventaja de que se puede gloriar de todo lo bueno que hay

---

3. Cf. VON IVÁNKA, E., *Plato Christianus. La réception critique du platonisme chez les pères de l'Église*, París, 1990, 25.

en la vida. Pero de la misma manera tiene que soportar el estigma de ser la causa (en última instancia) de toda la negatividad, la contradicción y el sufrimiento que esta vida lleva consigo.

Resulta comprensible que a las instituciones religiosas les viene mejor el Omnipotente de la Filosofía que el Misericordioso del Evangelio. El *Omnipotente* diviniza el poder y nos empuja a desear ser poderosos, para ser imagen suya. Es el Dios que cuadra divinamente y paradójicamente con la tentación satánica que les susurra a todos los humanos: "seréis como dioses" (Gen 3,5). El *Misericordioso* no empuja a nadie a desear poderes, por muy divinos que sean. Porque es el Dios que no "legitima" nada más que la identificación y hasta la fusión con el destino de las víctimas de este mundo. No quiero decir que de la omnipotencia de Dios se deduzca la tentación humana del orgullo y del poder. Los sentimientos de omnipotencia los llevamos todos inscritos en nuestra intimidad, seamos creyentes o ateos. Lo que quiero decir es que quienes (de una manera o de otra) tenemos la función social de representar a Dios en este mundo, si a quien presentamos concretamente es al Omnipotente, tendremos siempre la tentación de presentarnos ante la gente más como hombres de poder que como personas que transmiten bondad y misericordia. Seguramente por eso, las gentes de buena voluntad se identifican más espontáneamente con el Jesús del Evangelio que con el Dios que predican las Iglesias. La confusión está en que los representantes y mandatarios de las Iglesias se empeñan en decir y defender que el Dios cristiano es, a la vez, el Omnipotente y el Misericordioso. Es decir, los dirigentes eclesiásticos quieren, a toda costa, armonizar el Dios de la Filosofía con el Dios del Evangelio. O dicho de otra manera, los "hombres de Iglesia" tienen la idea fija y, a veces, hasta la obsesión de armonizar el fundamento de la razón ("divinizada") con la locura irracional del impotente Dios crucificado. Y ahí es donde se ha atascado, y se sigue atascando, la teología cristiana, sobre todo desde que, a partir de la Ilustración, el Dios de la "ontoteología" quedó desautorizado ante la imposibilidad de conciliar el infinito poder con la infinita bondad en un Dios que, siendo tan poderoso y tan bueno, se nos presenta como el autor y la explicación de un mundo en el que hay tanto mal y tanto sufrimiento.

Es claro que la "ontoteología", que es la teología de los teólogos tradicionales, está liquidada y no es sino un estorbo para que el

común de los mortales pueda creer en Dios. Lo malo es que los teólogos, que se empecinan en seguir defendiendo este tipo de teología
y el Dios contradictorio que entraña, son todavía demasiados. Y es
que los hombres pre-ilustrados, con su metafísica medieval, e incluso los hombres de la Ilustración, con su fe ciega en la razón, pensaban que este mundo es bueno y está armoniosamente construido. El
mundo tenía, por supuesto y según aquellas mentalidades, sus limitaciones y sus defectos. Pero era un mundo que se podía explicar
desde Dios, a partir del poder infinito de Dios. Hoy el mundo se nos
ha ido de tal manera de las manos y nos hemos dado cuenta que en
él hay tantos límites y tantas contradicciones, que ya no nos sirve
como fundamento para creer en Dios. Ahora, por fin, hemos caído
en la cuenta de que al Dios de Jesús no podemos llegar por el camino ancho y fácil del poder y la razón, sino por la senda escarpada y
dura de la solidaridad y la locura de la cruz (1 Cor 1,25). O sea,
haciendo exactamente lo que hizo Jesús, que a fuerza de ser solidario, terminó pagando muy cara su identificación con la suerte de los
que peor lo pasan en la vida.

Por eso, todos los hombres que, por nuestros "títulos", nuestros
"cargos" o nuestros "saberes", vamos por la vida diciéndole a la gente que nosotros somos los "auténticos" representantes de Dios en la
tierra, tenemos que preguntarnos (con toda honestidad y sinceridad)
qué es lo que en realidad representamos y a quién representamos.
Más aún, tendríamos también que preguntarnos qué es lo que de
verdad buscamos con estas sagradas y solemnes "representaciones".
*¿Representamos lo más entrañablemente humano de la humanidad o, más
bien, representamos un poder desde el que (ingenuamente) pretendemos
"divinizarnos"?*

Así pues, a la vista de las reflexiones que acabo de hacer, creo que
se puede terminar con las siguientes conclusiones:

1. Dios no está al alcance de nuestro conocimiento. Por eso es el
Trascendente. De ahí que, como dice el Evangelio, al Padre (Dios)
lo conoce sólo el Hijo (Jesús) y aquél a quien Jesús se lo da a conocer (Mt 11,27 par). Esto quiere decir que el Desconocido se nos ha
dado a conocer en Jesús. Y no tenemos los cristianos otro camino
más que ése para conocer a Dios.

2. El Dios que se nos ha dado a conocer en Jesús no es el Dios
de la "ontoteología", el Omnipotente que da razón de ser y explica,

no sólo la existencia del mundo, sino también e inevitablemente la existencia del mal y del sufrimiento del mundo. Si Dios es así, sin más remedio en Dios hay que armonizar el infinito poder con la infinita bondad. Pero es evidente que eso no es armonizable con un mundo tan desquiciado como el mundo en que vivimos.

3. El Dios que se nos ha revelado en Jesús no se puede entender como el Dios que presentan las corrientes religiosas a la moda, como la "Nueva Era" y otras por el estilo. Porque entonces Dios ya no sería un "Tú" por encima de nuestra realidad finita, sino que sería un término colectivo, una especie de espiritualidad sin trascendencia, sostenida por una forma más de panteísmo ("Todo es Dios") o de panenteísmo ("Todo está en Dios"). En ese caso, Dios dejaría de ser alguien, un ser de relación al que podemos dirigirnos y con el que podemos hablar, al que le podemos rezar y en el que nos es posible esperar y tener confianza[4]. Ciertamente, el Dios de Jesús, tal como aparece insistentemente en los evangelios, es un Dios al que Jesús se dirige constantemente, con el que habla y al que le reza, en el que espera y confía incluso en el momento de su muerte (Lc 23, 46). Y es el Dios al que también nosotros podemos y debemos dirigirnos en la plegaria confiada, como un hijo habla con su padre (Mt 6, 9-13 par).

4. El Dios que se nos ha dado conocer en Jesús es el Dios que, a partir del misterio de la encarnación, no sólo diviniza al hombre, sino que igualmente se humaniza y se funde con lo humano, hasta el extremo de decir que todo lo que se le hace o se le deja de hacer a cualquier ser humano, es a Él mismo a quien se le hace o se le deja de hacer (Mt 25,40.45). Más aún el que acoge, escucha o desprecia a cualquier persona de este mundo, es a Jesús y, en definitiva, a Dios a quien acoge, escucha o desprecia (Mt 10,40; Mc 9,37; Lc 9,48; Jn 13,20).

5. Si Dios, efectivamente, se identifica, se humaniza y se funde con lo humano, eso quiere decir obviamente que la voluntad suprema y determinante de Dios se tiene que entender a partir de la aspiración suprema que Dios ha puesto en el ser humano, la aspiración a la felicidad. Es decir, lo que Dios quiere, ante todo y sobre todo, es que los seres humanos seamos felices.

---

4. Cf. JIMÉNEZ ORTIZ, A., "A vueltas con la "Nueva Era": puntos conflictivos con la fe cristiana", *Proyección* 199 (2000), 268.

6. La felicidad del ser humano no se puede entender como el logro de toda satisfacción, de todo capricho y de todo confort. Porque eso puede (y suele) desembocar en formas y expresiones aterradoras de deshumanización. Y ya hemos dicho que el Dios de Jesús es el Dios que se humaniza precisamente para que el ser humano pueda superar la deshumanización que constantemente le amenaza. Desde este punto de vista, la felicidad del ser humano se tiene que comprender y explicar a partir de tres experiencias fundamentales: 1) la experiencia de *sentido de la vida*: que lo que hacemos y dejamos de hacer (en el trabajo, en la profesión, en la tarea de todos los días) sea algo que tiene sentido y da sentido a nuestra vida; 2) la experiencia de *solidaridad* con todos los seres humanos, sea cual sea su origen, su cultura, sus ideas, su religión, en el máximo respeto a las diferencias que nos separan o a las diversidades que nos dividen, y también, por supuesto, en la lucha contra las injusticias que generan humillación y sufrimiento sobre todo a los más débiles; 3) la experiencia de la *alegría y el gozo compartidos* en el amor que funde a las personas en la entrega y en la unión, que se traducen con frecuencia en el juego y la fiesta, tan presentes en todas las tradiciones y en todas las culturas. Con esto no se trata de decir que la felicidad humana sea algo que está poco menos que por encima de Dios mismo. Y menos áun se trata de insinuar que Dios sea un mero instrumento o agente al servicio de nuestra felicidad. Si hablamos desde la fe cristiana, al Absoluto es Dios y no la felicidad. Pero lo que este libro ha pretendido dejar claro es que la voluntad de Dios es que el ser humano viva (San Irineo), lo que incluye, ante todo, la lucha contra el sufrimiento en el mundo. Y el logro, en cuanto eso es posible, de la felicidad que todos apetecemos. Si Dios, a partir de la encarnación se ha fundido con el ser humano, la máxima aspiración de todo ser humano es también aspiración y voluntad de Dios.

7. Si a Dios lo encontramos en esta experiencia de felicidad, en un mundo y una vida en donde inevitablemente hay tanto dolor y tanto sufrimiento, parece bastante claro que semejante felicidad no se puede alcanzar si el sujeto no vive a partir de un proyecto que incluye dos cosas: 1) Un *compromiso ético* en defensa de la verdad, la dignidad y los derechos de la vida de las personas. 2) Una *mística* muy honda, vivida desde la Fe en el Dios y Padre de Jesús. Y una mística que se traduce y se concreta en la oración que nos hace posi-

ble la armonía con Dios, con nosotros mismos y con los demás. La desgracia de muchos grupos cristianos, a lo largo del s. XX, ha sido que unos han destacado tanto el compromiso ético, que se han olvidado o han marginado la Fe en Dios. Mientras que otros se han quedado anclados en su mística, sin especial preocupación práctica y concreta por el dolor del mundo, lo que les ha llevado a vivir una espiritualidad que equivale a una especie de entontecimiento alejado de lo que realmente ocurre en el mundo en que vivimos.

En la lección inaugural del curso académico 1998-99 del Institut Superior de Ciénces Religioses de Barcelona[5], el profesor Juan Martín Velasco se refería acertadamente a la tendencia, frecuente en la actualidad, de aquellas personas que mantienen o recuperan una referencia al vocabulario y las acciones de lo sagrado, pero que han invertido el significado que ese término comporta en las religiones. Lo sagrado ya no requiere un trascendimiento de la persona; es una expresión de su profundidad y de su dignidad. El resultado es aquí una religión, no del Dios único, sino de la humanidad o, mejor, del hombre individual y el círculo de los suyos y, en algunos casos, del "otro en general y no sólo de aquél con quien mantengo un vínculo privilegiado". Ese otro puede seguir suscitando la forma más clara de trascendimiento que es el don de sí, pero la suscita desde la llamada a la propia responsabilidad, no desde la imposición exterior de una tradición o de una autoridad. Es la *religión sin Dios* o la religión del "ser humano divinizado", donde la divinización no supone la superación real de la condición humana, sino el desarrollo de sus mejores posibilidades. Y el mismo Martín Velasco añade que, en las personas que piensan de esta manera, la transformación que está experimentando lo sagrado da lugar a una impostación profana, a través de experiencias estéticas, éticas o de compromiso con los otros. En estas personas está apareciendo una configuración de lo esencial de lo sagrado con rasgos tomados de ámbitos humanos afines al mundo de lo sagrado y no identificados como religiosos. Tales personas representan una configuración de lo sagrado en términos estéticos, éticos y de relación humana que, vividos con radicalidad, servirían de mediaciones con el Absoluto, sin calificación religiosa alguna.

---

5. Texto publicado, con el título "Metamorfosis de lo Sagrado", en *Cuadernos aquí y ahora* 36, Santander, Sal Terrae, 1999.

Ahora bien, si las cosas están efectivamente así, al menos en Europa, ¿qué futuro tiene el Cristianismo y concretamente la fe en Dios? Respondiendo de la manera más sencilla que se puede responder, el ser o no ser del tema de Dios está (y estará cada día más) en la relación que la gente establezca entre Dios y la felicidad de los seres humanos. Por supuesto, yo estoy de acuerdo en lo que dijo Martín Velasco en la citada conferencia: el problema decisivo, aquél en función del cual se juega el ser o no ser de las religiones, reside en si es posible el reconocimiento de la absoluta Trascendencia de Dios sin menoscabo de la condición de persona del ser humano, de su legítima autonomía, de su inviolable dignidad. El problema es, pues, si la religión se limita a ser una expresión de lo sagrado del hombre, de su profundidad y dignidad o, si cabe, una profundización mayor en la condición humana que permita el reconocimiento por el ser humano de la realidad de Dios que, por ser la más absoluta trascendencia, resulta en definitiva, su centro más profundo, su raíz y el auténtico fundamento de su dignidad y de su subjetividad. Es, ni más ni menos, buscar al Trascendente *en la hondura y desde la hondura de lo humano*. Lo que es tanto como decir: la cuestión determinante para los cristianos está en buscar a Dios y creer en la trascendencia de Dios *desde la solidaridad con las víctimas*, con los crucificados de este mundo y, en general, con todos los que, desde la situación que sea y por el motivo que sea, necesitan calor humano, comprensión, tolerancia, compañía y cariño.

El intento de este libro ha sido llegar precisamente a este punto, al encuentro de esa *profundización mayor en la condición humana*. Es lo que he designado con la expresión de la trascendencia "en línea descendente". En la medida en que el ser humano se encuentra más plenamente a sí mismo (superando su propia deshumanización) y, por tanto, encuentra su más honda felicidad, en esa misma medida, a quien encuentra es a Dios. Y es decisivo dejar muy claro, de una vez por todas, que, quienes afirmamos que creemos en Jesús el Señor, no tenemos otro camino ni otra posibilidad para relacionarnos con Dios. Sin duda alguna, *el Dios de Jesús es el Dios de nuestra felicidad*.

Es posible que al cerrar la lectura de este libro, alguien pueda quedarse con un regusto a pesimismo, como si el problema de la felicidad y del dolor, unidos de la mano, traspasara el horizonte de nuestra comprensión y desaparecieran en el mundo de lo inexplicable. Si alguien, efectivamente se queda con esa impresión, que sepa (por lo menos) lo que en todo caso es incuestionable. A saber: que Dios quiere nuestra felicidad hasta tal punto que, precisamente por eso, se ha fundido con todo ser humano, de manera que el sufrimiento que remediamos o la felicidad que damos, es a Dios mismo a quien se la proporcionamos. Y esto es tan serio que no hay otra forma ni otro medio de encontrar a Dios

Este libro se terminó
de imprimir
en los talleres de
RGM, S.A., en Bilbao,
el 30 de abril de 2002.